RIEN NE SE PASSE COMME PRÉVU

Laurent Binet est agrégé de lettres. Il a enseigné pendant dix ans dans des lycées et collèges de Seine-Saint-Denis, ainsi que dans plusieurs universités parisiennes. En 2010, il a reçu le Goncourt du premier roman pour *HHhH*, qui raconte l'attentat contre Heydrich à Prague en 1942.

Paru dans Le Livre de Poche :

HHhH

LAURENT BINET

Rien ne se passe comme prévu

PRÉFACE INÉDITE DE L'AUTEUR

GRASSET

© Éditions Grasset & Fasquelle, 2012.
ISBN : 978-2-253-17478-3 – 1ʳᵉ publication LGF

Laurent : Au fait, par simple curiosité, tu crois que Hollande a une chance en 2012 ?
Chloé : HAHAHAHAHAHA

> *(Extrait de tchat sur gmail*
> *avec Chloé Delaume, mai 2011)*

Préface

Qui est François Hollande ? La question recèle une connotation essentialiste qui, à mes yeux, la disqualifie d'emblée. Je suis de ceux qui pensent qu'on n'est que ce qu'on fait et qu'il n'y a rien à voir au-delà du miroir des apparences. Mais on me l'a si souvent posée depuis la sortie du livre que je me sens obligé (j'ai tort, je le sais) de proposer une réponse. Je veillerai à éviter toute considération psychologique parce que celles-ci sont soit fausses (Hollande est mou), soit sans intérêt. (Tout comme Sarkozy et n'importe quel homme politique de son niveau, il éprouve un besoin pathologique qu'on l'aime, il est mégalomane, narcissique, menteur et extrêmement calculateur, très bien, merci.)

Ma proposition sera la suivante : Hollande est un maître du temps. Ce ne sont pas tant deux personnalités qui se sont opposées durant cette campagne que deux styles de jeu : là où Sarkozy a pratiqué la voltige permanente, multipliant les annonces et les propositions à un rythme étourdissant et au mépris de toute cohérence, Hollande a adopté une tactique beaucoup plus à l'économie, basée sur l'effet de surprise. Aux primaires, il laisse Martine Aubry et Ségolène Royal l'attaquer sans réagir, sans bouger, puis il propose subitement 60 000 postes dans l'Éducation nationale : bonne pioche, tout le monde ne parle que de ça pendant des semaines. Pendant des mois, on le traite de mou et on lui reproche son absence de programme ? Il dégaine au Bourget et déstabilise tellement le camp d'en face que celui-ci se met soudain, en contradiction avec tout le travail de sape entrepris depuis des mois, voire des années, à lui reprocher son arrogance. Puis il fait mine de se rendormir et la petite musique reprend : pas assez d'expérience, pas la carrure d'un homme d'Etat, pas la trempe d'un Mitterrand, etc. Il laisse dire et puis sort de nulle part les 75 %. Il peut même se payer le luxe de rater son annonce en mélangeant les revenus par an et par mois, la nouvelle fait la une et prend de court Mélenchon lui-même. Enfin, quand Sarkozy fanfaronne avant le débat, il laisse dire. De toute façon, le candidat en tête a tout intérêt à refuser l'affrontement pour figer les positions (cf. 2007 et 1995). Mais, à la surprise générale (même celle d'une partie de son entourage qui pensait qu'il allait jouer le match nul), il choisit de combattre, révèle une pugnacité qui stupéfie tous ceux qui s'étaient laissé convaincre par la chanson du gros mou, lâche son anaphore et gagne par K-O. dans un beau match de poids lourds comme on n'en avait plus vu depuis au moins 1988, voire 1981.

La deuxième question qui revient incessamment depuis la sortie du livre : Que pensez-vous du « bilan » après les premiers mois d'exercice ? Ma réponse : c'est un bilan social-démocrate. Variante : Etes-vous déçu ? Même réponse. Comment expliquez-vous un tel effondrement dans les sondages, une chute de popularité aussi brutale, un désamour de l'opinion aussi cinglant, etc. ? Sous une forme ou une autre, des journalistes me posent cette question à intervalles réguliers, ce qui me fait dire que, décidément, en matière d'analyse politique, la mémoire est plus utile que la psychologie. En 1995, il faut quelques mois à Chirac pour se mettre à dos la planète entière lorsqu'il décide la reprise des essais nucléaires à Mururoa et quelques mois de plus pour que sa réforme des retraites provoque des grèves qui paralysent toute la France. En 2007, Sarkozy met une semaine pour se faire détester par tout le pays avec son doublé Fouquet's/yacht de Bolloré. Un président nouvellement élu n'a donc plus connu d'état de grâce depuis trente ans. Et même en 1981, l'état de grâce a été largement exagéré *a posteriori* : l'opposition s'était déchaînée dès le début, Chirac promettait 15 % d'inflation, les banquiers quittaient la France par wagons et, dès l'automne, des pétitions d'intellectuels (parmi lesquels Foucault, Montand, Chéreau) accablaient le gouvernement pour sa passivité face aux événements en Pologne. Les journalistes me demandent donc de réagir en fonction d'un mythe qui n'a jamais vraiment existé mais qui est tellement ancré dans notre imaginaire politique qu'ils le tiennent pour une réalité.

Cependant, je veux bien, là encore, me prêter au jeu : si l'on souscrit à mon hypothèse (Hollande maître du temps), alors on comprend la stratégie mise en œuvre, qu'il n'a, du reste, pas cachée[1]. Son calcul

---

1. Hollande est si friand de stratégie qu'il accepte toujours de livrer les siennes avec une franchise désarmante : ainsi ne faisait-il

est risqué mais somme toute assez simple : inverser le calendrier habituel, matraquer au début et arroser à la fin, faire passer les mesures impopulaires dans les premières années du quinquennat et terminer par des largesses. Que lui importe, en effet, d'être au plus bas dans les sondages en 2013, quand c'est évidemment 2017 qui importe ? Après tout, Monsieur 3 % en 2010 n'a-t-il pas fini par se faire élire en 2012 ? Le pari fonctionnera ou pas mais, la mémoire collective étant ce qu'elle est – si bien entretenue par une presse érigeant l'amnésie en sport national –, il n'a rien d'absurde. Qui se souviendra dans cinq ans des mesures du début du quinquennat, le traité, la règle d'or, le choc de compétitivité ?

C'est la raison d'être d'un livre comme celui-ci : lutter contre l'oubli, proposer une lecture rétrospective, le présent éclairant le passé, le passé éclairant le présent. Et force m'est de constater que, jour après jour, l'actualité rattrape mon livre – ou l'inverse. Lorsque j'entends évoquer l'hypothèse d'un référendum sur le mariage pour tous, sur le cumul des mandats ou sur quelque sujet que ce soit, je me remémore l'ironie grinçante de Hollande déclarant à des journalistes allemands, lors de son passage à Berlin, le 5 décembre 2011 : « Le conseil qu'il faut donner à tout chef d'Etat est de ne pas faire de référendum. » Je sais, bien sûr, qu'il n'y aura pas de référendum durant le quinquennat : trop de précédents fâcheux, dont celui de 2005 que Hollande a personnellement

---

pas mystère qu'il avait choisi la jeunesse comme thème de campagne parce qu'il concernait les jeunes mais aussi leurs parents et leurs grand-parents.

payé si cher. Mais je m'étonne toujours de la franchise dont Hollande peut faire preuve en certaines occasions : sa réputation de blagueur, sans doute, l'autorise à des sorties très politiquement incorrectes. Ou peut-être est-ce le sens des priorités des journalistes qui le sauve : à la sortie de mon livre, beaucoup parmi ceux qui m'ont interviewé m'ont demandé pourquoi Valérie Trierweiler apparaissait si peu. Aucun ne m'a parlé spontanément de Florange, par exemple.

Il est vrai que la visite de Florange, le 24 février 2012, n'avait guère constitué un moment-clé de la campagne. Mais j'avais trouvé cette journée si riche de tension, d'émotion, de symbole, je m'étais soudain retrouvé dans un réel si brutal, que j'y ai consacré l'un de mes plus longs chapitres. Sa relecture est cruelle pour Hollande. A ce jour, sa fameuse promesse d'obliger une entreprise qui veut cesser son activité à revendre si un repreneur se présente, solennellement prononcée du haut de la camionnette où les syndicalistes l'avaient juché, n'a toujours pas été exaucée. Je pense au titre du livre d'Aurélie Filipetti : *Les Derniers Jours de la classe ouvrière*. C'est cette même Filipetti, députée de Moselle, qui m'avait tout expliqué dans le train, la stratégie impérialiste de Mittal qui préférait fermer plutôt que revendre à un concurrent, l'hypothétique projet Ulcos, la situation florissante de la sidérurgie en Allemagne et notamment ceci, dont je n'ai quasiment pas trouvé trace dans les médias (à part un article dans *Le Monde diplomatique*) et qu'il aurait pourtant été intéressant de rappeler pendant le débat houleux sur la nationalisation qui a opposé Ayrault à Montebourg : en Allemagne, les Länder, c'est-à-dire les régions, c'est-à-dire l'Etat, possèdent en moyenne 20 % du capital des entreprises sidérurgiques.

Peu de jours auparavant, Hollande avait visité M-Réal, une entreprise qui produit du papier. Confrontée au même problème que Florange (un propriétaire qui veut fermer mais qui refuse de vendre et des repreneurs très hypothétiques), l'usine a finalement été rachetée par le Conseil général de l'Eure. En pleine affaire Florange, cette nouvelle n'a pas non plus fait les gros titres. Je trouve qu'elle aurait dû. Mais je ne suis pas journaliste.

Je ne jette pas la pierre aux journalistes, en tout cas pas à ceux qui suivaient Hollande sur le terrain. La plupart des critiques que je formule à leur endroit émanaient d'eux-mêmes : lucides, ils avaient parfaitement conscience des servitudes de leur métier et étaient les premiers à les déplorer, notamment cette uniformisation de l'information dont j'essaie de démonter les mécanismes. Les journalistes de terrain que j'ai côtoyés étaient pour la plupart intelligents et drôles. A leur contact, j'ai beaucoup appris et je leur sais gré de m'avoir patiemment affranchi sur des tas de choses que j'ignorais : les courants, les stratégies, les rivalités internes, l'histoire des partis, la mécanique de la politique, et leur façon de travailler...

On m'a parfois demandé en quoi mon livre différait de celui d'un journaliste. Je suppose qu'une première différence sautera aux yeux du lecteur : je n'étais pas tenu par cette convention qui impose au journaliste un ton de pseudo-objectivité. Par ailleurs, j'aime cette citation programmatique de Hunther S. Thompson définissant son travail : « L'art (ou la compulsion) d'imposer une forme romanesque à un contenu journalistique. » En l'occurrence, si j'ai bien évidemment vécu et rendu compte de la campagne comme un récit, j'ai surtout appliqué une écriture théâtrale à certains épisodes qui s'y prêtaient, notamment toutes ces scènes de savoureuses mises en abyme quand les membres de son équipe regardent Hollande à l'écran en train de débattre et commentent ses prestations (et souvent s'adressent à lui ou à son adversaire à travers l'écran, ce qui produit cet effet de feuilleté énonciatif tout à fait réjouissant). Enfin, n'étant paradoxalement pas tenu d'assurer à l'économie le suivi du *storytelling* électoral, j'ai pu rendre compte d'un certain nombre de « choses vues » qui n'étaient pas directement reliées à la campagne mais qui, à mon sens, possédaient un intérêt sociologique (l'ouvrier de chez Findus m'expliquant pourquoi il a toujours voté à droite), voire franchement exotique (la Saoudienne voilée qui lit Mélenchon dans le TGV).

J'ai essayé aussi, autant que faire se peut, d'offrir un angle différent de ce que les médias pouvaient proposer. Par exemple, je ne savais pas trop comment rendre compte de l'affaire Mérah qui, je crois, est un cas d'école de ce que le journalisme peut produire de pire : délayage à l'infini de non-information (on attend et il ne se passe rien), analyses douteuses sur la base d'informations partielles ou erronées et, sans doute ce qui m'irrite le plus, répétition comme un mantra, un fétiche, une incantation, de la dernière expression à la mode, sortie de nulle part (et qui, avec un peu de chance, y retournera bientôt), en l'occurrence « loup solitaire ». J'ai finalement choisi de donner la parole à cette jeune Franco-Algérienne dont les propos m'ont semblé plus intéressants que tout ce que j'ai pu lire ou entendre dans la presse. L'une des premières phrases de son intervention, lors du déjeuner organisé pour François Hollande avec des jeunes de banlieue, à savoir que tous les Arabes ne sont pas musulmans, n'est pas tombée dans l'oreille d'un sourd puisque Hollande la réutilisera face à Sarkozy pendant le débat.

Enfin, mon livre se distingue également des traditionnels livres politiques en ce que je n'ai pas fait la chasse aux *off* (même si, de fait, le livre en est farci). La quête du *off* est une maladie qui frappe tous les journalistes de tous genres et de tous rangs, du journaliste de terrain serré dans le wagon-bar du TGV à l'éditorialiste mondain qui publie le compte rendu de ses déjeuners et de ses SMS (ou de ceux des autres). Mis à part un « connard » par-ci ou un « sale mec » par-là, le butin, cependant, est rarement abondant. On ne voit pas très bien pourquoi un homme politique professionnel *se confierait* à un journaliste. En revanche, qu'il essaie de le manipuler ne fait aucun doute. Quand Sarkozy répète en *off* que Hollande est nul et qu'il va l'exploser, il n'est sans doute pas inutile de se souvenir que le même Sarkozy, du temps où DSK était en tête dans les sondages, affirmait, si j'en crois les *off* de l'époque, que c'était de Hollande qu'il fallait se méfier. Dans les deux cas, tout porte à croire que ces pseudo-*off* sont dictés par des considérations tactiques visant à attaquer l'adversaire direct, quitte à faire les louanges d'un outsider, mais en aucun cas ne peuvent être considérés comme une confidence et encore moins comme une révélation. Quelle révélation, ragots mis à part, est jamais sortie d'un *off* ? Du reste, les journalistes qui suivent Hollande le savent : il a porté l'art de la langue de bois à un si haut niveau que lorsqu'il fait cadeau d'un *off* individuel à l'un d'entre eux, celui-ci en repart toujours ravi, avant de se rendre compte qu'en fait Hollande ne lui a rien dit, et qu'il n'a rien appris.

Inversement, on n'écoute pas assez Hollande en *on* : l'air de rien, il dit beaucoup de choses intéressantes. Je me demande encore comment tant de journalistes ont pu se faire surprendre par le discours du Bourget : la veille, on les informe que finalement il ne va pas annoncer son programme mais faire un discours plus personnel, parler de lui, la rencontre d'un homme avec les Français, etc. Et le matin même, les journaux relaient l'information. Il suffisait pourtant de recouper deux propos antérieurs de Hollande pour anticiper la teneur de son discours : très tôt dans la campagne, il a répété que Sarkozy avait « plié » l'élection de 2007 en janvier, lors de son grand meeting de la Porte de Versailles. D'autre part, en bon élève de Mitterrand, il a toujours dit que le premier tour se gagnait à gauche. Il était donc prévisible qu'il mette le paquet dans son discours du Bourget, qu'il considérait comme un rendez-vous capital, et qu'il déroule un programme de gauche.

Avec Hollande, moins qu'avec aucun autre homme politique, la frontière entre *off* et *on* n'est donc pas très identifiable. J'en veux pour preuve que son dernier gros dérapage – il en commet moins que la moyenne mais il en commet tout de même –, sur la « liberté de conscience » des maires qui refuseraient de marier les homosexuels, s'est fait dans un discours public. A l'inverse, lors de la conversation que j'ai eue avec lui dans l'avion qui nous ramenait à Paris le soir du 6 mai, il me livrait cette belle analyse prophétique qui, techniquement, était un *off*, mais dont je suppose qu'il n'a pas fait mystère : « Si Sarkozy se retire, ça va être très compliqué pour la droite qui va devoir se recomposer entièrement. »

Pourquoi alors si peu de différence entre *on* et *off* avec lui ? Parce que, dans tous les cas, il ne parle que politique. Ça tombe bien, c'est ça qui m'intéressait.

Laurent BINET, janvier 2013.

20 juin

Je rencontre François Hollande pour la première fois. J'ai mis ma plus belle cravate (rouge foncé) et j'attends dans son bureau de l'Assemblée nationale, un peu nerveux. Le mur est recouvert d'un énorme poster de lui. Son assistant, Jules, qui m'a accueilli, commente la photo, sans que je lui aie rien demandé, en m'indiquant la date, 2009, croit-il. Hollande arrive. Bien habillé, bonne mine, souriant, affable, il s'assoit juste sous sa photo géante et je me demande si c'est calculé, pour que chaque visiteur puisse constater le contraste entre le rondouillard d'avant et l'élégant affûté qu'il est devenu. A priori, je me fous de ces histoires de régimes mais la différence est spectaculaire.

La conversation s'engage sans effort, il a l'air sympa et ouvert mais pas non plus le genre à vous taper dans le dos au bout de cinq minutes. Il est à l'aise et sait mettre à l'aise, mais tout en contrôle. On discute un peu de mon précédent livre, puis de mon projet de le suivre pendant la campagne, et on convient qu'il est inutile, à ce stade, de tirer des plans sur la comète : il faut attendre le résultat de la primaire. S'il n'est pas désigné candidat, on en restera là. S'il l'est mais qu'il perd les élections, alors je verrai si je sors le livre. Il me dit que le récit d'une défaite, ça peut aussi être intéressant. Puis il me demande comment je perçois la situation. Je lui dis que, à mon avis, s'il remporte la primaire, il sera élu, mais que pour la primaire, j'ai l'impression que c'est du 50-50. Il me dit qu'il partage mon analyse. J'évoque l'affaire DSK en parlant de « divine surprise ». Il me reprend : « Non, je ne dirais pas ça… » Je pense d'abord qu'il s'agit d'une objection de pure forme mais il m'explique qu'il aurait largement préféré affronter DSK plutôt que Martine Aubry. En tant que directeur du FMI, DSK cristallisait beaucoup de rejets à gauche alors que « personne n'en veut à Martine… ». Contre DSK, il m'affirme qu'il était sûr de gagner. Contre Martine Aubry ou Ségolène Royal, il peut pâtir du désavantage d'être un homme. Pour l'instant, son équipe manque de femmes, il a l'air sincèrement désolé, il me dit : « En même temps, je ne vais pas les inventer ! »

21 juin

Le lendemain, je me rends au déjeuner qu'il organise au Sénat, auquel il m'a invité pour que je me familiarise avec les membres de son équipe.

Je découvre Stéphane Le Foll, son fidèle bras droit, grand, mâchoire carrée, cheveux à la Villepin, et Bernard Rullier, petit, les yeux très bleus, les traits fins, la peau hâlée, lisse et luisante, quelque chose de féminin dans le visage, plus onctueux, moins grande gueule, plus Talleyrand.

Il y a une bonne centaine d'invités, François Hollande fait mine de s'en étonner, ravi, puisque c'est la preuve de l'intérêt grandissant pour sa candidature.

Pendant le déjeuner se succèdent les prises de parole : on apporte un micro à un invité préalablement inscrit sur une liste, comme au karaoké, qui se lève et fait un petit discours à l'adresse de Hollande, qu'ils tutoient tous.

En gros, ils prennent tous la parole pour expliquer à Hollande qu'il est vraiment le meilleur, dans tous les domaines, et qu'il va gagner.

Bernard Poignant, maire de Quimper, compare les critiques faites à François Hollande à celles jadis adressées à Mitterrand : on lui reproche d'être un florentin qui ne décide pas, de ne pas avoir été ministre (alors qu'on reprochait à Mitterrand de l'avoir trop été), de ne pas avoir travaillé à la tête du PS alors qu'il y est resté onze ans. Il termine son laïus en baptisant Hollande « François II ». Espérons pour lui qu'il n'aura pas le même destin, vu que le fils de Catherine de Médicis est mort d'une maladie atroce après avoir à peine régné quelques mois.

François Rebsamen, le maire de Dijon, poursuit le parallèle avec un peu de pensée magique : « Il n'y a que les premiers secrétaires qui ont fait dix ans qui ont eu un destin politique ! » Il ajoute : « Ton sens de la démocratie t'honore, François, mais arrête de dire "celui ou celle qui sera désigné" ! C'est toi qui seras désigné ! »

Et cette députée : « J'en ai marre des caractériels. Ce que j'aime chez toi, c'est ton calme, ton respect des autres. Quand tu parles, je suis tranquille, pas stressée, je sais qu'il n'y aura pas de dérapages. Reste cet homme solide. Je serai très heureuse quand tu seras président. »

24 août

J'assiste à la réunion des économistes. Une trentaine d'experts sont réunis autour de Hollande. Quelqu'un me signale la présence de Jean-Marie Le Guen, strauss-kahnien pur et dur (« T'as vu ? Mais qu'est-ce qu'il fout là ? »).

Bernard Rullier vient me demander si ça avance. Je lui réponds prudemment (vu que je n'ai pas commencé) : « Ça dépend de vous. » Il me montre la une du *Parisien* sur DSK contre qui les charges viennent d'être abandonnées : « Ça va dépendre de lui ! » J'émets des doutes : il est hors jeu pour la primaire, et son retour est plus handicapant pour Martine Aubry puisqu'il est censé la soutenir, non ? Rullier me dit : « On ne sait jamais. Certes, il a perdu des points auprès de la ménagère de moins de cinquante ans ! (il rit, je ris aussi) Mais si l'on parle de destin brisé, s'il y a victimisation… » Il s'arrête un instant, réfléchit puis reprend : « Il y a victimisation… mais enfin il y a fellation ! » On m'avait prévenu : pour les synthèses, les socialistes sont très forts.

Sur l'aile gauche, Romain Rancière, favorable au défaut de paiement de la Grèce mais qui, sans y être totalement opposé, se méfie des eurobonds par crainte d'une « appropriation excessive du bien commun » ; Karine Berger, qui veut réhabiliter le rôle de l'Etat, distingue les dépenses d'investissement des dépenses de fonctionnement et rappelle que baisser les salaires freine la croissance ; Nicole Bricq, qui souhaite des taxes dissuasives et non des taxes de rendement contre la spéculation et qui précise que dans « socialiste » il y a « social ».

Sur l'aile droite, André Sapir, un économiste belge qui défend les délocalisations partielles au nom de la compétitivité ; Elie Cohen, qui l'approuve ; Anne Perrot, qui prône la libre concurrence et pense qu'Air France ne devrait pas être obligé d'acheter des Airbus ; Jérôme Cahuzac, qui est contre le défaut de paiement de la Grèce.

Comme pour valider mon rapide survol des forces en présence, trois semaines plus tard, à l'Assemblée, Jérôme Cahuzac votera le plan de rigueur du gouvernement… en se trompant de bouton. Manque de chance, ce jour-là, François Hollande absent lui avait délégué son vote, si bien qu'il a également fait voter Hollande pour le plan de rigueur, ce qui vaudra à celui-ci quelques sarcasmes et quolibets dans la presse et sur les forums.

25-26 août

François Hollande est un bon orateur, paraît-il. Spontanément, j'ai du mal à le croire. Je n'ai jamais vraiment eu l'occasion de l'écouter mais j'ai en tête sa marionnette des « Guignols » qui, depuis des années, le présente à peu près comme l'idiot du village. On me dit qu'il soulève les foules dans les meetings, qu'il copie Mitterrand dans sa gestuelle et qu'il fait des blagues. Je me rends à La Rochelle pour vérifier.

Son premier discours a lieu dans une église reconvertie en salle municipale. Comme c'est plein à craquer et que j'arrive en retard, je reste dehors et je l'entends mal mais je peux le voir : il s'époumone, agite les bras, il est en sueur, je sens le public réceptif mais c'est un public acquis à sa cause. Il termine par une envolée exaltée sur la France et les Français, une thématique qui, personnellement, m'a toujours été indifférente. Mais même si je capte un mot sur deux, j'avoue qu'il arrive à me faire un peu vibrer, je ne sais pas trop comment.

Le lendemain j'assiste à une conférence de presse où il répond à une cinquantaine de journalistes. Je le trouve un peu spécieux sur le nucléaire lorsqu'il dit : « Vous ne pouvez pas saluer l'effort des Allemands sans saluer celui que je prévois pour la France en matière de réduction du nucléaire, puisque c'est le même ! » L'Allemagne a prévu de réduire de 22 % à 0 % sa part d'énergie nucléaire, et comme lui souhaite faire passer la France de 75 % à 50 %, il estime que c'est à peu près la même chose. Personne ne lui fait remarquer qu'il y a une différence significative entre réduire le nucléaire et sortir du nucléaire, et surtout entre 50 % et 0 %.

Il assume sa formule contestée de « président normal » : « Une présidence normale, oui : voyez cinq ans de présidence anormale !... »

Il me fait rire une première fois lorsqu'on lui parle

de la Corrèze, son département, comme le plus endetté de France : « Rendez-vous compte de la fatalité qui est la mienne ! »

On lui demande de réagir au mot de Ségolène Royal qui a déclaré la veille : « Que *la* meilleure gagne ! » Silence savamment dosé puis, facétieux : « Sur ce point-là, je ne peux rien vous promettre ! »

Plus tard dans l'après-midi, il participe à une table ronde sur la croissance durable. Entre-temps, il a amélioré son argumentation sur le nucléaire : 25 %, c'est un programme de réduction sur cinq ans. « Je veux bien faire des promesses mais si je prends un engagement sur cinquante ans... même s'il y a des jeunes prometteurs dans la salle... qui viendra vérifier ? » Puis il transforme la table ronde en meeting, adoptant une posture et des formules effectivement mitterrandiennes : « La démocratie est plus intelligente que les marchés ! (ovation) Si nous ne dominons pas l'argent, l'argent nous dominera ! » Il termine par son sketch sur les riches : « Il ne faut jamais désespérer de l'être humain, même quand il a de l'argent : c'est une joie sans cesse renouvelée de voir ces manifestations de riches – peut-être sont-ils venus à La Rochelle ? – qui implorent, prient qu'on les taxe... Nicolas Sarkozy, pour l'instant, n'a pas cédé ! Il tient bon ! Les riches insistent pour payer, et pas simplement jusqu'en 2013... Mais qu'ils nous attendent ! Nous arrivons ! » (*standing ovation*)

28 septembre

Le Sénat passe à gauche et pour fêter ça, Hollande organise un déjeuner avec les sénateurs. Si je dois le suivre pendant sa campagne, il faut bien que je commence à l'approcher et je suis donc convié à sa table. Je me retrouve à côté de Moscovici, que je rencontre pour la première fois. Moscovici est tout à fait cordial, il me parle de mon livre, qu'il a lu, et de son père, jadis déporté dans un camp de travail en Roumanie. Comme il fait la bise pour la énième fois à une arrivante, il me dit : « Vous avez vu, toutes les femmes m'embrassent ! » Je cherche quelque chose de spirituel à répondre et je dis (en ayant conscience d'échouer) : « Ça doit être la barbe de trois jours qui fait cet effet-là. » Il croit bon d'ajouter : « Non, c'est parce que je suis le seul féministe, ici ! » Sans aucune ironie, je conviens : « Ah oui, ça doit être ça. » Mais alors, je suppose qu'il se rappelle qu'il a été le bras droit de DSK, il se trouble et balbutie : « Non, enfin, je veux dire… c'est parce que je travaille avec beaucoup de femmes, hum… ou c'est la barbe, vous avez raison… » Puis je vais remplir mon assiette au buffet mais quand je reviens, je constate que Jean-Pierre Bel, le futur président du Sénat, a pris ma place. D'accord, les places sont chères à la table du prince, je vois le genre. On m'explique que comme c'est le héros du jour, on est obligé de le faire asseoir avec François Hollande et on me déménage à la table d'Aurélie Filippetti. Elle est très sympathique et répond de bonne grâce à mes questions. Quand Stéphane Le Foll prend la parole juste derrière Mosco, elle m'explique que ces deux-là se tirent la bourre et que si l'un parle, il faut que l'autre parle aussi, même s'il n'a rien à dire.

4-5 octobre

On m'avait dit deux choses : il sait haranguer les foules et il est drôle (d'où son surnom de « Monsieur Petites Blagues »).

Une triple occasion m'est donnée de pousser l'analyse un peu plus loin, avec coup sur coup le *Libé* spécial Hollande, le documentaire de Canal + sur la primaire et le troisième et dernier débat télévisé.

C'est là que je commence à percer l'un des secrets de sa rhétorique : dans le débat, François Hollande fonctionne comme au judo, c'est-à-dire qu'il utilise la force de l'adversaire. Il n'esquive pas les attaques mais au contraire les encaisse, les absorbe et les reprend à son profit. Le procédé a le mérite d'être à la fois spectaculaire et d'une grande élégance. Dans *Libération*, lorsque Nicolas Demorand l'accuse d'être un « Chirac de gauche inexpérimenté », il dit : « Un de ces mots est devenu président de la République. Ce n'est déjà pas si mal... » Le soir même, dans le documentaire sur la primaire, on lui demande de commenter ces propos de Fabius : « Franchement, vous imaginez Hollande président ? On rêve ! » Et lui de répondre, avec une ironie teintée de lyrisme : « Eh bien, je garde le mot : c'est un beau rêve. Je suis content qu'il y participe. » Enfin, le lendemain, lors des débats, il nous offre une version plus burlesque du procédé. Lorsqu'on lui rapporte une attaque de Ségolène Royal qui a dit : « Hollande, c'est un notable. Avec lui, c'est "dormez, braves gens !" », il répond gaiement : « Sur la question du sommeil, je le confirme, il faut dormir de temps en temps pour récupérer[1] ! »

Indépendamment des qualités de chacun, je me rends compte que Martine Aubry ne sait pas faire ça. A plusieurs reprises, je l'ai entendue reprendre les propos de son adversaire, mais sans les réutiliser à son profit, ne sachant pas trop qu'en faire, gratuitement, en quelque sorte. Lors du premier débat, par exemple, elle avait attaqué Hollande sur le nucléaire. Elle lui reprochait ses propositions trop frileuses et, un instant, on a cru qu'elle le tenait mais, desserrant alors d'elle-même la mâchoire qu'elle était en train de refermer sur lui, elle déclara soudain : « J'espère qu'on sera à une part du nucléaire encore plus basse que 50 % en 2025, *mais c'est un bon objectif...* » Hollande, qui n'en demandait pas tant, a évidemment saisi la balle au bond : « Ah bon ? Ah ben voilà, ça y est, très bien, j'ai obtenu ma réponse et nous sommes tous d'accord ! » Lors du troisième débat, de façon encore plus surprenante, elle reprend à son compte une déclaration de François Hollande

---

1. Ce procédé déteint même sur ses partisans comme en témoigne cet échange entre deux internautes, lu sur le site du *Nouvel Observateur* : « Les pro-Hollande vont rester comme deux ronds de Flanby. » Réponse : « C'est bon, Flanby ».

qu'on avait pourtant beaucoup reprochée à celui-ci : « J'ai une vie simple et normale, *comme dit François Hollande…* »

On voit la différence : là où lui récupère, elle concède.

4 octobre

Je dois reconnaître que les médias, toujours prompts à voler au secours de la victoire, sont outrageusement favorables à Hollande, présenté comme favori depuis la chute de DSK (sur la foi de sondages dont chacun suspecte, sans pouvoir le mesurer, le pouvoir autoréalisant).

C'est particulièrement frappant dans le documentaire de Canal + consacré à la primaire, diffusé quelques jours avant le premier tour. L'un des débats (stérile à mon avis, mais ce n'est pas moi qui décide) qui agitent les médias depuis des semaines concerne la motivation de Martine Aubry : candidate de substitution, par défaut, etc. dans la mesure où on la soupçonne de se présenter uniquement parce que DSK en a été empêché. Or, le documentaire insiste cruellement sur les déclarations des pro-DSK d'avant la chute, quand ils expliquent avec une suffisance rétrospectivement comique que Martine est bien gentille, mais que DSK doit absolument se présenter parce que les Français ne comprendraient pas qu'on leur propose du second choix. On l'entend dire elle-même, au détour d'une conversation volée sur un escalator, qu'elle n'était peut-être pas la meilleure candidate mais que maintenant, elle avait décidé d'y aller.

Hollande est beaucoup mieux traité. Les dernières images le montrent dans un meeting, mitterrandien au possible, en train de s'égosiller pour faire l'apologie de la primaire socialiste : « Et le 9 octobre, (le peuple) va peut-être, rendez-vous compte, choisir le prochain président de la République ! » Si ça, ce n'est pas du message subliminal... Je note au passage cette tournure qu'il affectionne, « rendez-vous compte », déjà entendue lors de sa conférence de presse à La Rochelle.

Pendant que défile le générique, on entend en voix off la reprise d'une phrase de Hollande qu'on a vu expliquer, au milieu du documentaire, ce qu'il avait pensé en apprenant la nouvelle de la chute de DSK. Prononcée sur un ton dont la douceur contraste avec la voix rocailleuse de tribun qu'on vient juste d'écouter, presque en chuchotant car l'interview avait lieu dans une bibliothèque, la phrase vibre d'une troublante profondeur : « Je me suis dit : rien ne se passe comme prévu. (silence) Jamais comme prévu. (fin) »

5 octobre

Je retiens du troisième débat cette phrase de François Hollande à propos des médecins qu'on ne peut pas contraindre à aller s'installer en banlieue (ou à la campagne) : « Franchement, vous pensez qu'on peut obliger quelqu'un qui a fait des études à aller travailler là où il ne veut pas ? »

J'ai envie de lui dire : oui, on peut, ça s'appelle un prof.

12 octobre

Je ne sais pas si Yasmina Reza, après avoir suivi Nicolas Sarkozy pendant toute la campagne de 2007, a fini par voter pour lui. J'ai trouvé qu'elle avait gardé, dans son livre *L'Aube, le Soir ou la Nuit*, une distance de bon aloi. Je sais déjà que je ne serai pas capable d'une telle distance.

Jusqu'il y a quelques semaines, j'étais encore indécis : j'ai contacté François Hollande pour ce livre parce que j'avais envie de suivre la campagne de 2012, pas lui spécialement. Pour que ce soit intéressant, il fallait que le candidat que je me proposais d'accompagner ait une chance de gagner. Parce que je ne me voyais pas suivre pendant des mois un candidat dont je n'aurais pas souhaité au moins un peu la victoire, je voulais un candidat de gauche. Le choix était donc extrêmement limité. Après l'éviction de DSK, il se réduisait à deux noms (ce qui, par les temps qui courent depuis 2002, n'était déjà pas si mal). Si j'ai contacté Hollande et pas Martine Aubry, c'est pour des raisons purement accidentelles : sa compagne m'avait interviewé pour *Paris-Match*, et j'avais son mail. Je n'avais donc aucun a priori. Hollande et Aubry, comme a dit Montebourg, incarnaient les deux faces d'une même médaille : social-démocrate, ceux pour qui on vote, quand on est de gauche, au deuxième tour. En temps normal, d'ailleurs, je pense que j'aurais voté Montebourg au premier tour de la primaire, ou je ne me serais même pas déplacé.

Or, quelques mois plus tard, j'observe, fasciné, l'altération progressive de ma subjectivité. A l'occasion de cette primaire, je suis obligé de constater chez moi des comportements qui me surprennent. Après avoir rencontré Hollande vingt minutes, après avoir assisté à quelques réunions et après l'avoir observé en meeting et en conférence de presse à La Rochelle, je me sens un peu comme le supporter d'une équipe de foot. Je souhaite ardemment qu'il gagne, j'ai voté pour lui dimanche dernier et je revoterai pour lui dimanche prochain.

Mais ce n'est pas tout. Je me sens une animosité irrationnelle envers Martine Aubry. Il y a quelques jours, j'ai essayé de dissuader un ami de voter pour elle. Il justifiait son choix par le fait qu'elle avait fait la seule grande mesure de gauche depuis vingt-cinq ans : les 35 heures. Et là, à ma propre stupéfaction, je me suis vu critiquer les 35 heures, avec des arguments vaseux : « Tu sais, apparemment, les 35 heures ont mécontenté beaucoup de monde, je crois que même les ouvriers n'ont pas été très satisfaits… »

Mon animosité se cristallise autour de ce point précis : je ne supporte plus que Martine Aubry se fasse passer pour la candidate de gauche (vers qui les voix de Montebourg devraient naturellement se reporter) contre le centriste mou. Voilà des mois que je constate avec surprise que cette opinion est largement répandue dans mon entourage. Quand j'en parle autour de moi, tout le monde me dit invariablement qu'elle est plus à gauche que Hollande mais quand je demande pourquoi, dans ce cas, elle soutenait DSK, tout le monde me répond « Ah oui, c'est vrai » comme s'ils n'y avaient jamais pensé (y compris chez des hamonistes !). Mon étonnement s'est progressivement mué en irritation, puis en un sentiment de révolte face à ce que j'estime être une scandaleuse entourloupe. J'ai l'impression qu'elle essaie de berner tout le monde avec son numéro de gauchiste et je traque tous ses faux pas : quand, pendant le troisième débat, je l'entends dire « Combien ça coûte ? » à propos des 60 000 postes de profs que Hollande veut rétablir, ça me rend malade. J'en viens même à imaginer des affiches de Martine Aubry avec inscrit en dessous « Votez DSK ».

Mais il me reste suffisamment de lucidité pour me rendre compte que si j'avais suivi Aubry et non Hollande, j'aurais sans doute été sensible à d'autres choses : le contrat de génération, par exemple, que je soupçonne de n'être qu'un énième avatar des allégements de charges offerts aux entreprises, le soutien de Valls, notoirement de droite, les médias affichant un parti pris à peine dissimulé pour Hollande, etc. J'aurais même pu défendre l'idée d'un DSK de gauche : après tout, j'ai lu que c'était lui qui avait été l'instigateur des 35 heures (mais j'ai aussi lu que Martine Aubry était contre au départ, donc cet argument s'annule, c'est compliqué) et il paraît qu'il aurait orienté la politique du FMI dans une direction plus keynésienne... Bref, je souhaite que la gauche gagne mais je n'ai pas de raison objective d'être particulièrement derrière Hollande, et pourtant, au soir des résultats du premier tour, quand l'écart avec Aubry s'est révélé beaucoup plus serré que prévu, j'ai été déçu, et quand j'ai compris qu'avec le report des voix de Montebourg il pouvait perdre, j'étais carrément démoralisé.

13 octobre

J'emmène David, prof de français (en ZEP), trente-cinq ans, bientôt trois enfants, à l'ultime meeting de Hollande avant le deuxième tour de la primaire, au Bataclan, à Paris.

Comme désormais je me méfie de mon jugement, je me suis dit qu'un avis extérieur serait intéressant. David est parfait pour évaluer à ma place la prestation de l'« impétrant » : il a voté Hollande au premier tour mais n'est pas sûr de reconduire son vote dimanche. Lors du débat de la veille, il a trouvé qu'Aubry était meilleure, il a surtout été impressionné par sa connaissance des dossiers, et puis elle a coincé Hollande sur cette histoire de financement des postes de profs et du redoublement, que personne n'a compris parce que c'était un peu technique, sauf nous, les profs : suggérer de financer les 60 000 postes en plus par la réduction des redoublements, cela revient à dire qu'on compense le coût des profs en plus par le coût... des profs en moins économisés grâce à la suppression du redoublement. Cela n'a pas de sens, en effet, mais c'est un peu subtil et *Libération* a estimé que sur ce sujet, Martine Aubry, dont l'objection était pourtant parfaitement pertinente, avait « pataugé ». Tant mieux pour Hollande, qui avait déjà essuyé un premier coup de semonce lors du premier débat, quand Royal lui avait fait remarquer que le coût estimé, 500 millions supplémentaires par an pendant cinq ans, n'était pas de 2,5 milliards au total mais de 7,5 milliards parce que les salaires des nouveaux profs se cumulaient (on ne les engage pas pour un an, il faut bien continuer à payer ceux qu'on a recrutés l'année précédente). Là encore, personne n'avait repris la remarque de Royal. Décidément, jusqu'ici, Hollande a du bol.

Je suis donc là pour surveiller les réactions de David. Hollande parle trois quarts d'heure sans donner l'impression de lire ses notes (même s'il en a, posées devant lui : il lui arrive de tourner une page subrepticement, pendant que la foule l'acclame, et apparemment on n'y voit que du feu puisque la presse rapportera : « sans notes »). Il reprend tous les thèmes développés la veille dans le débat, méthodiquement, sans rien oublier – sauf que peu à peu il monte en régime, hausse le ton, sa voix devient à nouveau rocailleuse, il se met à parler de la France et de son histoire glorieuse faite de luttes et de conquêtes des libertés, je vois défiler 1789, 1936, 1968 dans ma tête. David, qui avait quatre ans en 81, est frappé par sa gestuelle mitterrandienne. Comme Hollande agite de plus en plus les bras sous les vivats de la foule, il me dit à l'oreille : « Si on coupait le son, il aurait un peu l'air du mec qui arrive pas à attraper le ballon. » Mais la péroraison enfle, enfle, et se termine dans une ambiance de concert de Johnny ; David convient alors qu'à son avis, Martine Aubry est incapable de faire un truc pareil. Il avait vu Royal, il y a cinq ans, et d'après lui, c'était moins fort.

14 octobre

La primaire, c'est entendu, a offert aux Français ébahis le spectacle incroyablement digne de candidats respectueux les uns des autres et uniquement soucieux de faire avancer le débat. Cela étant, si on voulait résumer les quelques menues critiques distillées çà et là contre les deux finalistes par leurs camps respectifs ou par eux-mêmes, on trouverait quand même un peu de matière.

François Hollande : gauche molle, flou, girouette, n'a rien foutu à la tête du PS pendant onze ans (syndrome dit « des chiottes bouchées », d'après Aubry), emploie des mots de droite. Et en plus c'est un homme.

Martine Aubry : candidate de substitution (circonstance aggravante : de DSK), fille à papa qui n'a jamais été foutue de conquérir une circonscription toute seule, hargneuse, alliée au MoDem à Lille, tricheuse qui a bourré les urnes en 2008 et carrément lepéniste (d'après l'ahurissante sortie de Vincent Peillon sur BFM qui a osé cette comparaison hardie parce que, à l'instar de Marine Le Pen, Aubry a voulu se présenter comme la « candidate antisystème » – ce qui, de la part de la fille de Delors, qui a fait l'ENA et été ministre, était assez gonflé, il faut bien le dire).

Hollande n'a pas tort, qui répète depuis le début qu'il ne faut pas donner des munitions à l'adversaire (sans tout à fait respecter lui-même sa propre consigne) : la droite ne se privera pas de puiser dans cette petite liste, et si c'est lui qui sort gagnant dimanche, il y a de grandes chances que la « gauche molle » lui colle à la chemise jusqu'au bout de la campagne (et, qui sait, même après).

(Mon père me rappelle ce slogan de 68 : « Votez dur, votez mou, mais votez dans le trou ! »)

16 octobre

C'est le grand jour, je suis invité chez François Hollande pour suivre les résultats du second tour de la primaire, ou plutôt pour suivre les réactions aux résultats de Hollande et de ses amis. Le taxi qui m'emmène dans son appartement du XVe arrondissement se trouve être un rasta sarkozyste qui pense que, au moins, avec Sarkozy, il n'y a pas de problème, les gens sont heureux et mangent à leur faim, et heureusement qu'on a échappé à cette folle de Royal mais les socialistes qui promettent des baisses d'impôt, c'est n'importe quoi, c'est mal de mentir au gens, on sait bien qu'ils feront tout l'inverse. Je lui dis que, justement, Hollande a promis d'augmenter les impôts, et comme nous arrivons à destination, je ne saurai jamais comment il aurait ajusté sa brillante analyse en fonction de l'information que je venais de lui délivrer.

Devant la porte de l'immeuble, je m'avise que j'ai

un quart d'heure d'avance et je fais le tour du pâté de maisons. C'est résidentiel, moderne, chic et sans âme. Quand je me décide à monter, je croise Jean-Marc Ayrault qui s'en va. Il ne me connaît pas mais il me dit : « Bonne idée, les fleurs ! » parce que j'ai un bouquet à la main pour la compagne de Hollande. Je sonne, on m'ouvre, et je me retrouve avec mes fleurs à la main dans un salon fonctionnel avec un petit buffet dressé d'un côté, et de l'autre, tout le monde massé devant la télé, Hollande, debout, impérial et radieux, serrant la main de son amie Valérie Trierweiler, assise sur le canapé. Comme personne ne vient s'occuper de moi et que j'ai l'air con avec mes fleurs, je finis par les poser discrètement sur une chaise. Il y a Michel Sapin, Gérard Collomb, le maire de Lyon, Olivier Faure, le jeune chargé de com', Bernard Poignant et sa femme, Frédérique Espagnac, jeune sénatrice fraîchement élue, Faouzi Lamdaoui, l'homme à tout faire, Claude Sérillon, l'ancien présentateur du 20 heures, Victorin Lurel, député d'outre-mer qui semble particulièrement apprécié et respecté, un ou deux gardes du corps avec oreillette, un photographe derrière la télé qui prend des photos de ceux qui regardent la télé, une jeune maquilleuse, pas de Mosco (je crois qu'il est déjà parti), pas de Filippetti (elle arrivera plus tard). Finalement, Valérie Trierweiler vient me saluer. Souriante, elle me dit : « Bon, c'est plié. » Je lui dis : « Félicitations. » Le journal de 20 heures s'ouvre sur les premières estimations : 56-44. Tout le monde applaudit. Hollande m'aperçoit, il me fait un clin d'œil, je vais lui serrer la main et je répète : « Félicitations. » Déjà, le mini-état-major s'affaire à la suite des opérations : qui va accueillir Hollande à Solférino et comment ? Harlem ou Martine, c'est à eux de voir mais surtout pas à la grille, parce que à la grille c'est le bordel, il faut absolument éviter le bordel. Puis on écoute la déclaration de Martine Aubry et tout le monde, Hollande le premier, la trouve très bien, très fair-play. Hollande informe les autres qu'elle doit l'appeler d'ici un quart d'heure. Le journal télévisé se poursuit sur une nouvelle affaire de mœurs dans laquelle DSK serait à nouveau impliqué, une histoire de proxénétisme dans un grand hôtel lillois, le Carlton. Hollande commente, hilare : « Décidément, DSK aura animé cette campagne jusqu'au bout ! » La télé annonce qu'il est en route pour le siège du PS. Il rit encore : « Ah bon ? Ils sont mieux informés que moi ! » Puis il va s'isoler pour rédiger la déclaration qu'il doit prononcer un peu plus tard à Solférino. Une douce euphorie règne dans l'appartement. J'observe la discrète satisfaction des fidèles de longue date : spontanément, Olivier Faure et Bernard Poignant me parlent de l'époque du creux de la vague pour mieux savourer, j'imagine, le chemin parcouru. Plusieurs des présents mettent en garde contre la tentation d'un triomphalisme prématuré : « Attention, ce n'est que le début, il ne faut pas croire qu'on a remporté la présidentielle ! » Je demande à Olivier Faure : « Qu'est-ce qui va se passer, maintenant, pour Martine Aubry ? » Il me répond, songeur : « Bonne question. » Lorsque Ségolène Royal apparaît à l'écran pour faire sa déclaration, tout le monde s'écrie : « Allez chercher François ! » Il vient l'écouter avec attention puis retourne préparer son discours. Chacun se fend d'un commentaire obligeant pour Ségolène Royal et signale l'importance qu'a eue son ralliement quelques jours auparavant. Montebourg lui succède à l'écran mais l'heure de gloire du jeune démondialisateur semble déjà un peu passée car personne ne va chercher « François » et personne ne l'écoute. Quand Hollande revient, il a eu Martine, il dit qu'il est prêt à y aller, mais alors tout le monde se jette sur lui : « Ah non ! S'il te plaît ! Tu n'y vas pas comme ça ! Il faut te changer ! » Entre-temps, Valérie Trierweiler a fini par apporter une bouteille de champagne et lorsqu'elle lui propose une coupe pendant que, dans une grande agitation, on le recoiffe, on lui resserre sa cravate et on le remaquille, il a juste le temps de répondre : « Non, merci, je suis déjà bourré ! », avant de disparaître dans une chambre ou une salle de bains, entraîné par la petite foule de ses amis soucieux de son look.

Je le retrouve devant Solférino en train de faire son discours, jeunesse, éducation, réforme fiscale, poids de la dette, etc. Un jeune dans la foule crie : « On a faim ! » Il conclut, comico-gaullien : « Vous avez faim, je sais. Mais vous avez faim de victoire aussi ! » (vivats de la foule). Un quart d'heure plus tard, il est à la Maison de l'Amérique latine, nouveau discours, plus sentimental, déjà empreint de nostalgie : il a commencé sa campagne ici, ils n'étaient pas très nombreux alors…

Puis son état-major va se réunir dans une arrière-salle lambrissée. La cohue est telle qu'il faut un quart d'heure pour y accéder. J'aperçois Mosco qui passe mais je le perds dans la foule. Je vois Valls qui le suit et je prends sa roue. Arrivé devant la porte, je me fais refouler par le videur parce que je ne suis pas sur la liste. Heureusement, apparaît Valérie Trierweiler dans l'embrasure, je lui fais signe, elle fait un geste en direction du videur qui me laisse passer. Dans la salle il y a vingt-cinq personnes, Valls est le seul des autres candidats à la primaire qui soit présent, Hollande est encore au téléphone, ses lieutenants se moquent de Fabius pour patienter : comment s'est-il débrouillé pour être au premier rang sur la photo ? Qui est allé le chercher ? Personne, il est venu tout seul, il a fait la bise à Pierre. Mosco : « Moi ? J'ai embrassé Fabius ? Vous êtes sûrs ? » Rires.

Hollande arrive, applaudissements. Il dit quelques mots pour remercier ses collaborateurs et se pose la question du discours d'investiture : il n'est pas favorable à un grand discours fondateur, il préfère se réserver pour plus tard et se contenter de parler harmonie, rassemblement, sans qu'il y ait 7 000 personnes, parce que en plus ça coûte cher (la salle est pourtant déjà réservée. Mais elle est modulable). Il est rejoint par Stéphane Le Foll que je n'avais pas encore vu ce soir, qui est lui aussi accueilli par des applaudissements et qui embrasse son patron et ami. « Désolé pour le retard ! » Hollande : « T'es allé chez le coiffeur, c'est pour ça ? » Le patron se retrouve assis symboliquement entre ses deux bras droits, l'historique (Le Foll) et le nouveau (Mosco). Il émet le souhait d'avoir un dispositif de campagne ni trop lourd ni trop coupé du Parti, évoquant l'« usine » qu'il avait montée en 2002 « avec Lionel », à ne pas reproduire, et la nécessité de présenter des visages « diversifiés ». « La droite, elle va me taper, moi : "Ce type est hésitant, il est mou, ce type n'a pas de convictions profondes..." Bien sûr, les 57 % vont laver ça mais il va y avoir des attaques personnelles – ça, j'y répondrai par mon propre comportement mais quand même il va falloir préparer une contre-offensive, parce qu'il s'est dit beaucoup de choses, et ils ont écouté. On a livré beaucoup de nos faiblesses, il y a toujours trois ou quatre grandes questions, que Sarkozy utilise d'ailleurs à chaque fois : les 35 heures, les exonérations de cotisations sociales, les déficits, la fiscalité et le nucléaire… (on vient lui dire quelque chose à l'oreille) Mais oui, que Pierre Bergé entre ! Nous sommes très accueillants en ce moment ! (rires discrets)… Donc là il faut pas laisser trop de temps parce que les coups vont commencer à s'abattre et après on est scotchés avec les arguments qui ont été servis… » Pendant qu'il parle, on entend les « ding-ding » des iPhone et même carrément des sonneries qui se prolongent, il y a à côté de moi un homme qui se bat avec son téléphone qui sonne sans arrêt, on dirait que les socialistes n'ont pas encore découvert le vibreur. Puis il passe la parole à Moscovici. Celui-ci se félicite de la bonne ambiance qui règne dans l'équipe, remercie chaleureusement Hollande de l'avoir accueilli à ses côtés et ajoute qu'il est très heureux de retravailler avec lui, ce qui ne leur était plus arrivé depuis de longues années. On sent le soulagement et la reconnaissance de celui qui, après le crash de DSK, a failli se retrouver à quai, trop heureux d'être remonté dans le bon wagon, avec Le Guen, pendant que Cambadélis et les autres strauss-kahniens misaient de nouveau sur le mauvais cheval. Mais peut-être aussi faut-il voir dans ces remerciements l'incertitude de celui qui ignore s'il conservera son poste de directeur de campagne dans la nouvelle équipe qui va se former. Ainsi va la vie politique : l'une des clés de la victoire étant le rassemblement, chaque étape qui élargit le cercle autour d'un candidat engendre des reconfigurations de personnel propres à nourrir des amertumes. Hier, les fidèles de la première heure avaient dû faire place aux strauss-kahniens honnis. Demain, fidèles historiques et strauss-kahniens devront se serrer pour accueillir peut-être des aubrystes. Ce mécanisme inévitable fait que la fidélité est bien mal récompensée : Stéphane Le Foll n'avait rien à vendre à Hollande puisqu'il lui avait offert son soutien depuis longtemps, donc c'est Moscovici qui a été nommé directeur de campagne en échange de son ralliement, un ralliement qui valait cher quand la tendance était à rallier Aubry. Mais Mosco sait bien comment ça marche : si Hollande voit l'opportunité d'une belle prise de guerre, il n'hésitera pas à proposer son poste à quelqu'un d'autre. Une chose est sûre, toutefois, ce ne sera pas Fabius...

La réunion se poursuit dans un déchaînement croissant de sonneries et de bips divers. Daniel Vaillant prend la parole : « La théâtralité, c'est important... » Sonnerie sur ma gauche. « Martine a eu la bonne réaction... » Ding. « La question que tu as évoquée avec les écologistes est importante... » Sonnerie à 9 heures. « Tu ne dois pas te laisser distraire... » Ding-dong. Tut-tut. Sonnerie. Hollande : « Si ça continue, je vais confisquer ! » Gérard Collomb, pendant ce temps : « Il faudrait pas qu'ils aient la tentation d'organiser la fuite vers les écologistes au premier tour, ce qui rendrait évidemment les négociations très difficiles en termes programmatiques pour le deuxième tour... » (De qui parle-t-il ? On n'en sait rien car, à cause de la valse des sonneries, on a raté le début.) Julien Dray, sur un ton très convaincu, très offensif : « Il ne faut pas banaliser le discours de samedi… On peut pas dire simplement "merci, et rendez-vous dans quinze jours"… Non, pas fondateur, mais le regard des gens, il va changer sur toi : pour les gens, ça y est, tu es le candidat de la gauche, potentiellement le président de la République… L'histoire nous a montré que souvent on a banalisé le premier discours et la cérémonie d'investiture et qu'on a perdu du temps… Ils ont un temps d'avance et ils sont très organisés : ils vont faire la technique classique du "*bad bullshit*"(?), c'est-à-dire qu'ils vont déverser des conneries à tour de bras pendant des jours et des jours pour semer le trouble. Alors, au départ, on peut penser que ça n'a pas d'effet mais à force, la répétition de tous ces trucs… Ils ont des fiches, ils répètent sans arrêt la même chose : "maintenant, c'est l'heure des comptes ; l'heure des comptes, c'est l'heure des promesses : la retraite à 60 ans, le contrat de génération, la mollesse, les déficits…" L'erreur qu'on a souvent faite, c'est de considérer tout ça… (Hollande, convaincu : « Oui : "on répondra plus tard…" »), on attend, on verra plus tard et du coup (en chœur avec Hollande) : ça s'installe ! » Aurélie Filippetti : « Sur les écologistes, je suis pas entièrement d'accord : tous les écologistes n'ont pas soutenu Martine… et Daniel Cohn-Bendit, évidemment, lui, euh… » Hollande : « Tu as sans doute raison parce que les intérêts d'Eva Joly n'étaient pas les intérêts de la direction des Verts. Elle, elle était quand même assez furieuse, j'imagine, comme candidate, de voir que les écolos pouvaient appeler à voter pour une autre candidate dans une primaire au demeurant socialiste… et ça pouvait donner confirmation du sinistre absolu de la direction des Verts – on est entre nous, hein – parce qu'ils n'en ont rien à faire du score, ce qui les intéresse c'est d'avoir les circonscriptions. »

Puis Mosco reprend la parole pour évoquer une rencontre après-demain entre différents leaders progressistes du monde entier qui aura lieu en Espagne et à laquelle il serait souhaitable que Hollande assiste pour travailler sa stature internationale. Hollande : « Il y a Zapatero ? Lula ? » En même temps il faut faire attention : « Il y aura Gordon Brown ? Non, parce que je veux pas m'afficher avec tous les battus de la gauche, non plus… Et faut pas que ça m'empêche d'aller au match ! » (Real-Lyon en Ligue des champions : 4-0).

Finalement, Hollande revient à la question du discours : « Il faut le préparer, c'est pas le discours fondateur mais il faut mériter les 7 000 personnes dans la salle… Il faut néanmoins penser aussi au discours qui sera, lui, fondateur, au moment où il va être prononcé, et à la phase longue d'écriture. Moi, j'ai souvent rappelé que le discours du 14 janvier de Sarkozy, il avait tué le match, parce qu'il y avait tout. Y compris la perversité : on partait des idéaux de la République pour arriver aux mesures les plus scabreuses. (Ding-dong) Mais il y avait la plume de Guaino et il y avait le rythme, la scansion, et puis la culture, l'Histoire, et lui qui s'était mis en scène. Ce jour-là, il avait un discours préparé depuis plusieurs semaines, voire plusieurs mois… Sarkozy, il est mobile. Il y a cinq ans, Ségolène pensait qu'elle avait le temps, elle pensait faire la démocratie participative jusqu'en mars, et puis il a dégainé et c'était fini. »

La réunion s'achève enfin, il est temps d'aller manger. Hollande, une partie de son équipe et quelques proches, en tout une quinzaine de personnes, se retrouvent dans une brasserie de Montparnasse. Tout le monde est fatigué mais veut prolonger cet instant, alors personne ne s'assoit, on nous sert du champagne, ils ont tous l'air heureux, de cette joie d'après match qu'on observe dans les vestiaires les soirs de victoire (les cris en moins). Son fils Thomas arrive. Il l'accueille, tout sourire, ils se prennent dans les bras puis ils vont s'isoler sur une banquette pendant quelques minutes. Mais il se fait tard, les cuisines ont rouvert exprès pour nous, alors il faut se mettre à table. Valls est non seulement présent, accompagné de sa femme, mais assis à la table de Hollande, en face de lui de surcroît (Mosco est à sa gauche, Sapin à sa droite). Et Montebourg n'est pas là. Si j'étais aubryste, je ne manquerais pas de persifler : voilà la gauche de droite !

Mon voisin de table, Laurent Olléon, fiscaliste au Conseil d'Etat, me raconte cette anecdote : Hollande et Sapin se sont connus au service militaire. Un jour, lors d'une course d'orientation, ils s'égarent dans la forêt. Ils sont tous les deux perdus, et ils marchent. Ils marchent depuis des heures quand Hollande s'arrête, épuisé, il dit qu'il n'en peut plus. Sapin l'exhorte à continuer, il l'encourage mais rien n'y fait, il refuse de bouger, il est à bout, il dit qu'ils vont mourir ici. Alors Sapin lui prend son sac à dos... qui fait onze kilos. Les deux hommes repartent, Sapin porte les deux sacs, et ils finissent par retrouver la base. Evidemment, c'est le genre d'histoire qui cimente une amitié mais qui est aussi révélatrice, je suppose, d'un mode de fonctionnement entre les deux amis. En cyclisme ou en foot, on appelle ça un porteur d'eau. Il paraît que Hollande est hilarant quand il raconte ce genre d'épisode. Je serais curieux d'entendre sa version. Pauvre Sapin, je lui demanderai aussi la sienne…

La soirée s'achève. Moscovici prend congé. Il demande à son attachée de presse si elle sera demain à 7 heures à la Maison de la Radio pour son intervention sur France-Inter. Elle grimace, c'est trop tôt. Il prend toute la table à témoin : « Je suis le seul qui ait une attachée de presse qui vient quand elle veut ! » Une femme l'interpelle : « Attention, tu as trois attachées de presse à cette table, tu vas pas trouver beaucoup de soutien ! » Moscovici essaie vaguement de plaider sa cause mais il se fait gentiment charrier. Ce gars-là a un style un peu à la Mastroianni, mi-séducteur mi-Pierre Richard, sans les cheveux.

Le lendemain, je dois prendre un avion tôt le matin. Je discute avec le taxi qui m'emmène à Roissy. C'est un monsieur d'une soixantaine d'années d'origine marocaine. Il m'explique que le monde marche sur la tête et qu'il faudrait fermer les frontières aux produits chinois parce que comment voulez-vous qu'on concurrence des produits fabriqués par des ouvriers payés cent euros par mois. Je diagnostique : « Alors vous êtes sur la ligne Montebourg, vous êtes pour la démondialisation. » Il me dit qu'en politique, ce qu'il voudrait surtout, c'est qu'on s'occupe des jeunes, qu'on les aide à s'en sortir, à trouver du boulot, parce que lui, il a des enfants et que les jeunes, c'est l'avenir, c'est eux qui feront le monde de demain, alors il faut les aider. Je rectifie : « Alors dans ce cas, vous êtes Hollande, plutôt. »

3 novembre

L'Histoire prouve, paraît-il, que celui qui est en tête dans les sondages six mois avant l'élection se ramasse invariablement.

5 novembre

Dans *Fear and Loathing : On the Campaign Trail '72*, Hunther S. Thompson, l'auteur de *Las Vegas Parano*, inventeur du journalisme gonzo, écrit, à propos de la question de l'objectivité journalistique : « Ne vous fatiguez pas à en chercher ici, ni dans aucune ligne écrite par moi ou, à ma connaissance, par qui que ce soit. Mis à part éventuellement les tableaux de résultats sportifs ou les graphiques des cours de la Bourse, une chose telle que le Journalisme Objectif n'existe pas. L'expression en elle-même est une pompeuse contradiction dans les termes. »

Je suis un prof qui a enseigné dix ans en ZEP et c'est en tant que tel que j'observe consterné avec quelle timidité, quel manque d'entrain, quel air de celui qui a parlé trop vite et qui ne sait pas comment reprendre sa parole, Hollande répond aux attaques de la droite qui moque l'irréalisme budgétaire de sa proposition de recréer 60 000 malheureux postes d'enseignants. De tout ce que j'ai entendu depuis le début sur le programme socialiste (et Dieu sait qu'avec la primaire on en a bouffé, du programme socialiste !), c'est pour moi la seule mesure de gauche concrète immédiatement identifiable, de surcroît hautement symbolique.

Or, ce soir, je regarde Moscovici débattre avec Bruno Le Maire à la télévision. Comme d'habitude, celui-ci lui demande des comptes sur ces déjà mythiques à défaut d'être effectifs 60 000 profs. Mais cette fois-ci, son interlocuteur ne semble pas sur la défensive. Il répond au contraire d'un ton assuré : « J'assume complètement la proposition faite par François Hollande de créer 60 000 postes d'enseignants… Je pense même que c'est une cause mobilisatrice ! » Et il lui oppose les 30 000 gardiens de prison supplémentaires prévus par la droite. Profs *vs* gardiens de prison, c'est beau comme du Victor Hugo.

Me voilà un peu rassuré.

Si vous voulez de l'objectivité, il y a les résultats sportifs.

8 novembre

Je suis officiellement censé suivre le candidat comme son ombre, la presse affirme que François Hollande a trouvé son Yasmina Reza et que je ne le lâcherais pas d'une semelle mais, en général, je découvre son emploi du temps dans le journal. Plusieurs personnes de son entourage à qui je m'en ouvre me répondent : « Nous aussi ! » Apparemment, Hollande n'est pas un modèle d'organisation, il aime improviser, décider au dernier moment, et il est dur à suivre, même par son équipe qui est laissée dans le flou (© Martine). On m'explique que c'est la période qui veut ça : après une primaire tout de même très éprouvante, Hollande doit rebâtir sa nouvelle équipe de campagne. Dans l'intervalle, ça flotte un peu. C'est normal, mais *Le Monde* fait une pleine page là-dessus et Moscovici n'est pas content. Il me dit en serrant les dents qu'il aimerait bien que François « pose son cul cinq minutes » au lieu de courir partout. Normalement, il va être reconduit dans son rôle de directeur de campagne (la semaine prochaine, mais il n'a aucune idée du jour exact où la nouvelle équipe va être enfin annoncée, on sent que ça l'agace) et il compte bien remettre de l'ordre dans la baraque : contrairement à Hollande, lui n'a pas peur de faire de la peine et n'a pas peur de trancher, dit-il. Il s'explique les réticences de Hollande par son goût de la liberté : attribuer officiellement des postes précis aux membres de son équipe, c'est d'une certaine manière se lier les mains pour un homme qui aime avoir les coudées franches, qui écrit ses discours lui-même et qui, s'il ne rechigne pas à consulter autour de lui, aime décider seul. Pour son discours d'investiture, il avait consenti à se voir soumettre des propositions mais elles ne lui ont pas plu, il a gueulé (« C'est pas du tout ce que j'ai demandé ! ») et il a tout réécrit.

En attendant de suivre Hollande comme son ombre, je déjeune avec Mosco, au restaurant de l'Assemblée où, au milieu de ses pairs, il m'apparaît moins comme un gentil gaffeur mais se donne davantage des airs de parrain sorti d'un film de Scorsese.

C'est mon premier vrai tête-à-tête avec un acteur de premier plan de la campagne et j'en profite pour lui poser plein de questions.

DSK ?

« On s'était éloignés depuis trois ans : en 2008, je voulais me présenter à Reims mais lui préférait pousser Aubry. Je l'ai appelé à Marrakech, je lui ai dit : "Tu as tort, elle va te faire chier." Il me répond : "Elle ? Nooon. Tu crois ? Mais elle est nulle !" Je lui ai dit : "Soit tu as raison, et ça va être le bordel dans le Parti ; soit tu as tort, et crois-moi, elle va te faire chier." »

Est-ce qu'il a eu peur pour sa carrière politique après l'affaire du Sofitel ?

« Ça peut vous paraître prétentieux mais je pense que j'étais en position de choisir le vainqueur. Je savais que 80 % des strauss-kahniens me suivraient. »

S'il avait choisi Aubry, elle aurait gagné ?

« Je pense que oui. »

Est-ce qu'il a hésité avant de rallier Hollande ?

« Pas une seconde. »

Avec Hollande, on ne peut pas dire qu'ils soient amis mais ils se connaissent depuis très longtemps, ils ont jadis coécrit un livre (« 95 % de ma transpiration et 5 % de son inspiration ») et ont donné des cours ensemble à Sciences-Po (« Moi je préparais mon cours et lui, je savais jamais s'il allait venir, il se pointait et il improvisait ! »).

Et les strauss-kahniens qui ont rallié Aubry ?

« Bien fait pour leur gueule ! »

Quel effet ça lui fait d'être considéré comme Premier-ministrable ?

« Je n'y pense pas. Mais il y en a d'autres qui y

pensent pour eux ! » Pas de noms. Il concède quand même, selon une formule un peu alambiquée, qu'il « pense à ne pas y penser », puis m'explique qu'il n'a pas besoin d'y penser parce que, entre les trop vieux et les trop jeunes, il est le seul de sa génération. Ceci dit, il n'écarte pas Aubry.

Son face-à-face cette semaine avec Bruno Le Maire :
« Il est trop gentil. A la fin, il m'a dit : "Pourquoi tu voulais me faire dire du mal de la Corrèze ?" »

Est-ce qu'il a le trac avant un débat ?

Non, il se fait un déroulé dans la tête des deux ou trois idées qu'il veut caser, il prépare quelques phrases qu'il va placer quoi qu'il arrive. Face à Le Maire, il n'avait rien préparé. Ceci dit, ça dépend des émissions. Il y a des journalistes plus pugnaces que d'autres.

N'a-t-il jamais peur de dire une grosse connerie qui le poursuive ensuite pendant des semaines ou des années ?

Il a plutôt peur que la presse ne se focalise sur une phrase : après le débat Hollande-Aubry, il a twitté « Les jeux sont faits ». Ça a créé une mini-polémique. « Je voulais juste dire : les dés sont jetés ! Au casino, les jeux sont faits, c'est quand on ne peut plus miser, c'est tout. »

Je lui fais remarquer qu'en tant que fils de psychanalyste, il ne pouvait pas ignorer le sens usuel qui sous-entend que la victoire est acquise. Il me dit que justement, il fait très attention aux lapsus et autres trucs du genre.

Un peu plus tard, au café en face de l'Assemblée, je bois un verre avec son attachée de presse, Safia Otokoré (dont j'apprends qu'elle est l'ex-femme de

Didier Otokoré, joueur de foot auxerrois des années 90). Elle confirme l'aisance de son patron dans les débats, se remémore un jour où il avait humilié Guaino en lui balançant : « Vous n'êtes pas élu, vous ne représentez personne, vous n'avez aucune légitimité. » En revanche, sa version du ralliement à Hollande est un peu plus nuancée : « Je lui ai dit : décide-toi ! Il avait peur que les strauss-kahniens ne le suivent pas. Mais c'est la théorie du cercle : mieux vaut rester avec son chef que de repartir de zéro dans un nouveau cercle où on ne connaît personne. »

Mosco nous rejoint un bref instant. Il a rendez-vous avec Fabius (Safia fait mine de se pendre). Avant de se quitter, ils rejouent tous les deux la scène de La Rotonde, qui semble être un numéro bien rodé : « Je suis obligée de venir demain ? — Oui ! — Mais c'est tôt ! — Bon tu viens, c'est tout ! »

Dehors, il y a une manifestation : quelques dizaines d'Ivoiriens crient des slogans. Dedans, le café grouille de députés et de journalistes. J'aperçois Jack Lang, Bernard Poignant, Nicolas Domenach… Les manifestants, bloqués par un petit cordon de CRS, cognent sur les fenêtres du café. J'ai la désagréable impression d'être du mauvais côté de la vitre.

12 novembre

Valls est nommé directeur de la communication et devient donc mon interlocuteur privilégié, il faut que je le rencontre. Valérie Trierweiler me dit : « Tout va bien se passer. » Moi : « OK, je dirai rien sur ses costumes. » Elle : « Voilà, c'est mieux. »

13 novembre

Tout le monde me dit : Hollande est trop mou, il fait pas rêver, etc. Et même au sein de ma maison d'édition, c'est peu dire que mon projet n'a pas déchaîné l'enthousiasme : « Trop lisse... très mauvaise idée... trop lisse... ça va être emmerdant, il est terne, pas de charisme, trop lisse » (d'accord, j'ai compris !), en plus je vais être manipulé parce que ces gens-là sont des requins, ils vont vouloir m'instrumentaliser, et l'argument massue (expression d'un refoulé lagardérien ?) : « C'est pas Sarkozy » (qui lui, évidemment, n'est pas lisse. Ah c'est sûr, avec lui, on s'ennuie pas !). En plus, il paraît que je vais m'en prendre plein la gueule parce que Reza, tout le monde lui était tombé dessus et elle s'était mis à dos à la fois les sarkozystes et les antisarkozystes (j'objecte : « Oui, mais c'est pas Sarkozy »). A tous ces gens-là, je donne rendez-vous dans six mois. Je leur dis qu'il est bon à l'oral, que c'est un tribun-né et ils me disent : comment ça se fait que ça ne se voie pas à la télé ? Bonne question : pourquoi Hollande brille en *live* mais pas aux infos ? Mais quand on y songe : qui brille aux infos ? Sarkozy est-il génial quand il fait ses interventions au 20 heures, ou quand il a ses espèces de rendez-vous avec les Français, ou quand il nous présente ses vœux ? Non, les hommes politiques se révèlent à la télé dans les débats, et nulle part ailleurs. Alors évidemment Hollande n'a pas particulièrement brillé aux débats de la primaire, mais je veux croire que c'était un choix tactique : il était en tête, voulait donner l'image du rassembleur, stigmatiser l'agressivité de Martine Aubry, insister sur l'importance de ne pas se déchirer entre socialistes, donc il retenait ses coups jusqu'aux limites du lénifiant. Mais je dis : rendez-vous dans six mois. Et j'ajoute (ce 13 novembre, et je ne réécrirai pas ce passage quoi qu'il arrive) : je suis sûr qu'il va l'exploser dans le débat d'entre-deux-tours.

Ce n'est pas ça qui m'inquiète. Ces jours-ci, je lis les titres dans la presse et ça donne ça :

« Les économistes de gauche poussent François Hollande à se démarquer de la politique d'austérité. » (*Le Monde*, 08/11/11)

« Hollande s'est condamné à jouer les pères la rigueur. » (*Libération*)

« Hollande, un capitaine de pédalo dans la tempête. » (Mélenchon)

Et le pire de tous (parce que l'article est dramatiquement convaincant), cet article de Serge Halimi dans *Le Monde diplomatique* : « Où est la gauche ? » (à l'ouest, apparemment).

16 novembre

Présentation de l'équipe de campagne, ambiance détendue, forcément, puisque par définition tous les présents ont obtenu un poste, alors ils sont contents. Commentaires rigolards pendant que la troupe s'achemine vers l'estrade : « On avait dit les chauves derrière ! » Au passage d'André Vallini, chargé de la Justice dans l'organigramme, un photographe lance : « Monsieur le garde des Sceaux ! » Vallini tourne la tête. Pris en flag, il est obligé de convenir : « Vous m'avez eu. »

Une heure plus tard, dans un café du VIe, Moscovici suspendu à son BlackBerry dit à Rebsamen : « Ça y est, c'est le bureau des pleurs. Des mecs que je connais pas m'appellent pour se plaindre de pas être dans l'équipe. »

Malek Boutih, ex-patron de SOS-Racisme, vient s'asseoir à ma table, se présente et engage la conversation : « Hollande, c'est un mystère. Tous les journalistes qui le suivent depuis longtemps me disent : "C'est qui, ce mec ?" Personne ne sait. Je vais te dire ma théorie : il n'existe pas. Il s'est déjà complètement dépersonnalisé pour incarner la fonction, ce que Sarkozy n'a jamais voulu faire. Sarkozy a cru qu'il pouvait garder sa personnalité en étant président, il avait tout faux. Quand un journaliste me demande qui est Hollande, je réponds : Hollande, c'est l'Etat-providence ! C'est celui qu'on appelle "le monsieur" au guichet, le monsieur de la poste, le monsieur de la sécu, le monsieur de la préfecture... c'est le mec derrière l'hygiaphone. Complètement désincarné. La seule qui l'humanise, c'est Valérie. Avec elle, il est encore humain mais sinon c'est juste une machine. Tu imagines la volonté qu'il faut, pour passer tous ses week-ends en Corrèze pendant vingt ans ! Imagine-toi en Corrèze un seul dimanche, la déprime ! Alors lui, tous les mercredis soir, se dire qu'il va prendre sa bagnole le jeudi matin pour aller EN CORRÈZE ! Jusqu'au dimanche ! Toutes les semaines ! Moi, si on parle pas idéologiquement, je me sens plus proche de Sarko, humainement, j'aime bien son côté brut de décoffrage, le mec qui fonce, mais contre Hollande, ça va pas le faire.

« Sarkozy, moi je peux te dire, j'en suis sûr, à l'idée d'affronter Hollande, IL CHIE DANS SON BEN' ! Il sait pas par quel bout le prendre. Il le comprend pas. Débattre avec Hollande, il déteste ça. L'autre, il va lui faire "273 milliards, vous êtes sûr ?", ça va le rendre dingue. Hollande, sa chance, c'est la crise. Ça va peut-être te faire rire mais si on devait comparer Hollande à un homme politique du XXe siècle, je dirais que c'est... Churchill. »

Moi : « Ah bon ? Euh, Churchill, t'es sûr ? »

Malek Boutih : « Churchill, c'est le mec, il est nul avant la guerre, il fait rien après, mais de 1938 à 1945, il est là et il assure, et il fait la guerre. La chance de Hollande, c'est que la crise, c'est une guerre. On est en guerre ! »

Moi : « Mais Churchill, il transigeait pas, il faisait pas de compromis. J'ai assisté à la réunion des économistes, c'était quand même assez tiède, niveau propositions, ça sentait pas la guerre totale. »

Malek Boutih : « Un économiste, tu sais ce qu'on dit, c'est un mec qui prend un lapin, il le met dans un chapeau, il donne un coup de baguette magique, et il en ressort un lapin. On s'en fout des économistes ! En période de crise, c'est pas en jouant petits bras qu'on gagne. C'est en faisant des vrais changements et c'est en frappant un grand coup. Les trucs avec les Verts, le nucléaire, pff, les gens, ça leur passe à trois milliards de kilomètres au-dessus de la tête !... Hollande le sait : tout va se jouer avec son discours de janvier. Il l'a dit à la réunion, l'autre jour. Pour l'instant, niveau idées, il a rien montré, il a tout gardé, il voulait pas partir trop vite. Là, il va déballer ses idées, il va faire son discours et il va flinguer l'autre. Ça va pas être comme avec Ségolène ou comme avec Jospin. Hollande, c'est un combattant. C'est tout sauf un hasard s'il est arrivé là. Ce mec, c'est un guerrier. Ça se voit qu'à la base, c'est plutôt un jouisseur, il aime bien la vie. Eh ben il a tout sacrifié. Et il est prêt. »

Fleur Pellerin, qui boit un verre avec nous : « Ségolène, au bout de quinze jours, j'avais compris. Je savais que c'était foutu. C'était le bordel, elle bossait pas assez, ça partait dans tous les sens. Jospin, c'était horrible, personne n'avait vu venir le truc... »

Malek Boutih : « C'est vrai : on lui faisait des fiches pour le débat du second tour contre Chirac ! Jospin, moi, je l'avais rencontré, je lui avais dit : "Faut arrêter avec ces histoires d'intégration, l'intégration, c'est fini." Il me dit : "C'est quoi, le mot, alors ?" Moi, je lui dis : "Quel mot ? J'ai pas de mot." Il me dit : "S'il y a pas de mot, alors il y a pas de problème politique." OK, d'accord, il y a pas de problème, merci, au revoir. »

Moi : « Mais la place prépondérante faite à Valls dans l'équipe, ça ne signale pas un virage à gauche spectaculaire, a priori... »

Malek Boutih : « Le signal, c'est : premier rallié, premier servi, c'est tout. Je le dis sans arrêt aux journalistes : Hollande, c'est le roi des médailles en chocolat ! Essayer d'approcher Hollande, c'est un cauchemar. Pour toi, ça va être compliqué, mais si tu connais Valérie, c'est la bonne porte d'entrée. Hollande, il livre rien, il s'oublie jamais, il fait pas de confidences, et il se laisse pas approcher. C'est même pas la peine d'essayer d'avoir un rendez-vous. Il faut que tu le suives partout et que tu sois toujours à cinq mètres de lui. Moi, j'essaie de le faire venir au Parc, il aime le foot, je veux le faire venir pour… PSG-Lille, ha ha ! A Solférino, ils préfèrent le rugby, c'est plus chic, moi j'aime le foot. Tout le monde me dit : "Le PSG, ça craint, le Parc, l'ambiance est pourrie." Mais je leur dis : "Ça a vachement changé !" C'est sympa, au Parc, maintenant. Je me dis que si je peux faire d'une pierre deux coups… : on regarde le match et il rencontre les Qataris pendant une demi-heure. Sarkozy, il s'était baffré avec le fric des Qataris, il leur avait pompé un max de blé pour sa campagne en 2007. Les mecs, ils aiment pas trop les Français : pour eux, un Français, c'est quelqu'un qui leur prend leur fric et qui leur crache dessus. Depuis qu'ils ont racheté le PSG, on parle que des Qataris par-ci, des Qataris par-là, mais avant c'était les Américains, et j'ai jamais entendu personne dire "les Américains, les Américains…", ça posait pas de problème. »

Moi : « Euh, il te reste pas une place pour PSG-Lille ? »

20 novembre

Je tombe sur Sapin à la télé et je le trouve très bon : convaincant, énergique, clair, loin de l'image du petit timide joufflu qui transparaît de prime abord. Face à Devedjian, il est courtois mais caustique et pugnace. Sur le nucléaire : « l'uranium ne pousse pas sur les terres françaises » ; sur les 35 heures : « pourquoi vous ne remontez pas jusqu'en 1936 ? » ; sur le bouclier fiscal : « des impôts ont baissé – je n'ai pas dit LES impôts !... » C'est bien simple, il me redonnerait presque envie de voter Hollande...

... n'était la question de la désindustrialisation sur laquelle il rame, faute de propositions concrètes, puisque la piste « démondialisation » de Montebourg n'a pas été retenue. On lui montre un reportage très dur où l'on voit des ouvriers au chômage et des syndicalistes amers qui vilipendent les politiques et leurs belles paroles, impuissants face aux délocalisations. On lui rappelle la malheureuse phrase de Jospin, « L'Etat ne peut pas tout », à l'époque de la fermeture de l'usine Renault à Vilvorde. Et on l'achève en lui demandant ingénument s'il pense, comme le *think tank* Terra Nova (censé incarner la gauche moderne – traduire « gauche de droite »), que le PS ferait mieux de laisser tomber l'électorat ouvrier, irrémédiablement voué au lepénisme. Sapin défend Jospin avec l'argument que lui au moins n'a pas fait de fausses promesses comme Sarkozy aux ouvriers de Gandrange. D'accord. Je vais donc encore réfléchir un peu avant de me décider.

(Je commence à comprendre : je suis l'électeur témoin. Si à l'issue de la campagne, je vote pour Hollande au premier tour, il sera élu.)

21 novembre

J'assiste à un déjeuner de Moscovici avec la presse, en l'occurrence avec deux journalistes (une de radio et une de télé). Je comprends assez vite en quoi consiste l'exercice : l'homme politique balance un discours que les journalistes n'ont pas envie d'écouter. En retour, les journalistes essaient de lui faire dire des choses qu'il n'a pas envie de dire. Le thème du déjeuner est : « Sale temps pour Hollande, non ? »

Pas du tout, Hollande est très serein, l'accord avec les Verts est un très bon accord, de toute façon, le candidat est au-dessus de ça, et puis franchement, c'est quoi, ce sondage, là, LH2, où il perd neuf points au premier tour mais en garde seize d'avance au deuxième ? « Pas d'inquiétude à avoir... il faut stabiliser... il n'y a aucun vertige... » L'une des deux journalistes insiste : à Strasbourg, avant la rencontre avec les Jeunes Socialistes, il n'avait pas l'air serein. Moscovici rebondit tranquillement : « Donc le bain de foule lui a fait du bien... Le mec qui n'est jamais inquiet, c'est pas normal... »

En intermède, le sketch habituel avec son attachée de presse qui pianote sur son iPad :

« T'es avec nous, Safia ?

— Je t'écoute.

— On parlait de quoi ?

— ...

(Mosco, à moi :)

— Ça fait sept ans qu'on est comme ça ! »

Fin de l'intermède, les journalistes se plaignent qu'à force de vouloir prendre de la hauteur, Hollande devient inaccessible. Moscovici dit qu'il en prend bonne note mais il ajoute en vieux briscard : « De temps en temps, ne pas trop parler n'est pas forcément inutile. » Sur la campagne en elle-même : « Une campagne, c'est pas une cavalcade... » L'axe thématique, c'est le triptyque « Vérité-Justice-Redressement » (« Vous savez que je suis un catholique pratiquant ! » Réponse de la journaliste : « Comme moi ! » Rires). Il doit y avoir un travail de fond dans la préparation : « Il faut que ce soit chiadé... et il faut que le candidat soit l'auteur de sa campagne » (le spectre de Jospin rôde toujours).

Puis arrive la question du grand meeting de janvier. On dit qu'il aura lieu en Corrèze ? Mosco en doute. La journaliste : « Ce sera le 14 janvier, avec les quatre enfants et le petit qui lui dira "bonne chance, mon papa" ? » C'est dingue comme ce discours du 14 janvier a marqué les esprits dans le milieu. Hollande semble avoir convaincu son entourage que tout s'est joué ce jour-là, Porte de Versailles, en 2007, lorsque Sarkozy a fait son fameux discours où il a cité Jaurès, à la grande fureur des socialistes. Et je constate que les journalistes eux-mêmes semblent y croire aussi. Mais qui se souvient de ce discours ? Qui en a vu plus que les quelques secondes diffusées au journal télévisé ? Qui connaît même la teneur des citations de Jaurès ? Comme d'habitude, la presse s'est appesantie sur l'aspect purement politicien, le coup tactique qui consistait, pour un homme considéré comme ultralibéral, à récupérer une figure de gauche. Et c'est ça qui aurait été le tournant majeur de la campagne ?

Soit il y a un effet subliminal qui m'échappe (et c'est tout à fait possible), soit le monde politique, journalistes compris, est complètement à côté de la plaque (et c'est très possible aussi).

Quoi qu'il en soit, le déjeuner se poursuit, Mosco dément toute rumeur de brouille avec Valls (auquel il attribue quand même un côté « ôte-toi de là, que je m'y mette ») et se livre, lui le fils de psy, à une petite psychanalyse expresse : « Je vais m'interdire tout réflexe de jalousie... Je n'avais pas parlé à François depuis 48 heures, et alors ?... Je vais pas essayer de rattraper toutes les balles... » S'ensuit une métaphore tennistique tout à fait incertaine : « François, lui, est un joueur de filet, mais il faut qu'il y ait un fond de court, et ça, c'est notre boulot... » Puis, énième portrait de Hollande : « On dit qu'il n'a pas d'affects, c'est vrai ? » C'est vrai, pas dans ses choix politiques. François veut être président « depuis toujours », et revient chez Mosco cette expression : « Il croit en son étoile »... Selon lui, Hollande a pris la mesure d'un changement d'époque : il est fini le temps où un candidat pouvait échouer et retenter sa chance plusieurs fois. Désormais, les candidats n'ont qu'un seul essai, ils savent, quand vient leur tour, que c'est maintenant ou jamais.

Moscovici s'excuse et quitte la table pour courir à un autre rendez-vous. Je reste avec Safia et les deux journalistes. Je leur demande ce qu'elles retirent de ce genre de déjeuner. Elles m'expliquent qu'elles n'attendent pas de scoop mais plutôt des confirmations. Ici, ce qu'elles retiennent, c'est que Mosco a avoué à demi-mot que Hollande avait été touché par les quinze jours difficiles qu'il venait de traverser, entre le G20 de Cannes et la cacophonie avec les Verts. Pas de questions de fond, il s'agissait juste de faire cracher à un homme politique une confirmation de ce qu'elles savaient déjà sur un autre homme politique (oui, quand Sarkozy se fait complimenter par Obama en direct, quand l'accord avec les Verts tourne à la pantalonnade et quand il se fait traiter la même semaine de capitaine de pédalo sur sa gauche et de Babar sur sa droite, ça chagrine un peu Hollande).

23 novembre

Hamon sur La Chaîne parlementaire avec Serge Moati : l'élection ne se gagnera pas au centre. La mollesse de François Hollande ? Attendez la première mêlée et vous verrez.

Ça me fait du bien d'entendre ça, pas autant que le monologue halluciné de Malek Boutih mais quand même, j'ai envie de croire à un Hollande de gauche qui va stupéfier la France par l'audace de ses propositions.

Dans la même émission, interview de Mélenchon à la Fête de l'Huma : Mélenchon tel qu'en lui-même rappelle que jadis, communisme et socialisme, c'était la même chose. Théâtral, il corrige : « C'EST la même chose ! » Leurs voies se sont séparées au congrès de Tours en 1920. Et Mélenchon joint les mains, comme s'il rebranchait une prise : « Moi, je les réunis : je refais, à moi tout seul, le congrès de Tours à l'envers. »

Ça y est, j'ai envie de voter pour lui, c'est plus fort que moi, dès qu'on parle d'Histoire, je peux pas résister.

25 novembre

De passage à Dijon, je rencontre Rebsamen, le sénateur-maire. Il a décliné un poste de conseiller spécial dans l'équipe de campagne, se cantonnant au rôle de Monsieur sécurité. En 2007, il avait dirigé la campagne de Ségolène Royal et, apparemment, ça lui a suffi, il n'a pas envie d'en reprendre.

On discute du thème du moment : le droit de vote des étrangers aux élections locales. Je lui demande pourquoi la gauche n'a pas fait passer cette loi quand elle était au pouvoir ; il m'explique que le Sénat, à droite, l'a toujours bloquée. Je croyais que le Sénat n'avait aucun pouvoir, puisque l'Assemblée a toujours le dernier mot. Il m'apprend que le Sénat n'a pas voté contre la loi, il l'a juste enterrée, elle n'a simplement jamais été à l'ordre du jour, il n'y a pas eu de vote, ils ont joué l'obstruction. Maintenant que le Sénat est à gauche, il va pouvoir la déterrer.

Rebsamen a la voix de Jean-Pierre Kalfon et une belle gueule burinée à jouer dans des vieux films avec Jean Gabin ou Lino Ventura. Il a l'air à la fois fier des travaux entamés dans sa ville pour installer le tramway et un peu nerveux à cause du bordel monstre que ces travaux engendrent.

Safia Otokoré, présente en tant que vice-présidente

du conseil régional de Bourgogne, m'explique : quand Hollande était premier secrétaire du Parti, Rebsamen était son numéro deux. Pour elle, c'était Papa et Maman : quand elle voulait quelque chose, elle pouvait toujours demander à Papa qui disait toujours oui. Mais l'autorisation qui comptait, celle qui disait oui ou non, c'était Maman. Quand je lui demande s'il va, en cas de victoire, se retrouver en concurrence avec Valls pour le ministère de l'Intérieur, elle me répond qu'il n'y aura pas de concurrence : ce sera Rebsamen.

26 novembre

Aujourd'hui dans *Le Monde*, page deux, un article intitulé « HHhHollande » parle de mon projet (le premier titre proposé par le journaliste était « De la SS au PS » mais il a été refusé). François Hollande y déclare : « Il (moi) évite toute intrusion et toute complicité personnelle. Il se met à la fois loin et près, et je le laisse faire. » Tu m'étonnes ! Considérant que depuis notre première rencontre je ne lui ai pas parlé plus de quarante secondes, je pense que le côté « près » est un peu surestimé. Comme Valls ne me rappelle toujours pas (alors que c'est lui qui est censé fixer les règles me concernant), j'envoie un SMS à Valérie Trierweiler pour lui suggérer qu'il faudrait donner un peu de réalité à cette fiction qui prétend que je ne le quitte pas d'une semelle... Comme d'habitude, elle débloque immédiatement la situation : demain j'accompagne FH au Salon de l'Education, j'ai cinq minutes en tête à tête dans la voiture, je le suis pendant la visite et je repars avec lui.

27 novembre

Valérie Trierweiler m'a prévenu : « Ne soyez pas en retard », donc j'attends en bas de chez eux en feuilletant *L'Equipe* parce que je sais qu'il aime le sport et que ça pourrait faire un sujet de conversation facile pour commencer. Ils descendent tous les deux à l'heure dite, Hollande me voit avec *L'Equipe* à la main, il me dit : « Alors, c'est le classico, ce soir ? » Je dis oui et je commets l'erreur fatale (mais je ne le sais pas encore) de ne pas enchaîner tout de suite. Pourquoi est-ce que je n'embraye pas ? Parce qu'attaquer sur le sport, je trouve ça un peu « cheap » ? (mais dans ce cas, pourquoi ai-je apporté *L'Equipe* ?) Ou parce que je ne sais plus quelle équipe il supporte et que j'ai peur d'avoir l'air pas assez informé si je le lui demande ? (Monaco, ça m'est revenu après.) La vérité est sans doute plus simple : à force de se présidentialiser, il m'intimide, ce con ! Pourtant il est souriant, comme d'habitude, mais il y a un truc qui me met mal à l'aise. On monte tous les trois dans la voiture, le chauffeur lui a donné les journaux du jour, il commence à feuilleter *Le Parisien*. En silence. On m'avait dit qu'il était toujours à poser des questions aux gens qu'il rencontrait donc je n'avais pas trop préparé, je pensais qu'il allait entamer la conversation, qu'il serait volubile, que je ponctuerais ses paroles géniales de fines remarques spirituelles et qu'en arrivant Porte de Versailles on serait comme deux vieux potes. Mais en fait non, il ne parle pas et je vois la route défiler, la Porte de Versailles est dramatiquement peu éloignée et je sais que je n'ai que quelques minutes devant moi pour profiter de l'exorbitant privilège d'un tête-à-tête avec le futur président. Je me dis que ces cinq minutes sont les seules de la journée où il peut être tranquille et je n'ai pas envie de l'emmerder pendant qu'il lit son journal, mais en même temps, je suis là pour lui parler, et il faut que je parle, alors comme je vois sa photo dans *Le Parisien*, je dis : « Ça doit être drôle de se voir tous les jours dans le journal... » J'aurais préféré trouver un truc puissant, profond, bien envoyé, mais j'ai dit ça. Un peu gênée, Valérie répond pour lui : « Euh, non, il a l'habitude, vous savez... » Et lui, magnanime, consent un : « Oui, au début, mais plus maintenant... » Et la voiture retombe dans un silence tragique. Quand il a fini de feuilleter *Le Parisien*, il me demande si je veux jeter un coup d'œil, je dis oui et il se plonge dans le *JDD*. Nous sommes donc là tous les trois à l'arrière de la voiture, Valérie consternée, lui lisant un article sur lui dans le *JDD* et moi faisant semblant de lire *Le Parisien* en cherchant désespérément un truc intelligent à lui dire. Pour sauver les apparences, on parvient sur la fin à échanger trois banalités sur l'enseignement, puisqu'on va au Salon de l'Education, et encore, je m'adresse surtout à Valérie pour lui demander des nouvelles de la scolarité de ses enfants. L'arrivée Porte de Versailles est une libération pour tout le monde.

Commence la deuxième séquence, qui est la séquence rock-star. Je n'avais jamais songé qu'en termes de notoriété et d'exposition médiatique, les politiques rivalisaient avec les acteurs et les chanteurs, et les surpassaient même parfois. On ne voit pas Marion Cotillard ou Justin Bieber tous les jours à la télé, mais Sarkozy ou Hollande, si. Donc l'étrange comète aperçue à La Rochelle, composée d'un noyau (Hollande) et d'une chevelure (la meute des journalistes, avec leurs perches, leurs caméras et leurs micros), se reforme instantanément à son arrivée, encore plus dense, encore plus agitée, avec un service d'ordre plus nombreux et plus nerveux. Je reste un peu en retrait, à hauteur de Peillon, et je le suis ou le précède en essayant d'anticiper son trajet (merde, il bifurque). A son passage, j'écoute et je note les commentaires des gens : « Il me fait fantasmer, Hollande ! » (une adolescente, quinze ou seize ans, c'est le premier commentaire que j'entends, je jure que c'est vrai), « Moi j'ai de l'affection pour lui » (adolescente, même âge), « Il est tout petit ! » (plusieurs personnes, tous âges), « Il est moche ! Il est moche ! » (adolescente), « Le beau gosse » (légende d'accompagnement d'une photo prise avec un téléphone, lue par-dessus l'épaule d'un grand chevelu), et l'inévitable suggestion des parents à leur progéniture : « Va serrer la main du prochain président ! »...

Il s'arrête à des tas de stands, parle avec des tas de gens, je n'entends pas et n'ai aucune idée de ce qu'il peut bien leur dire, alors je vais demander à l'un des stands après son passage. C'est celui du lycée Mansart, où on lui a vanté les mérites de la filière bois avec un petit topo assez technique que les enseignants présents me resservent avec conviction et je me dis qu'à chaque arrêt, Hollande écoute des gens essayant d'attirer son attention sur leurs activités et sur leurs problèmes et lui doit trouver quelques mots à leur dire, ce qu'il sait très bien faire, mais en même temps il fait obligatoirement semblant parce que, fatalement, la défense de la filière bois en France ne fait pas partie de ses priorités (et après avoir écouté le topo, je pense qu'il a bien tort !), tandis que pour eux, évidemment, c'est leur vie, et ce décalage, inévitable, me rend un peu triste pour la filière bois et pour toutes les autres filières, pour ces gens essayant d'attirer l'attention du monde et des puissants de ce monde sur leurs activités et de les convaincre de leur caractère essentiel.

A force d'avoir la tête ailleurs, je perds Hollande et quand je retrouve sa trace, il est allé finir de rédiger son prochain discours dans une salle fermée gardée par des videurs. J'envoie un SMS à Valérie Trierweiler qui vient me chercher. Dans la salle où Hollande travaille, j'engage la conversation avec Rachid, son garde du corps. Sept ans qu'il est à son service, dix ans qu'il est au PS. Il me raconte comment, un jour dans sa cité, des militants étaient venus distribuer des tracts et comment, à vingt-trois ans, par curiosité, il s'était rendu à leur réunion. Il était le seul qui venait de la cité, de l'autre côté de la nationale, il ne comprenait rien aux querelles internes qui animaient inévitablement la réunion, mais il est resté. Il est visiblement très attaché à Hollande, qu'il tutoie, je lui demande s'il le considère comme son chef, il me dit que non. Comme son client ? Non plus. Il réfléchit : « Si, quand même, c'est mon patron, je peux pas dire le contraire... » Hollande a refusé jusqu'à maintenant une protection officielle parce qu'il n'aurait pas confiance en des hommes envoyés par le ministère de l'Intérieur. Rachid me dit qu'il en a vu, des choses, qu'il ne peut pas me les raconter mais qu'un jour peut-être il écrira un livre et qu'il a déjà le titre : « *De la cité à l'Elysée* ». « Pour l'instant, c'est *De la cité* trois petits points... »

Hollande termine sa visite par une conférence de presse. Comme souvent, et à chaque fois ça me surprend, il présente avec une grande franchise son choix de privilégier le thème de la jeunesse comme une habileté tactique, « parce que la jeunesse, ça ne concerne pas que les jeunes, mais aussi leurs parents et leurs grands-parents... ».

Puis retour vers sa voiture. Je ne suis pas sûr qu'il ait intégré que je suis censé rentrer avec lui, alors dans le doute je le suis parmi une foule d'accompagnateurs et je vois le moment se rapprocher où je vais devoir lui demander s'il me ramène. Il commence à serrer des mains et à dire au revoir à tout le monde. Après tout, c'est ce qui était prévu, je vais quand même l'avoir, mon entretien. Je repense aux paroles de Merteuil dans *Les Liaisons dangereuses* : « Quoi qu'on en dise, une occasion manquée se retrouve toujours. » Mais juste à cet instant, il se tourne vers moi, me serre la main et me dit au revoir. Ah tiens, non en fait.

Je me retrouve seul sur la dalle de la Porte de Versailles à méditer sur l'OM, Laclos, le star-system, la filière bois et ma dure condition de « Yasmina Reza du pauvre » (dixit Ruquier sur Europe 1), quand je réalise que ma voiture est restée garée en bas de chez Hollande.

29 novembre

Au menu d'aujourd'hui, rencontre avec Michel Sapin. Je reviens avec lui sur sa prestation à BFM TV, je lui dis que je l'ai trouvé bien, sauf sur la désindustrialisation. Il concède que ça n'a pas été son meilleur moment et qu'il est resté dans les généralités, parce que pour l'instant, le programme ne propose pas de mesures concrètes. Hollande lui demande régulièrement de lui proposer des idées sur cette question. Je veux savoir s'ils les ont trouvées et s'ils attendent pour les dévoiler ou s'ils cherchent encore. Ils cherchent encore. Merde. Donc le mythe du Hollande vengeur de gauche qui va bientôt dégainer son super-programme est quelque peu exagéré.

Sapin m'explique que quand ils étaient jeunes, Hollande venait de la première gauche, proche des communistes, tandis que lui était déjà deuxième gauche, rocardien. Or, il a beau dire que Hollande est un leader et que dès le départ il s'est rangé à ses côtés, qu'il est « à son service depuis toujours », d'un point de vue idéologique, c'est Hollande qui l'a rejoint, non l'inverse. Sapin en convient mais ajoute aussitôt que, d'un point de vue politique, c'est Mitterrand qui a eu raison contre Rocard, en s'alliant avec les communistes jusqu'à les avaler. Il n'empêche : Hollande, jadis, a été de gauche, il peut donc le redevenir.

30 novembre

C'est mon premier vrai déplacement, je vais à Bruxelles avec l'armada des journalistes qui suivent Hollande, un car nous attend à la gare et nous emmène au Parlement où dans un très grand bordel on nous fait accéder à une salle high-tech avec des micros partout. Certains journalistes se plaignent de la mauvaise organisation parce qu'on met trois heures à obtenir notre badge, d'autres sont déjà blasés : « C'est le PS, hein… — Ouais ben je préfère m'occuper de la droite, au moins c'est bien organisé ! » L'un d'eux avance comme explication la fusion des équipes : la garde de Hollande, celle du Parti et l'équipe de Valls mélangées, ça donne ce gros merdier parce que chacun se tire dans les pattes.

La question du jour est : comment faire avec Merkel ? Elle sera posée vingt fois et n'obtiendra jamais de réponse convaincante. Hollande fait ce petit rappel : « Quels sont les deux pays qui n'ont pas respecté le pacte de stabilité ? L'Allemagne et la France ! » Très juste, mais ça nous dit pas comment « faire plier la mémère » (dixit un autre journaliste) sur les eurobonds et l'élargissement du rôle de la BCE…

Comme je n'ai toujours pas pu rencontrer Valls pour clarifier mon statut, je déjeune avec les journalistes. Le Foll vient nous faire un discours d'un quart d'heure où il répète quasiment mot pour mot ce qu'a dit Hollande en conférence de presse, et presque tous les journalistes font semblant de prendre des notes par politesse, mais ensuite, pendant le repas, chacun y va de son anecdote, souvenir d'ancien combattant, commentaire, petite blague : « Moi quand je veux les joindre, je leur envoie un SMS : "Pouvez-vous me rappeler au sujet de l'article sur vous dans *Le Canard enchaîné* ?" Ils me rappellent dans la seconde ! » ; « Il faut reconnaître, parfois, on a un peu le syndrome de Stockholm avec eux » ; « On a de l'empathie, c'est vrai, en plus Hollande est sympa, et des fois on est vraiment consternés pour eux – moi j'ai connu Reims par exemple. L'accord avec les Verts : tu te demandes comment c'est possible de foirer à ce point !... » ; « Franchement, c'est moins le bordel que la dernière fois... » ; « La réunion de Valls, hier, c'était grotesque : il avait convoqué trente-cinq journalistes pour soi-disant faire le point sur les doléances et les dysfonctionnements. Quand il a dit : "On doit présenter le candidat sous un jour plus favorable", il parlait de son équipe mais tout le monde a eu l'impression que "on", c'était aussi les journalistes et qu'on devait être à son service... » ; « Il y en a qui sont rancuniers, je suis sûre qu'ils ont jeté mon numéro à la poubelle... » ; « Moi, j'envoie un SMS à Le Foll, il me répond : "C'est vous qui avez écrit que j'étais inapte à remplir mes fonctions ? Eh bien je suis aussi inapte à vous répondre !" »...

Dans l'ensemble, les journalistes politiques qui suivent le PS sont jeunes alors que, me dit l'une d'entre eux, ceux qui suivent Sarkozy sont vieux, parce que les vieux occupent les bonnes places et que les bonnes places sont du côté du pouvoir. Elle me cite l'exemple d'un gros bonnet journaliste qui couvre la droite mais qui, ces derniers temps, multiplie les rendez-vous avec les hollandais parce qu'il sent le vent tourner. Elle ne se fait pas d'illusions : si Hollande gagne, les vieux viendront leur piquer leur place et les jeunes seront réaffectés à l'extrême gauche ou l'extrême droite.

Etape suivante : la Commission, où on attend deux heures pendant que Hollande rencontre Barroso. Le mauvais esprit gagne de plus en plus les troupes : « Deux heures de plus et je vote Mélenchon ! » ; « J'en ai marre, tu voulais pas aller au ciné ? — Tu rigoles, je sens que tout bascule, là, ha ha ! » Un quart d'heure plus tard, ils se mettent franchement à divaguer : « Jean-Paul Huchon, c'est à Rock-en-Seine qu'il est le mieux, quand il danse à contretemps sur des groupes de hard rock... » Dans le hall, un grand gars grisonnant au beau visage buriné détonne, c'est un syndicaliste qui fait du foin parce que son usine va fermer. Il réussira à approcher Hollande pour lui dire quelques mots.

Tout ça pour une conférence de presse à la sortie où, de l'avis général, Hollande est très général. En plus les journalistes se font engueuler parce qu'ils ne sont pas restés à la place qu'on leur avait assignée.

Mais finalement, de façon totalement inattendue, c'est Stéphane Le Foll qui sauve ma journée avec une formule... churchillienne. Entre deux portes et deux journalistes, il dit : « Sarkozy traînait les pieds pour les eurobonds parce qu'il voulait pas de la restructuration de la dette grecque. Résultat : il y a eu restructuration de la dette grecque sans les eurobonds. »

1ᵉʳ décembre

Je lis une interview d'Emmanuel Todd dans *Mediapart*. L'homme qui a toujours tout prévu, de la chute de l'URSS à la crise financière actuelle en passant par les révolutions arabes, prophétise que Hollande fera le trajet de Mitterrand à l'envers : centriste au début, il va finir à gauche toute, forcé par la crise qui va lui imposer des mesures radicales pour sortir d'un système libéral complètement vermoulu. J'envoie le lien à Hollande : autant qu'il soit au courant.

2 décembre

De moi
à Hollande

Cher Monsieur,
Vous serez peut-être intéressé d'apprendre que vous allez, en tant que président, suivre le trajet de Mitterrand à l'envers : du centre gauche vers une politique beaucoup plus radicale. C'est Emmanuel Todd, l'homme des prédictions infaillibles, qui le dit dans une interview à Mediapart :
http://www.mediapart.fr/journal/culture-idees/301111/emmanuel-todd-le-jour-ou-leuro-tombera
Vous apprécierez sans doute aussi le portrait qu'il dresse de Sarkozy :

« Voilà quelqu'un toujours présenté comme un personnage fort. Mais il est vacillant, telle est sa réalité psychologique ! Il se situe dans un modèle hiérarchique : il se montre fort avec les faibles et faible avec les forts. Il se soumet aux puissants (les Etats-Unis, la Chine, l'Allemagne) et tape sur les gamins de banlieue ou sur les Roms ! Je suis persuadé que les gens le savent. »
Bien à vous,
LB

De Hollande
à moi

Pas faux. Je parle du portrait. Cordialement,
FH

Je l'aurai, un jour... je l'aurai !
(Votre mission historique, si vous l'acceptez, est de transformer le candidat socialiste en président de gauche.)

3 décembre

Psychodrame de la semaine : la désignation des candidats pour les prochaines législatives. Encore un foutoir inextricable, où certains sont élus par les militants des fédérations locales et d'autres imposés par Solférino : dans ce second cas, on dit que les circonscriptions sont gelées. Safia Otokoré, par exemple, refuse qu'on gèle la « circo » qu'elle convoite en

Bourgogne sur les conseils de Rebsamen qui lui dit qu'elle va gagner, elle joue le jeu et perd. Cependant l'affaire de la semaine concerne Faouzi Lamdaoui, le fidèle homme à tout faire de Hollande : postulant à une circonscription des Français à l'étranger, il se fait évincer par une aubryste, désignée directement par le Parti. Scandale chez les hollandais : toutes les circonscriptions gelées par Solférino l'ont été au profit des amis d'Aubry. Mais la colère de Faouzi ne s'arrête pas là. Il laisse éclater son amertume sur Twitter, lui qui ne poste jamais rien (sa dernière publication remontait à 2009) : « Que vaut l'homme politique sans le sens de la parole donnée ? Le vrai leader doit respecter ses engagements en particulier envers ses compagnons historiques… » Même si, plus tard, il essaie de calmer le jeu en précisant qu'il parlait de Fillon et Rachida Dati, tout le monde a compris qu'il visait Hollande. Globalement, on reproche à Hollande de ne pas s'être assez battu pour ses hommes et d'avoir trop cédé à Aubry. En même temps, vu de l'extérieur, tout ça n'a pas tellement de sens puisque les aubrystes d'un jour peuvent être les hollandais de demain, et si l'on refaisait l'histoire des motions au PS on serait étourdi par le tourbillon des noms qui ont participé aux appareillages les plus baroques…

Pour Faouzi, ceci dit, c'est quand même un peu différent : totalement dévoué à Hollande depuis plusieurs années, toujours à ses côtés, il n'était pas du voyage à Bruxelles et c'est bien la première fois que je voyais Hollande sans lui.

4 décembre

J'arrive à Berlin, Faouzi Lamdaoui a fini de bouder (en tout cas il est là), Valls ne me reconnaît pas, son assistant Christian Gravel n'arrête pas de me promettre qu'on va prendre un café pour discuter de ma place dans le dispositif mais ce n'est jamais le moment et je ne suis pas invité à la rencontre avec les dirigeants du SPD à l'hôtel Adlon. Du coup je traîne avec les journalistes qui me font part de leurs impressions : « La germanophobie, ça me fait chier, on est vraiment cons : dès qu'il y a un truc qui buzze un peu, on se jette dessus… T'as vu, dans les magasins de saucisses, il y a des pancartes "Ici, on accepte les deutsche Mark", c'est dingue, non ?… » Plus tard, je discute avec Valérie Trierweiler qui me confie au détour de la conversation : « Personne ne peut dire qu'il connaît Hollande. Pas même moi. »

J'apprends aussi que dans la guerre florentine qui se joue au sein de l'équipe de campagne, Mosco perd du terrain parce que Valls est omniprésent et qu'il ne faut pas attendre que Hollande vienne vous chercher, il faut s'imposer.

5 décembre

Berlin, 7 h 30 : petit-déjeuner avec la presse. Hollande, mal réveillé, commet un lapsus : « ... et pour réussir la sortie de la zone euro, euh, de la crise de la zone euro !... » mais se reprend aussitôt avec flegme : « N'ayez pas peur, il est tôt... » (rires dans la salle). Il dit qu'il faut mobiliser les instruments financiers qui ne l'ont pas été suffisamment jusque-là. Un journaliste allemand lui fait remarquer que le SPD et le CDS sont d'accord pour refuser toute atteinte à l'indépendance de la BCE. Hollande pense qu'il y a des ouvertures avec le SPD. Est-ce qu'il considère que l'indépendance de la BCE est une mauvaise chose ? « Je n'ai pas dit ça !... » (Ha ha, je reconnais sa prudence de vieux matou !)

Dans le bus, les journalistes prennent connaissance du discours qu'il va prononcer et qu'on nous a distribué à l'avance. Les premiers commentaires varient entre « chiant », « faible », « redondant avec Bruxelles » et « tourne en rond ». En plus, faire croire qu'il y a un axe PS-SPD, il paraît que c'est faux.

On nous amène dans une usine désaffectée où le SPD tient son congrès. Le passage de l'écrit à l'oral doit avoir bonifié le discours de Hollande parce qu'il est régulièrement applaudi par les Allemands qui écoutent en traduction simultanée. Mais quand il aborde la question de l'élargissement du rôle de la BCE, personne n'applaudit et la jeune journaliste du *Point* qui est à côté de moi note : « Silence de plomb ». A la fin, cependant, la salle lui réserve une longue *standing ovation*.

Après lui, nous avons droit à une intervention interminable du leader du SPD qui lui vaut ce commentaire sans appel d'un journaliste : « C'est le Martine Aubry du SPD ! » Hilarité générale.

Puis Hollande déjeune avec des éditorialistes allemands. Question : « Avec vous, est-ce que la France et l'Allemagne n'auraient pas moins en commun ? » Hollande : « Si Nicolas Sarkozy et Angela Merkel s'étaient entendus, on n'en serait pas là ! » Précision : « Ce n'est pas l'Allemagne qui est forte, c'est la France qui est faible. » A une question sur les retraites, il élude : « Ça fait partie du débat. » Est-ce qu'il préconise un référendum ? « Ah non ! Le conseil qu'il faut donner à tout chef d'Etat est de ne pas faire de référendum. » (Rires) Sans doute pour rattraper sa blague démocratiquement incorrecte, il ajoute aussitôt : « On ne peut pas dire au peuple : "Comme vous allez dire non, nous ne vous consultons pas." » Et dans son élan : « Les Français savent que je ne vais pas promettre d'avancées sociales mais ils veulent justice et cohérence. » (Je me dis : vive le réenchantement du rêve français !) La crise favorise-t-elle les candidats conservateurs ? « Non, elle favorise l'extrême droite. » Obama ? « Obama a été invité par Nicolas Sarkozy pour régler la crise de la zone euro. Vous imaginez de Gaulle faisant pareil ? » En Allemagne, Angela Merkel demande l'aval du Parlement avant de s'engager. « Nicolas Sarkozy, lui, pense qu'il n'y a pas de Parlement ! » Jean-Marc Ayrault, qui l'accompagne, insiste sur la faiblesse du Parlement en France : la semaine dernière, il a eu cinq minutes de temps de parole à l'Assemblée sur la crise de la zone euro et demain il en aura dix. Or, si le Parlement est faible, la demande de référendum sera forte. Cet affaiblissement du Parlement est un danger pour la démocratie. (Si je comprends bien : le référendum, voilà le danger. Il faudrait en toucher un mot aux Suisses, peut-être.)

Le déjeuner s'achève, on plie bagage. La délégation attend les voitures qui doivent nous emmener à l'aéroport, l'ambiance est détendue. Valls se gargarise : « Les journalistes râlent mais ils ont pas idée de la façon dont ça se passe aux Etats-Unis. A côté du staff d'Obama, moi, je suis un gentil ! Tiens, l'autre jour, j'ai tapé un journaliste du *Parisien*, je lui ai fait un bleu. » Hollande : « Mais pourquoi tu l'as tapé ? » Valls : « Bah, je suis arrivé par-derrière et je lui ai mis un coup derrière le genou. Il m'a montré : ça lui a fait un bleu. Depuis, il file doux, ha ha ! » Hollande : « Ah ben je comprends mieux pourquoi on a des bons articles dans *Le Parisien*, maintenant, ha ha ! » Valls : « Oui, quatre articles de suite, ha ha ! »

Dans l'avion, je me retrouve assis à côté de Cambadélis. Je l'avais aperçu hier, mais je l'avais complètement oublié parce qu'il n'a accompagné Hollande nulle part, les journalistes ne manqueront pas d'en conclure qu'il est ostracisé ; je me demande ce qu'il a fait de sa journée à Berlin. Je vais à l'arrière de l'appareil pour discuter avec Christian Gravel à qui je peux enfin expliquer ce que je fais là et lui me dit que son père a été résistant et que lorsqu'il était petit, il adorait qu'il lui raconte ses histoires. Un journaliste se joint à nous, une hôtesse de l'air qui a envie de bavarder nous demande si nous sommes tous journalistes, Gravel répond : « Non, moi je suis un politique, le journaliste, c'est l'ennemi de classe, ha ha ! » Quand je reviens à ma place, Cambadélis est en train d'expliquer à un journaliste du *Figaro* qu'il ambitionne d'être premier secrétaire et qu'il pense avoir des chances vu que personne ne se bouscule pour un poste qui n'apporte que des emmerdements. Sauf en cas de défaite, évidemment, parce que alors tous les recalés des ministères se mettront sur les rangs. Il se lance ensuite dans une analyse détaillée du premier tour à venir : « Draguer Bayrou, c'est de la connerie. On perd notre temps avec lui, il va retourner à droite ou en tout cas il se désistera jamais pour nous. Il vaut 14 %, il va en faire 12. Mélenchon vaut 10, il va faire 8. François entre 26 et 28. Sarkozy sera entre 24 et 26. Marine Le Pen va faire plus de 20, peut-être 22. La matrice de différentiel (on m'explique : c'est le report des voix) de Marine Le Pen est de 40 % pour Sarkozy. Entre parenthèses, on reproche tout le temps à Sarkozy de récupérer les voix du FN mais si 40 % des voix du FN se reportent sur Sarkozy, ça veut dire que le reste… vote pour nous ? Ha ha ! Bon si la matrice de différentiel augmente de 20 % alors le report des voix du FN vers l'UMP passe de 40 à 60 et là (il dresse l'index et son visage se fend d'un sourire gourmand)… c'est short ! »

A la sortie de l'avion, le journaliste du *Figaro* m'explique : « Camba, il a toujours des tas de théories fumeuses, il est brillant mais il se trompe tout le temps. Il était derrière DSK, puis derrière Aubry… »

Dans le RER qui me ramène à Paris, je retrouve un autre journaliste qui me dit : « Hollande, c'est le mec qui évite les balles. Tu sais pas comment il fait mais quand ça flingue de partout et qu'à la fin tout le monde est mort, il sort des décombres, indemne (il mime une sorte d'oisillon qui sort la tête), tu vois, comme dans un dessin animé. »

7 décembre

Benoît Hamon me reçoit en s'excusant du bordel dans son bureau de Solférino. Le beau gosse du PS porte des bretelles sous sa veste, ce qui lui donne un peu un air de gangster des années 30. Je lui expose le but de ma visite : me convaincre que Hollande sera un président de gauche. En tant que porte-parole du PS, ça doit être dans ses cordes mais j'aimerais qu'il me donne vraiment son avis alors je ne sors pas mon carnet tout de suite en espérant qu'il me parle avec franchise (même si en tant que porte-parole du PS, je sais que c'est peu probable).

« Moi, les livres politiques, je suis pas fan, je lis pas ceux des autres, et le mien, je leur ai même pas offert... l'autre jour, il y a Untel qui me dit : "Quand est-ce que t'écris ton livre ?" Je lui dis : "Il est sorti en septembre..."

« Pourquoi je me suis pas présenté à la primaire ? Je n'aurais pas gagné, alors j'ai préféré essayer de faire peser la sensibilité que je représente au sein du courant qui avait des chances de l'emporter et qui était disposé à faire une bonne place à la gauche du PS. Bon, comme vous l'avez constaté, cette stratégie a lamentablement échoué.

« Est-ce que je pensais ce que je disais chez Moati ? C'est vrai que c'est quand même emmerdant : chaque fois qu'un social-démocrate gagne des élections, maintenant, c'est en reniant les idéaux de la social-démocratie. Bon, Hollande, c'est vrai qu'on peut pas dire que son entourage soit trop à gauche, avec Sapin, Moscovici, Marisol Touraine, Valls... Mais il a été bien en Allemagne, il a été clivant, il a refusé tout abandon de souveraineté, et toutes les concessions offertes par Sarkozy à Merkel. Même devant les mecs du SPD, il n'a pas dit ce qu'ils voulaient entendre, il a réclamé l'élargissement du rôle de la BCE. En Allemagne, les sociaux-démocrates sont historiquement beaucoup plus à droite. L'Allemagne a bâti sa réussite sur une politique de maîtrise des coûts salariaux, c'est pour ça qu'ils ont tellement peur de l'inflation : si les prix augmentent, les salariés s'appauvrissent ou c'est tout leur modèle qu'ils doivent revoir. On dit que c'est le traumatisme des années 30, quand l'inflation sous la République de Weimar a propulsé Hitler au pouvoir, mais c'est faux ! Ce qu'on oublie, c'est que de 1930 à 1932, avant Hitler il y a eu Brüning, qu'on surnommait "le Chancelier de la faim", qui a fait subir à l'Allemagne une politique d'austérité très dure. Le Chancelier de la faim ! C'est l'austérité qui a mené Hitler au pouvoir !

« Globalement, même si la gauche a peu gouverné en France, on vit toujours sous un modèle social-démocrate. Aujourd'hui, la crise offre l'opportunité d'avoir la peau du modèle social-démocrate. C'est écrit noir sur blanc dans un rapport de l'OCDE : il faut voir la crise comme une "opportunité" et en profiter pour faire les réformes structurelles "nécessaires".

L'idée, c'est de faire croire que "nécessité fait loi". Mais non, c'est faux ! Comme si l'austérité était la seule solution, alors qu'on sait bien qu'elle plombe la croissance et qu'elle va empêcher l'économie de redémarrer ! C'est un cercle vicieux. D'ailleurs, les marchés ne s'y trompent pas. Les agences de notation ? (je lui cite de tête une phrase de Hollande : "Je ne ferais rien qui puisse énerver les agences de notation.") Il a dit ça, Hollande ? (je rectifie : je crois que la phrase exacte est "… qui pourrait entraîner la perte du triple A") Oui, évidemment, Mélenchon, il peut dire *fuck you* aux agences de notation, comme vous dites, c'est facile pour lui, il va pas gouverner. Moi aussi, je peux leur dire *fuck you* mais quand on sera au pouvoir, elles seront toujours là, et ça sert à rien de faire comme si elles existaient pas. Les Etats-Unis ont eu leur note dégradée et leurs taux ont continué à baisser, c'est vrai, mais c'est les Etats-Unis.

« C'est quand même dingue : la BCE n'a pas le droit de prêter aux Etats alors elle prête aux banques à des taux très bas qui reprêtent aux Etats à des taux très hauts. Est-ce qu'on est responsable de cette situation parce qu'on a voté les traités ? Moi j'ai voté non en 2005 mais j'ai voté Maastricht en 92, oui. On pensait naïvement à l'époque que l'Europe politique allait accompagner l'Europe économique. Si c'était à refaire, c'est clair que je voterais pas pour Maastricht vu le tour que ça a pris… L'indépendance de la BCE ? C'est la seule banque centrale du monde qui fonctionne comme ça. Sapin vous a dit que la Fed était indépendante ? Sur le papier, oui, mais quand le gouvernement américain lui ordonne de faire marcher la planche à billets, elle le fait !

« Marine Le Pen, je suis sûr qu'elle sera à plus de 20 %. Les mecs qui vont voter pour elle ne croient plus à la politique, leur seule motivation pour voter, c'est de dégager tous ces connards, droite et gauche, qui les laissent dans la merde et qui n'ont rien fait pour eux – et je m'inclus dans les connards. On dirait que le seul choix que nous laisse la démocratie, aujourd'hui, c'est : "Dans quel ordre accepterez-vous de perdre vos droits ? D'abord, la retraite ? La sécu ? Les allocs ?"

« Est-ce que j'ai pensé à rejoindre Mélenchon ? Non, jamais. D'abord, il m'a pas prévenu quand il s'est tiré, je l'ai appris dans la presse ! Je crois qu'il pensait que Royal allait prendre le Parti et ça, il pouvait pas le supporter. Mélenchon, c'est un mec qui a un gros ego – un de plus, vous me direz ! – et il se sentait méprisé, à juste titre, par les technos du Parti.

« Bon enfin, Hollande, je lui ai dit qu'il fallait revenir à la racine, récupérer les classes populaires, et il était d'accord avec moi. C'était pendant le conseil politique, à huis clos, il n'y a pas de journalistes, on se parle librement donc j'ai pas de raisons de penser qu'il était pas sincère… »

Sur la fabrication du réel, je retiens donc ceci : au congrès du SPD, quand Hollande parle de la BCE, la journaliste qui était à côté de moi note qu'il fait un bide. Hamon, lui, voit qu'il tient tête aux Allemands. Pour un même événement, deux lectures, exactes toutes les deux bien que rigoureusement opposées.

14 décembre

Aujourd'hui, Hollande visite un centre Emmaüs à Paris et rencontre des représentants d'associations d'aide aux personnes en difficulté. Pendant une heure, chacun explique les problèmes dramatiques auxquels sont exposées toutes les catégories de personnes en difficulté, chômeurs, handicapés, SDF, mères célibataires... Tous critiquent avec beaucoup d'aigreur la politique du gouvernement qui a dramatiquement réduit leurs moyens. Wauquiez, fameux pour ses tirades sur l'assistanat « cancer de la société », est particulièrement honni.

A l'issue de cette rencontre, une conférence de presse est organisée sur place. Hollande, comme d'habitude, fait la synthèse de ce qu'il a entendu pendant la réunion. Puis on passe aux questions des journalistes. Première question, sur les retraites : oui ou non veut-il rétablir la retraite à soixante ans ? Deuxième question : retraites. Troisième question : retraites. Quatrième question, sur l'Europe : comment compte-t-il renégocier le futur traité ? A la sortie, je demande à la directrice du centre ce qu'elle a pensé du discours de Hollande. Elle me dit qu'elle l'a trouvé cohérent. En revanche, elle a été déçue par les questions des journalistes dont aucune ne portait sur le sujet des personnes en difficulté : « On prépare ce type d'événement pendant des semaines, on espère attirer l'attention sur notre action et sur nos problèmes, et puis voilà... »

19 décembre

Je bois un verre avec Olivier Faure, le chargé de mission de François Hollande, secrétaire général du groupe PS à l'Assemblée, auteur d'une étonnante BD intitulée *Ségo, François, Papa et moi*, qui m'explique des tas de trucs :

« En 2007, on a reproché à François tout et son contraire : d'avoir favorisé Ségolène ou de l'avoir torpillée. En fait, il a toujours cherché à la protéger – pas à l'aider, à la protéger.

« A l'Assemblée, j'ai mis au point la technique du pivert. On s'était trop laissé imposer les thèmes de Sarkozy, c'est pour ça qu'on a perdu : la sécurité, le pouvoir d'achat... on passait notre temps à courir derrière la balle. Le pivert, avec son bec, il tape toujours au même endroit. L'idée, c'était de rester sur des thèmes, et d'y revenir sans arrêt : le paquet fiscal, le pouvoir d'achat... et ça a marché ! Cinq ans après, on en parle toujours, Sarkozy n'a pas réussi à les faire oublier.

« Est-ce que je tire de la fierté d'être un fidèle historique ? Non, pas vraiment, parce que si on était restés entre fidèles historiques en 2007, ça n'aurait pas fait très lourd vu qu'à la fin, il restait plus que Stéphane (Le Foll) et moi.

« En fait, concrètement, je suis responsable du suivi des études et de l'opinion. J'organise les "quali", les études qualitatives. C'est beaucoup plus subtil que les sondages simples, les "quanti". On réunit un groupe test, on lui pose des tas de questions ouvertes et on l'écoute derrière une glace sans tain pendant cinq heures. Les "quali", ça sert à comprendre les logiques cachées dans un vote. Par exemple, tu prends dix ouvriers qui ont voté Sarkozy en 2007 et tu leur demandes ce qu'ils pensent de François Hollande. Il y en a qui te diront que c'est un gros con, d'autres qu'il est pas beau, ou qu'ils sont jaloux de sa femme, etc. Ensuite, tu décortiques tout ça. Il y a aussi du "projectif" : "Et si François Hollande était une voiture ?" Ils vont te dire "une deux-chevaux", "une Mercedes"… L'idée, c'est de sortir le sondé de sa condition de pseudo-expert parce que sa pseudo-expertise, t'en fais rien, il va te refourguer des analyses qu'il a lues à droite à gauche. Ce qu'on a besoin de comprendre, c'est comment il perçoit une personne ou un groupe…

« Est-ce que ces études ne risquent pas de détourner les candidats de leurs convictions personnelles ? Non, mais elles influent sur la façon de parler d'un sujet. Par exemple, si tu dois aller parler du vote des étrangers à un public que tu sais hostile à la question, tu vas éviter d'arriver en ayant l'air super-enthousiaste. Prends les ouvriers : ils se sont laissé convaincre par le "travailler plus pour gagner plus" et ils ne votent plus pour toi. Qu'est-ce que tu fais pour changer la donne ?

« A l'heure actuelle, la plupart des sujets du débat politique sont des sujets où la droite passe pour la plus compétente. Par exemple, le triple A. Il y a aussi une tentative de neutraliser les affaires : on essaie de faire croire que Kucheida et Karachi, c'est la même chose. Mon but, c'est de changer ça.

« Sarkozy, il retourne à chaque fois ses propres échecs pour en faire des éléments de sa crédibilité. La droite, c'est ça : c'est parce qu'elle échoue qu'elle a encore une utilité. Ils ont fait exploser la dette alors il faut un plan d'austérité...

« Qu'est-ce que ça me fait quand je vois la marionnette de Hollande aux "Guignols" ? Ça m'énerve. Ce qu'on reproche à François, c'est exactement ce qu'on devrait reprocher à Sarkozy. Sarkozy, c'est un faux dur, il change d'avis sans arrêt alors que François, c'est l'inverse. Par exemple, sur les retraites, il a pas varié. Bon, il a peut-être été trop habile. Quand un mec vient le voir, il lui dit oui pour s'en débarrasser et le mec repart. Ensuite tu te rends compte que c'est non : c'est pas qu'il a changé d'avis, c'est juste qu'il s'est foutu de ta gueule !

« Est-ce qu'il faut faire une campagne à gauche ou au centre ? C'est un problème de riche : la question se pose parce que François est très haut dans les sondages et que donc il rassemble déjà de la gauche au centre. Normalement, le premier tour se gagne à gauche. Mais il y a des sujets qui sont des marqueurs communs à la gauche et au centre : le bling-bling, les Roms... ça touche autant les lecteurs de *La Croix* que ceux de *Rouge*.

« En 2007, Ségolène et Sarkozy incarnaient la rupture. Cette fois, la problématique va être "comment sortir de la crise". Il y a la méthode brutale de Sarkozy et la proposition de François fondée sur le rassemblement. Oui, c'est vrai qu'il faut être clivant pour se démarquer de Sarkozy, alors comment on est à la fois clivant et rassembleur ? C'est toujours comme ça en politique : on invente le cercle carré tous les jours.

Tu dois cliver avec les politiques de droite mais pas avec les Français.

« François veut toujours écrire lui-même ses discours, c'est vrai, et c'est un problème parce que ça lui prend trop de temps, puisqu'on sait bien qu'il en restera même pas trente secondes au journal de 20 heures. »

Pourquoi, alors, attacher tant d'importance au fameux discours du 14 janvier, au point d'en faire une référence ? Il me donne enfin l'explication que je cherchais :

« Le 14 janvier 2007, la presse n'a retenu que quelques mots mais c'était un discours très structurant qui a ensuite été décliné tout au long de la campagne, et c'était surtout une démonstration de force Porte de Versailles avec mise en images par Le Van Kim, le réal' de Canal +, un exemple de professionnalisme.

« Cela a surtout créé un décalage avec la campagne de Ségolène Royal qui, ce jour-là, était prise un agneau dans les bras en Poitou-Charentes.

« Sarko a imposé ses thèmes au moment où Ségolène Royal était enfermée dans ses rendez-vous participatifs. Lui savait où il allait quand elle demandait aux Français ce qu'ils voulaient.

« Donc rien à voir avec de la production littéraire mais tout avec une prise de contrôle de la campagne. »

20 décembre

Réunion dans une salle de l'Assemblée avec tous les mandataires régionaux du PS. Objectif : donner des consignes sur le déroulement de la campagne et gonfler le moral des troupes. Au mur, d'immenses tableaux : à gauche, Jaurès, à droite, Léon Blum, au milieu, l'Assemblée nationale en plein débat houleux. Tous les pontes sont là : Mosco, Le Foll, Vaillant, Valls, Aubry, Hollande. Mosco en Monsieur Loyal fait un petit speech d'introduction et conclut en saluant Martine Aubry, « que j'accueille aussi parce que je parlais quand tu es arrivée... ». Aubry prend la parole en commençant sur un ton sec : « Excusez-moi pour ces dix minutes de retard » (Mosco : « Ah non, non, c'est pas du tout ce que je voulais dire !... »), puis déroule son discours sur un ton offensif : « Le risque, c'est de donner l'impression qu'il ne peut rien se passer, qu'on n'a pas de marge de manœuvre, que nous ne sommes pas les porteurs d'un autre chemin... Sarkozy, ses promesses non respectées, sa proximité avec le monde de l'argent, ça fait le lit du FN, sauf si nous nous rappelons pourquoi nous nous sommes engagés à gauche... Toulon, c'était incroyable, moi je crois que Sarkozy a quand même un vrai problème : il revient toujours sur les lieux de ses crimes... Il a renoncé à trouver un chemin de sortie face à la crise... Nous ne devons laisser aucun espace à ceux qui prétendent à l'union nationale : Villepin, c'est quand même l'homme des premiers cadeaux fiscaux, avant

Sarkozy, et on l'a pas entendu sur l'immigration et l'identité nationale ; Bayrou, c'est Bayrou, il est là où il est, ou plutôt il attend de savoir là où il doit être ; quant à Marine Le Pen, elle nous bassine avec les affaires mais tous les maires FN, Toulon, Marignane, Orange, ont été mis en examen pour détournement de fonds... C'est moi la méchante, c'est moi qui dois prendre des coups, ou les donner, et je les donnerai !... La seule chose qui peut nous faire perdre, c'est nous-mêmes, et la seule chose qui peut nous faire gagner, c'est nous-mêmes !... » Applaudissements.

Puis c'est au tour de la vedette. Je commence à reconnaître la structure des discours de Hollande : au début, mollo, démarrage diesel ; au milieu, de plus en plus de blagues qui font marrer l'assistance ; à la fin, envolée gaullienne. Best-of : « Les sondages, je vous avais prévenus : certains croyaient qu'on pourrait se maintenir au-dessus des 30 %, on était à 38, on se demandait même si on n'allait pas gagner au premier tour !... C'est parce qu'ils sont faibles qu'ils vont être féroces, vulgaires, caricaturaux... Derrière ces attaques, c'est quoi ? C'est que la gauche est illégitime pour diriger le pays. C'est toujours la même rengaine : mieux vaut un mauvais président qu'on connaît qu'un bon de gauche... Hier, j'étais à Saint-Nazaire, il y avait des jeunes et des vieux. Les jeunes étaient tous en alternance ou au mieux en CDD, et les vieux n'avaient qu'une seule question, une seule : "Quand est-ce qu'on pourra partir ?" Alors la presse, évidemment, a son propre agenda : chaque fois que je fais un déplacement, la presse me pose des questions qui n'ont rien à voir avec le déplacement. Hier, je n'ai eu que des questions sur les 32 heures. J'ai dit : Mais qu'est-ce qui s'est passé avec les 32 heures ? Eva Joly a proposé les 32 heures, ah bon. Et quand c'est pas Eva Joly, c'est Cohn-Bendit qui propose un débat avec Sarkozy, Bayrou, Mélenchon… Bon, Cohn-Bendit, il fait sa petite déclaration, ensuite il retourne en Allemagne mais nous, on doit gérer l'après ! Ensuite Eva Joly, elle propose la même chose mais sans Sarkozy : pourquoi pas ? Alors on peut éliminer Sarkozy, on peut éliminer Bayrou aussi, mais si c'est pour se retrouver à discuter de l'Europe avec Mélenchon, moi j'ai déjà donné pendant des années !… La presse a son propre rythme, il faut faire avec. Aujourd'hui, j'étais à Mantes-la-Jolie. Question de la presse sur le génocide arménien devant une foule de Turcs !… Il faut qu'on parle d'une seule voix. La droite, ils ont leurs fiches, ils s'en écartent pas – rien que pour ça, on préfère être de gauche ! A gauche, on a tendance à l'individualisme, c'est curieux, ça ! Il y en a toujours un qui se dit : moi, j'ai un truc intelligent à dire. Mais l'intelligence collective n'est pas l'addition des intelligences individuelles : au contraire, souvent, ça se soustrait ! C'est pour ça que la droite peut être bête mais nous, non !… Sarkozy, il devait aller chercher la croissance avec les dents. Mais qu'est-ce qu'il en a fait ? Il l'a mangée ?… Leur méthode, c'est l'amnésie. Sarkozy, en 2007, il a réussi à faire croire qu'il n'avait rien à voir avec le gouvernement Chirac. Et la peur : "C'est trop instable, on peut pas changer, celui qui s'écartera de la règle d'or sera disqualifié." Son discours de Toulon 2 commence par la peur et se termine par la peur : la peur justifie sa candidature. Il dit : "Voilà, je suis celui qui vous a tellement mis dans la… (quelqu'un complète dans le public : "dans la merde !"), oui j'allais le dire… dans les miasmes, la boue, que maintenant je suis celui qui peut vous tendre la main pour vous en tirer."

« Nous, il faut qu'on démolisse ça. Moi je ne peux pas le faire mais vous, oui. Pas la personne, franchement, c'est pas la peine, les gens s'en chargent ! Je rencontre trois catégories de gens : ceux qui ne me disent rien – ils ne m'ont peut-être pas reconnu ; ceux qui veulent que je sois président – je veux les croire mais peut-être qu'ils le disent à d'autres ; et ceux qui veulent le sortir – là, je suis sûr qu'ils disent la vérité !

« Prenons les autres, sans être désobligeant – enfin si, on va commencer par l'être :

« Marine Le Pen, elle fait sa campagne sur la défiance et le désarroi. D'une certaine manière, elle fait le jeu de Sarkozy, si elle ne parvient pas au second tour. Ceci dit, même parmi ses électeurs, il y en a peu qui veulent qu'elle soit présidente…

« Bayrou, il faut le démasquer, il nous dit : "Cette fois, je ferai un choix." Quel progrès ! Lequel ? Ah, ça, il le dit pas. Donc ça peut être la droite.

« Les candidatures de gauche, c'est tout à fait normal qu'il y en ait, même si c'est la première fois que le PC présente un candidat socialiste, bon. En revanche, on ne peut pas accepter qu'ils nous démolissent.

« Bref, on ne peut compter que sur nous-mêmes. Contrairement à la presse de droite pour Sarkozy, la presse de gauche ne fera pas notre campagne, ni le monde syndical. Donc il n'y a que nous !…

« Rien n'est joué, mais enfin tout est jouable ! Ce serait terrible pour le pays si Sarkozy était élu. Il n'aurait plus aucune limite – même si je ne sais pas s'il en connaît… Ce serait terrible pour la gauche :

les gens nous diraient "comment ça se fait que vous n'êtes pas capables de faire élire un président depuis Mitterrand ?".

« Nous devons gagner, et c'est parce que nous devons gagner que nous allons gagner ! Je suis sûr que vous aurez à cœur d'avoir cette belle victoire pour nous tous et pour notre pays, merci. »

Applaudissements en cadence.

Daniel Vaillant ajoute une précision : les parrainages, c'est pour Hollande exclusivement parce que « l'Histoire nous a appris qu'il faut faire simple ».

23 décembre

Christian Gravel est tout heureux de nous faire visiter le nouveau siège de campagne, avenue de Ségur, qu'il juge spacieux, fonctionnel et pas cher. J'avais entendu dire qu'ils cherchaient un endroit dans un quartier populaire, pour le symbole, alors je lui demande pourquoi ils ont finalement choisi le VIIe arrondissement. Il m'explique qu'il était beaucoup moins cher que celui qu'ils avaient envisagé rive droite, qu'il est près de tous les points névralgiques, siège du Parti, Assemblée, etc., et Valérie Trierweiler ajoute que cet immeuble était jadis la Maison des mineurs, donc l'honneur est sauf : on est chez Rachida Dati mais il y a quand même du symbole.

Pour l'instant, les locaux sont déserts, mis à part une grande pièce occupée par des caméras, un pupitre, un décor estampillé « François Hollande 2012 » et des caisses de matériel. Hollande doit enregistrer ses vœux pour son site Internet et comme d'habitude il va entièrement réécrire le texte qu'on lui a rédigé, alors il faut lui trouver un coin de table, et une technicienne lui dégote un *flight case* à roulettes sur lequel il s'assoit à califourchon. Au fur et à mesure qu'il écrit, il donne son texte par demi-pages à Christian Gravel qui va le dicter à une jeune fille qui le rentre dans un ordi relié au prompteur. Comme Hollande a une écriture de toubib, Gravel peine à lire ses pattes de mouche et on est bientôt quatre sur le coup, avec Ariane, responsable de la « Web campagne », à essayer de déchiffrer sa prose (car il est exclu, évidemment, d'aller déranger le grand homme en pleine rédaction).

Puis Hollande vient vérifier si ça va. Il relit et demande à Gravel : « Fermer le quinquennat… c'est pas mieux si je dis clôturer le quinquennat ? » Gravel lui dit que non, « fermer » c'est bien. Hollande dit « t'es sûr ? », Gravel dit « oui », Hollande dit « bon, bon » et va réciter son texte. Il lit le prompteur mais il change les mots, intervertit les phrases et inverse les structures syntaxiques en retombant toujours sur ses pieds. Evidemment, il dit « clôturer le quinquennat ». Il termine par « Vive la République, vive la France ! » et demande si ça va. Ça va mais il y a des petits détails qui nécessitent qu'on refasse la prise. Pas assez de conviction à la fin, il tombe un peu mollement (ce n'est bien sûr pas ce terme qui a été employé) sur « vive la France », et Christian Gravel pointe un passage : « Quand tu dis : "Je veux que les Français vivent dans une meilleure harmonie, une plus grande sécurité…", tu pourrais insister en répétant "je veux" devant "une plus grande sécurité" parce que c'est un thème important, il faut insister là-dessus ! » Ariane se marre et me chuchote : « Lui, c'est pas le bras droit de Valls pour rien ! » Hollande dit : « Moui, bon, peut-être, je vais voir, non, je vais trouver un truc, vous en faites pas. » Valérie me dit : « Ouais, il va improviser, comme d'habitude. » On la refait : il reclôture le quinquennat puis ajoute « solidarité » entre « harmonie » et « sécurité » et appuie un peu quand il dit « sécurité » mais ne rajoute pas de « je veux ». Tout le monde trouve ça très bien, sauf que dehors on entend une cloche dans la rue. L'un des techniciens, apparemment habitué du septième, nous apprend que c'est le rémouleur ambulant. C'est très pittoresque mais ça fait un bruit de fond donc il faut la refaire : la cloche retentit toujours. Le jeune policier fraîchement affecté à la surveillance de Hollande demande s'il doit aller voir le rémouleur, on lui dit oui, il dit : « Bon ben je vais le buter et je reviens ? » Troisième prise : Hollande continue à effectuer des changements au gré de sa fantaisie, il termine avec vigueur son « Vive la France ! », on entend encore vaguement une cloche lointaine mais les techniciens disent que ça va.

Tout ça l'a mis en retard, il doit filer mais il ne retrouve plus l'un de ses deux téléphones. Il demande quatre fois à Valérie si ce n'est pas elle qui l'a mis dans son sac, tout le monde regarde partout mais aucune trace alors il renonce et s'envole vers son prochain rendez-vous. (Après quelques coups de fil, on apprend qu'il l'avait oublié à son bureau.)

On va manger un morceau avec Christian Gravel, Valérie Trierweiler et Ariane dont l'objectif est d'atteindre les 100 000 « followers » de Hollande sur Twitter avant 2012 (ils en sont à 80 000, ça va être juste). Valérie Trierweiler préférerait s'installer à l'intérieur pour éviter d'éventuels paparazzis mais c'est plein alors on s'assoit en terrasse. Christian Gravel et Valérie Trierweiler se remémorent avec nostalgie la campagne de 2002. A cette époque, Valérie suivait la campagne en tant que journaliste. Ils s'accordent à dire que l'ambiance était extraordinaire et que, jusqu'à l'issue tragique, ils s'étaient bien amusés. Valérie se fait la remarque : « Comme quoi... il faut dire ça à François, lui qui s'inquiète qu'il n'y ait pas assez d'ambiance dans l'équipe : la bonne ambiance, c'est pas une garantie de victoire ! » Christian Gravel complète : « C'est vrai, en 2007, je suis pas sûr qu'on rigolait tous les jours dans l'équipe de Sarko... »

Valérie ne pense pas pouvoir partir en vacances, avec Hollande, pendant les fêtes. Christian Gravel et Ariane lui conseillent quand même de faire son possible vu que c'est le dernier moment de répit avant la tempête des quatre mois à venir. Elle objecte : « Ça risque d'être plus de quatre mois : le but, c'est quand même de gagner, donc s'il est élu, c'est pas cet été qu'on pourra prendre des vacances. Et puis s'il est élu, ensuite, l'objectif sera d'être réélu, donc si ça se trouve, on n'aura pas de vraies vacances pendant les dix prochaines années ! »

Puis ils abordent le cas du malheureux garde du corps qui peine à trouver ses marques avec un Hollande qui prévoit ses déplacements au dernier moment et oublie de l'avertir, rendant sa tâche extrêmement compliquée car où qu'aille le candidat désormais, il est censé sécuriser le périmètre. (Déjà qu'il a eu du mal à neutraliser le rémouleur...)

François Hollande revient de son rendez-vous et se joint à nous. Il refuse les œufs mayo mais se jette sur le pain et commande un plat en sauce (du poisson, certes). Valérie lui fait remarquer (pour rire) qu'il pourrait s'excuser de l'avoir accusée d'être une voleuse de téléphone. Toujours dans l'analyse tactique, il répond (en riant, lui aussi) qu'il vaut mieux l'avoir accusée, elle, que les techniciens. Il reconnaît le bistro où nous sommes installés : quand il était étudiant, il avait fait un stage au ministère des PTT situé dans l'immeuble d'en face, et il descendait ici pour jouer au flipper au lieu de travailler. Je lui dis que je l'ai trouvé bien avec les mandataires. Il me répond qu'il ne peut faire ce genre de discours qu'en interne parce que c'est difficile de faire trop de blagues alors que c'est la crise, ça manque de sérieux. J'objecte que Sarkozy, lui, ne s'embarrasse pas de ces scrupules et se comporte en public de façon assez naturelle, n'hésitant pas à blaguer, et ça ne l'a pas empêché d'être président. Hollande me dit : « Oui, c'est vrai, Sarkozy, il a beau se comporter comme un salopard, c'est le salopard sympa. »

Pendant toute la durée du repas, il répond aux passants, aux clients, au patron du bar et aux serveurs qui viennent le saluer, il se lève pour aller leur serrer la main et discuter avec eux. Un ouvrier lui dit : « Il faut le changer, hein, monsieur Hollande ! » Hollande boit ses paroles : « Oui, c'est exactement ça : il faut le changer.

— Et puis faut augmenter les salaires et baisser les impôts !

— Hum hum, oui, enfin pas tous, hein ! Ça dépend les impôts de qui ! »

1er janvier

Je regarde les vœux de Hollande sur Internet et, influencé sans doute par les commentaires sarcastiques sur les forums, je trouve sa prestation beaucoup moins réussie qu'en *live*.

Je note surtout les défauts que j'avais déjà repérés mais que j'avais occultés en direct, impressionné par l'assurance que Hollande dégageait hors prises : cette habitude de laisser certains bouts de phrase en suspens, de ne pas assez baisser la voix à la fin des phrases, de marquer une hésitation sur certaines consonnes en début de mot... Dans un contexte universitaire, ce phrasé donnerait l'impression d'une pensée en train de s'élaborer au fur et à mesure de sa formulation (et de fait, c'est le résultat de ses improvisations stylistiques : il hésite en effet sur telle ou telle tournure), mais dans un contexte politique, il peut vite être considéré comme le révélateur d'un manque de détermination.

2 janvier

Je lis dans *Le Monde* (daté du 3 janvier) cette déclaration de Hollande : « Il n'y a pas de mesure que je sortirai du chapeau. »
Super.

3 janvier

« Ça va pas se jouer à grand-chose. On peut pas dire qu'il y ait une énorme ligne de fracture entre Sarkozy et Hollande. »
Voilà exactement ce que je n'ai pas envie d'entendre mais je concède à mon interlocuteur – un partenaire de tennis qui travaille à la SNCF dans la branche « fusions-acquisitions » (! ?) – que oui, c'est vrai, au moins sur l'Europe.
Je ne vois pas comment Hollande pourrait vendre un projet alternatif quand l'essentiel des problèmes liés à la crise a été rendu possible par les traités de Maastricht et Lisbonne, qu'il a votés tous les deux en 1992 et en 2005. Qui a permis l'indépendance de la BCE ? Qui lui a fixé pour but unique la lutte contre l'inflation à l'exclusion de tous les autres ? Qui a organisé la dérégulation et la gouvernance ultralibérale de l'Europe ? Je ne vois pas comment on peut s'insurger contre un système qu'on a contribué à mettre en place.

Aujourd'hui dans *Libé*, longue lettre aux Français. Titre en une, pleine page : « "Le changement, c'est maintenant" par François Hollande ». Titre en page deux : « Ces cinq années ont été la présidence de la parole. » Je lis le début, un réquisitoire contre le quinquennat de Sarkozy : « Les Français souffrent… le pacte social qui les unit est attaqué… la France abaissée, affaiblie, abîmée, "dégradée" (joli !)… l'angoisse sociale est partout, la confiance nulle part… » Des concepts abstraits qui n'engagent à rien ; je me dis que Sarkozy aurait pu tenir ce genre de propos s'il n'avait pas été au pouvoir, j'arrête ma lecture et je recommence à déprimer.

Une heure après, je reçois un coup de téléphone de mon éditrice, une aubryste désespérée par Hollande dont elle a décidé depuis le début qu'il était archinul, qui me demande si j'ai lu *Libé*. Elle est totalement emballée : « Super-texte ! Franchement, il m'a presque convaincue ! Je commence à me dire qu'il a des chances. »

Ah bon, OK, faudrait savoir. Bon, je vais lire la suite alors.

7 janvier

Tulle, cité mythique du grand homme. C'est là que tout a commencé et c'est donc là que se fonde sa mythologie personnelle. « N'oubliez pas de lui dire que vous aimez la ville. » A vrai dire, je lui trouve quelque chose, à ce bled, avec son centre historique traversé par la rivière, sa vieille cathédrale romane, ses faubourgs à flanc de colline et cette grande tour de béton rivée en son cœur, assez laide en soi mais jurant tellement avec les vieilles maisons qui l'entourent que ça crée un effet de contraste intéressant, un peu comme la pyramide du Louvre, mais version HLM (« François aime beaucoup sa tour ! »).

Au conseil général, François Hollande dispose d'un magnifique bureau d'angle (non pas à deux, mais à trois côtés !) qui lui offre une vue imprenable sur sa bonne ville de Tulle. Comme à chaque fois que je le vois, il met la dernière main à un énième discours.

Ce samedi a une valeur exemplaire en ceci qu'il illustre la fracture, la schizophrénie du candidat qui fait que la moitié des gens de mon entourage le trouve complètement nul à l'oral, et l'autre tout simplement génial.

Devant un parterre de notables qui font la gueule mais aussi une foule d'administrés venus avec enfants remplir un gymnase plein à craquer, Hollande présente ses vœux de président (du conseil général). C'est un peu terne même s'il balance quand même quelques petites blagues (« l'entreprise machin va ouvrir ses portes… et ça tombe bien, elle en fabrique ! ») ; le côté local est pleinement assumé (« la filière bois est en plein développement et c'est une réussite », je me demande s'il se souvient des profs du lycée Mansart qui lui avaient fait l'article au Salon de l'Education), de même qu'il assume sans vergogne un peu de démago pas chère (« La Corrèze est l'un des départements les plus âgés de France : quel bonheur ! Ici, on vit mieux et plus ! ») ; il ajoute une touche de message national (« L'austérité ne peut pas être un programme ! ») et termine sur la séquence émotion (premier mandat en 83, il n'est pas né ici mais il y a quand même ses racines, « implanté d'abord, greffé ensuite ! »), avec une bévue lexicale surprenante car habituellement son français est impeccable (« Je serai, quoi qu'il m'arrive en cette année 2012, *indéfectivement* à vos côtés ! »).

Après son discours et celui de la préfète, il descend de l'estrade pour s'offrir un bain de foule au milieu de ses fidèles sujets, saluant tout le monde, serrant des mains et claquant des bises. Il est suivi comme son ombre par Alexandre, le garde du corps du SPHP (Service de protection des hautes personnalités), car il a reçu des menaces de mort il y a quelques jours. Puis, direction le meeting de la fédé. Pendant le trajet, conversation dans la voiture entre vieux briscards de son entourage : les journalistes qui le suivent sont un peu tendres, c'est tous des jeunes, c'est leur première campagne, c'est pour ça qu'ils s'étonnent tous que ça n'ait pas encore vraiment démarré. Ceci dit, les temps ont changé, ce n'est plus le même timing, « tu te souviens que Barre avait passé dix jours dans les DOM-TOM et Mitterrand… onze jours en Chine, en pleine campagne !… »

Discours du maire, discours du secrétaire départemental, arrive la star.

« C'est la dernière fois que je viens ici vous présenter mes vœux (la foule fait « oooohh ! »)… comme président du conseil général (« aaaahhh ! »). Et comme à chaque fois que je l'ai vu en meeting, tel Docteur Jekyll mué en Mister Hyde, sa voix se creuse, il se transfigure. Il prend acte d'ailleurs de cette schizophrénie :

« Avec la préfète, j'étais en retenue, je ne pouvais pas tout dire. Avec vous, je peux tout dire... enfin presque ! » En ce lieu, à cette heure, il ne peut pas s'empêcher de se retourner sur son parcours, ce qui est forcément prématuré, et je le vois flirter avec l'hubris : « Quand je suis arrivé ici, un jour, il y a longtemps, qui aurait cru que je serais président... du conseil général ! » Il a fait 92 % à la primaire : « Comment se fait-il qu'il y en ait qui n'aient pas voté pour moi ? » Et plus loin, tel Don Juan défiant le Ciel (et appelant son courroux) : « Mon Dieu ! – s'il existe... » Le reste du discours, plus classique, est néanmoins très offensif : « Ne vous inquiétez pas des coups : si nous sommes la cible, c'est bon signe ! Ils ont tellement peur de lâcher leurs privilèges ! S'ils étaient si sûrs d'eux, ils ne seraient pas si affolés ! S'ils avaient la vérité pour eux, auraient-ils besoin de la travestir ?... Qui va mieux en France ? Oui, on le sait, qui ! » Passage rimbaldien : « Je vois... je vois... mais j'en sais d'autres... » Le FN : « Comment admettre que des ouvriers qui devraient voter à gauche hésitent aujourd'hui ? » (applaudissements) Sarkozy ravalé au rang de petite crotte : « Voilà sa trace : une dette ! » La question des vieux travailleurs : « Quand est-ce que je pourrai partir ? » La question des jeunes précaires : « Quand est-ce que je pourrai rester ? » Conclusion sur la jeunesse, remaniée à l'aune de considérations locales, ça donne un speech sur la fermeture d'un lycée professionnel du coin, et ça se termine sous les applaudissements. Commentaire en salle de presse : « Il a été bon, le pépère ! »

Le soir, dans son donjon du conseil général, le grand homme veille. Il épluche des dossiers pour la nomination d'un sous-chef cuisinier dans un collège des environs. Valérie Trierweiler se permet de lui dire qu'il faudrait quand même qu'il apprenne à déléguer. Il lui répond que de ce choix dépend le sort de toute une famille, c'est beau comme du Dickens. Sur la route d'Angoulême, tard dans la nuit, il rédige son prochain discours.

8 janvier

Un spectre hante le socialisme : le spectre de François Mitterrand.

Visite à Jarnac de l'héritier putatif.

Le maire : « On a 8 000 heures de discours archivés ! »

Hollande : « Il faut que je me fasse repasser tout ça, moi ! »

Premier discours de la journée à la mairie, très Cyrano :

Fayot : « Il faut croire aux lieux. »

Troisième République : « Mes grands-parents étaient instituteurs. »

Pragmatique : « Ce que je veux retenir de François Mitterrand, c'est la compréhension d'une victoire. Comment a-t-il fait ? Comment devons-nous faire ? »

Superstitieux : « En 81, nous avions un président impopulaire, c'était la première crise pétrolière, il y avait une forte volonté de changement mais aussi une forte incertitude au premier tour : la gauche était désunie pour la première fois depuis longtemps. »

Luke Skywalker : « Je souhaite bien sûr être porté

par les forces de l'esprit mais surtout par l'esprit de la force ! »

Le maire lui offre « le parfum de Jarnac » (du cognac). « Je vais m'en imbiber. »

Un petit tour au PMU du coin, procession dans Jarnac, visite de la maison de Mitterrand, direction le cimetière où il y a du lourd : Jack Lang, Pierre Bergé, Mazarine. Hollande, solennel, vient se recueillir devant la tombe, il me fait penser à Mitterrand à côté de Helmut Kohl, mais tout seul.

En route pour la salle des fêtes. Configuration comète, journalistes hystériques, service d'ordre sur les nerfs, on me dit que c'est mieux que l'année dernière où ils étaient carrément montés sur les tombes et les caveaux. Mais lorsque François Hollande se retrouve à marcher dans les rues de Jarnac avec Mazarine d'un côté et Valérie Trierweiler de l'autre, c'est l'émeute. Frictions, confusion, on entend : « Laissez passer Sébastien Calvet (le photographe de *Libération*) ! » Ses collègues, chambreurs : « Ouais, laissez passer la *Pravda* ! »

Sur le chemin, une famille se tient sur le pas de sa porte, les enfants à la fenêtre sont prêts à prendre des photos au passage de la vedette. Un photographe vient se positionner juste derrière eux, suivi par « la *Pravda* » qui apprécie en connaisseur le choix tactique de son confrère : « C'est bien connaître notre candidat ! » Ils savent que Hollande, alléché par l'odeur d'électeurs, va forcément s'arrêter pour s'adresser à la gentille famille. Calcul payant, Hollande s'arrête, ils sont aux premières loges pour mitrailler.

Déjeuner à la salle des fêtes, le maire de Jarnac nous conte la geste mitterrandienne comme si c'était

Le Seigneur des Anneaux, les journalistes sont interdits de banquet mais ils ont accès à une mezzanine d'où ils peuvent nous regarder manger en écoutant les discours. Celui de Hollande n'est pas terrible, de l'avis des spécialistes, mais je suis tout de même sensible à une métrique bien soignée : « François Mitterrand avait de l'habileté – certains en ont été victimes ; il avait le sens des compromis – je n'ose dire des synthèses ! ; il poursuivait la réussite de la France – j'allais dire du rêve français… »

On goûte une spécialité locale : le cognac-tonic. Je discute avec Olivier Falorni, le concurrent de Ségolène Royal à La Rochelle pour les législatives : il me dit qu'il se présentera quoi qu'il arrive, même en tant que dissident, et qu'elle va avoir du mal.

11 janvier

Inauguration du siège de campagne. Les journalistes trouvent que c'est trop petit. Un proche de Hollande désabusé : « De toute façon, si on avait pris l'autre, ils auraient dit que c'était trop grand, alors… »

Quelques jours après l'affaire dite du « sale mec », je fais remarquer à Safia Otokoré qu'il n'y a pas au PS de chiens qui aboient aussi fort que les Morano & Co. Elle me répond : « Non, c'est vrai. Enfin, on a Aubry. »

12 janvier

Je sillonne le jardin du Luxembourg dans tous les sens aux côtés de Vincent Peillon qui me retrace au débotté un historique du PS en regard duquel les Atrides sont une bande de joyeux rigolos. Lui est un intellectuel, agrégé de philo qui a enseigné aussi bien à Neuilly qu'à Nanterre, il a commencé au PS en tant qu'expert, il faisait des fiches, rendait des rapports, donnait des idées, pour Hollande notamment lorsque celui-ci était porte-parole du PS. Peillon se souvient que cette répartition des rôles leur convenait à tous les deux : Hollande n'aimait pas bosser les dossiers, Peillon adorait ça. Ceci dit, Peillon ne dit pas que Hollande ne connaissait pas ses dossiers : il lisait ses fiches et comme il est intelligent, il assimilait très vite.

Je sais de source bien informée que Peillon a très mal pris l'annonce par Hollande de la création des 60 000 postes de profs, parce qu'il n'en avait pas été averti. Il lui aurait dit qu'au prochain coup comme ça, il le plaquait. Mais quand je lui demande si c'était vrai, il me dit : « En fait, Hollande a eu raison. Quand il reprenait mes propositions, c'était trop technique, trop long à expliquer, il me disait : "Les gens n'y comprennent rien." Alors il a cette intuition : les 60 000 postes. C'est simple, c'est clair, et même si c'est critiqué, tout le monde ne parle que de ça. C'était donc une très bonne idée. Et puis, si à l'arrivée on n'en fait que 45 000, c'est pas grave, ce qui compte, c'est de respecter l'esprit. »

Peillon, au début de sa carrière, n'aimait pas le mépris affiché des politiques pour les intellos. Il est très fier d'avoir déposé une motion en 1994 qui a fait 8 % à la surprise générale alors qu'il était totalement inconnu. J'apprends que si votre motion fait moins de 5 %, vous êtes mort, et que quelqu'un comme Mosco, par exemple, n'a jamais osé en présenter une seule.

Il me raconte notamment comment Hamon l'a poignardé dans le dos, du temps du NPS qu'il avait fondé et qu'il dirigeait (lui, et non pas Montebourg, contrairement à la croyance populaire). « Le rôle du père, de toute façon, c'est quelque chose d'important en politique, et on finit toujours par tuer le père. Finalement, on est une dizaine, peut-être une vingtaine, ça fait vingt ans qu'on se connaît et qu'on se tire dans les pattes, on s'engueule sans arrêt mais dans le fond, on s'aime bien (ou peut-être qu'il m'a juste dit "on s'entend bien", je ne suis plus très sûr). C'est surprenant, l'importance des relations personnelles en politique. Oui, c'est beaucoup plus important que les considérations idéologiques, qui interviennent finalement assez peu. Enfin, nous nous considérons tous de gauche, hein, mais c'est vrai que si vous regardez bien, tous ont fait des allers-retours entre l'aile droite et l'aile gauche, Fabius, Hamon, Montebourg, etc. (à part Manuel, oui, peut-être). »

Il m'explique que, quelque part, bien qu'ils n'aient jamais été vraiment intimes, il a besoin de l'amitié de Hollande, il recherche sa reconnaissance, et il veut croire que c'est réciproque.

Il est sûr que Hollande va gagner. En 2007, ce n'était pas le moment, maintenant, si. Hollande, grand sage, lui a dit : « On peut perdre du temps à vouloir aller trop vite. » Manifestement, Peillon admire le génie politique de Hollande. Il dit que le danger, évidemment, comme il est en tête, c'est de ne rien faire, de ne pas bouger. C'est d'autant plus dangereux que c'est dans le tempérament du candidat. Sarkozy, c'est un fonceur, Hollande, lui, est un homme de compromis, de synthèses, il n'aime pas trancher, il préfère le statu quo. « Moi, je préfère le mouvement, mais j'ai souvent perdu et Hollande a toujours gagné. » Toujours gagné ? Je m'étonne. 2002 et 2007 ? « Ce n'est pas lui qui a perdu. En 2002, il avait été plus ou moins écarté par Jospin, qui l'a rappelé à la fin, quand c'était trop tard. Et en 2007, sa situation personnelle était vraiment trop compliquée. En revanche, quand Hollande se présente ou quand il mène une liste comme aux européennes, il gagne. »

Mais il me confie aussi son sentiment personnel : à la différence de Sarkozy, Hollande ne veut pas gagner à tout prix.

12 janvier

Mélenchon sur la Deux, en pleine forme, fait son show mais expose en même temps son programme en long et en large. C'est foisonnant, caustique, emphatique, assez histrionique mais aussi par moments très technique et on peut difficilement contester qu'il y a du contenu. Mais les journalistes n'ont visiblement pas l'intention de trop s'attarder sur le fond, alors on lui passe une petite vidéo qui le montre dans les couloirs du Parlement européen, en discussion avec Marine Le Pen qui lui dit, sur un air de légère connivence : « J'en ai marre qu'on me traite de fasciste. » Lui, un peu mal à l'aise, répond : « Je vous comprends, madame, moi, j'en ai marre qu'on me traite de lepéniste. » Bonne réplique, mais son air poli tranche avec l'agressivité dont il fait preuve avec les journalistes en général, et ceux de cette émission en particulier. Il s'énerve d'ailleurs aussitôt, dénonce le coup bas qui consiste à exhumer cette séquence filmée : « Vous savez qui était derrière la caméra, ce jour-là ? Valérie Trierweiler. » Aussitôt, ça s'affole sur Twitter : « Mélenchon met en cause Valérie Trierweiler. » Deux heures de débat et on sait déjà la seule chose qu'on en retiendra.

13 janvier

Merde, c'est pas la 508.

Aujourd'hui, j'accompagne Hollande et Peillon qui se rendent à Pierrefitte, en Seine-Saint-Denis, pour rencontrer une association, l'AFPAD, qui prend en charge les élèves lorsqu'ils sont temporairement ou définitivement renvoyés de leur établissement scolaire.

Comme la place du mort est toujours occupée par le garde du corps et la place du conducteur par le chauffeur, on se retrouve tassés à trois à l'arrière de la Mégane, avec le malheureux Peillon au milieu qui essaie de caser ses grandes jambes.

Briefing pendant le trajet, Hollande se fait expliquer par Peillon l'une des mesures qu'il doit annoncer lors de la conférence de presse qu'il donnera en fin de matinée à la mairie de Pierrefitte. Il s'agit de la mise en place d'agents de prévention dans les établissements sensibles. Hollande demande s'ils dépendront du ministère de l'Intérieur ou de l'Education. Peillon lui dit : « Attends, je vérifie. » Il appelle un prof (je vois s'afficher sur son iPhone le nom d'un lycée de banlieue bourgeois), qui est sans doute à l'origine de l'idée et qui lui donne les informations nécessaires. Je demande : « Quelle différence avec un surveillant ? » Les agents de prévention seront formés aux questions juridiques et sociales. Mais surtout, pour se distinguer des brigades d'intervention mobiles mises en place par Sarkozy (et c'est évidemment ce qui intéresse Hollande), ils seront affectés à un poste fixe. Hollande continue à poser des questions : comment on les recrute ? Par concours ? Ce seront des fonctionnaires ? On crée un nouveau corps ? Quel sera leur champ d'intervention ? Est-ce qu'on les met à la porte de l'établissement ? Dans les couloirs ? Dans un local spécifique ? Peillon n'a pas toutes les réponses, il lui donne son avis et, en fait, ils élaborent ensemble le dispositif.

Arrivés en avance, ils attendent dans la voiture en discutant de choses et d'autres (sur Sarkozy : « Il est pour le mariage gay, maintenant ? » ; sur Cohn-Bendit : « Dany, on dirait qu'il a très envie de voter pour moi. — Oui, j'ai l'impression, mais je sais pas si c'est un cadeau. »).

Lors de la réunion, j'apprends que le dispositif de l'AFPAD pour lutter contre le « décrochage scolaire » est né dans un collège où j'ai enseigné par le passé et dont le moins qu'on puisse dire est que c'était un collège très dur. Hollande écoute avec attention les différents intervenants, fondateurs de l'association, profs, élèves, et ses questions sont toujours pertinentes, ce sont les mêmes que moi, en tant que prof, j'aurais posées. Je retrouve sans nostalgie l'univers problématique de l'éducation en zone sensible (« J'étais pas un élève perturbateur mais j'avais un comportement violent. » D'accord). Le principe est simple : lorsqu'un élève se fait exclure ou se fait identifier comme « décrocheur » (c'est-à-dire ne va plus à l'école), plutôt que le laisser chez lui ou dans la rue, l'AFPAD, dans le cadre de son dispositif « fil continu », le prend en charge, s'assure de son suivi scolaire et psychologique, discute avec lui de son orientation et lui propose un certain nombre d'activités. C'est une sorte de scolarité parallèle temporaire. Quand ça va mieux, on le remet dans le circuit scolaire normal. Il ressort de la réunion que l'atelier théâtre a un effet particulièrement bénéfique sur le comportement et l'équilibre de ces jeunes. Depuis que ce dispositif a été mis en place, les résultats sont impressionnants puisque les exclusions ont diminué de moitié dans le collège pilote (comme il y en avait plus de trois cents par an, il faut néanmoins poursuivre les efforts).

Après la réunion, direction la mairie où Hollande doit faire une conférence de presse et annoncer ses mesures pour l'école. Configuration comète, le candidat est enveloppé d'une forêt de micros, caméras et journalistes qui l'entourent et le suivent. En chemin, il change soudain de direction, comme il aime le faire, parce qu'il a aperçu un bar et qu'il ne peut pas résister à l'appel des électeurs au comptoir à l'heure de l'apéro. Il commence à serrer les mains des clients qui fument dehors mais alors qu'il s'apprête à entrer dans l'établissement, des voix émanant de son équipe implorent derrière lui, parce que évidemment on est en retard sur le programme : « Non ! Non ! François ! Pas le PMU ! Pas le PMU ! » A regret, le candidat renonce à son projet et reprend sa marche vers la mairie, accompagné des élèves qu'il a rencontrés pendant la réunion, à qui il dit, toujours blagueur, parce qu'ils peinent à se frayer un passage dans la cohue rituelle : « Ne décrochez pas ! »

Conférence de presse, couplet non moins rituel sur la jeunesse (Non, François, pas la jeunesse ! Pas la jeunesse !), six mesures, dont celle concernant les agents de prévention, une autre promettant de généraliser le dispositif de l'AFPAD et une concernant le mode d'affectation des profs (à revoir entièrement, je le confirme !). Pendant son intervention, je croise une amie conseillère d'éducation qui travaille au conseil général de la Seine-Saint-Denis, à l'origine de cette rencontre, et qui est encartée au Parti. Elle juge sévèrement l'intervention de Hollande : « Poussif, pas assez de sens. » Une minute après, alors qu'il parle toujours, je me retrouve face à Peillon qui me dit : « Il est bon, là, hein ! »

Retour dans la Mégane. Peillon commente la prestation de Mélenchon à la télé, la veille : « Il n'a pas gagné une voix hier ! Moi je l'aime bien, Jean-Luc, mais il est fou. Les talonnettes avec Pujadas ! C'était d'une violence ! »

Puis je discute avec lui des problèmes de l'école.

J'avoue que je me sens un peu missionné par mes collègues : j'essaie de le sensibiliser aux différents problèmes dont souffrent les enseignants (surtout de ZEP) parce que je le vois déjà ministre de l'Education. A ma grande satisfaction, il répète à Hollande ce que je lui avais dit la veille, au Luxembourg, sur les mutations : avec son système de gestion déconcentrée, Allègre nous a vraiment pourri la vie, tout changement d'académie est devenu pour les profs une loterie terrifiante et il faudrait revenir là-dessus. Nous abordons aussi la question de l'évaluation : d'accord pour se faire inspecter par des inspecteurs, mais pas une fois tous les dix ans et à condition que ceux-ci gardent un pied dans l'enseignement pour rester crédibles. Imaginer son inspecteur en train de faire cours en ZEP est un fantasme partagé à ma connaissance par tous les profs. Peillon compris.

Hollande me demande si ça avance, mon livre. Je lui demande si ça avance, son discours du Bourget. Il me dit que pour l'instant, il y a des gens qui y travaillent (Aquilino Morelle, le bras droit de Montebourg, et un certain Gilles Finchelstein) et qu'il va se réserver une journée pour le finaliser. Est-ce qu'il a le trac ? Il me dit que oui, bien sûr, vu que, à une semaine de l'échéance, le discours n'existe pas, et de toute façon, on a toujours le trac. Mais il a l'habitude, pourtant ? Oui, mais mille personnes ou dix mille, ce n'est pas la même chose. Mille personnes, on sent la salle, quand elle réagit, quand on la tient. A cette seule évocation, je vois ses yeux qui brillent et je trouve que l'homme qui me confesse son trac dégage beaucoup de confiance. Peillon, lui, trouve que dix mille, en fait, c'est plus facile. En même temps, c'est pas lui qui va y aller.

14-15-16 janvier

Hop hop hop ! Aujourd'hui, la Guadeloupe, demain, la Martinique, après-demain, la Guyane. Qui a dit « On peut perdre du temps à vouloir aller trop vite », déjà ?

Quand vous lisez des articles politiques, il faut apprendre à lire entre les lignes. Ils sont aussi beaucoup plus drôles quand on a vécu la scène. Par exemple, *Le Nouvel Obs* sur le meeting donné par Hollande en Guadeloupe : « Les élus défilent à la tribune : François a beaucoup d'amis ! » Traduction : on a subi dix intervenants et à partir du troisième, on a cru mourir, tellement c'était long. Il faut dire qu'on était tous décalqués par le voyage et comme ça n'en finissait pas, j'accumulais les micro-siestes sur ma chaise, les journalistes à côté de moi étaient agités de fous rires nerveux et Valérie Trierweiler a quitté sa place pendant vingt minutes pour aller faire un tour. Mais pour Hollande, évidemment, pas question de montrer le moindre signe de fatigue ou d'ennui. Un photographe me dit l'avoir vu esquisser et retenir un geste pour se passer la main sur le visage. Assis au premier rang, il sait qu'il est observé et une mauvaise photo est si vite arrivée…

Le gymnase où se déroule le meeting, à Basse-Terre, n'est pas complètement rempli et lorsque vient son tour, la fatigue et les orateurs qui l'ont précédé nous ont définitivement achevés. Lui-même ne fournit pas sa meilleure prestation. Au retour vers Fort-de-France, Taubira a oublié son sac et il faut faire demi-tour, c'est Christian Gravel qui me raconte l'épisode. Le bras droit de Valls n'a pas l'air dans son assiette, surmené sans doute car s'occuper de la presse, c'est-à-dire, entre autres, vérifier que cinquante journalistes ne se marchent pas sur les pieds ni surtout sur ceux du candidat, c'est du boulot. Un journaliste lui dit, pour rire, à propos d'un menu problème : « Toi, t'es viré demain ! » Il répond, fataliste : « Tous les jours, je suis viré demain... »

Bel hôtel, belle plage, jolie vue mais pas une minute pour en profiter. Petit-déjeuner, avec la presse écrite seulement. Les journalistes, pour se mettre en train, jouent à s'inventer des sujets de dissert' : « Le vallsisme est-il un humanisme ? » Puis ils posent leurs questions au candidat. On lui fait remarquer que le discours de Mélenchon, qui propose une gauche plus dure, semble prendre. « Ah bon ? Comment ? Moi, je ne suis pas dans la résistance, je suis dans la conquête. Je ne peux pas être seulement dans la proclamation. Je dois vaincre. » A l'issue du petit-déjeuner, quelques journalistes viennent l'entourer pour une sorte de « off du off » (concept qui laisse perplexes les plus aguerris). On lui rapporte une attaque de Fillon qui lui propose de faire évaluer son programme par Standard & Poor's. Réponse sèche : « On ne peut pas être à la fois au pouvoir et dans l'opposition. S'il veut être dans l'opposition, ce sera possible à partir du mois de mai. » Dans la conférence de presse qui suit, il dit que le « courage » (le mot de la semaine dans l'équipe de Sarkozy), c'est la réforme fiscale. Le courage, c'est la solidarité, et la solidarité, c'est « exiger des plus riches qu'ils paient davantage pour participer à l'effort collectif ». Je me dis : bon, après tout, faire payer les riches pour redistribuer aux pauvres, c'est ça, être de gauche, non ?

Tout le monde est privé de Carnaval : c'est la crise, la France a perdu son triple A, pas question qu'on voie Hollande faire la nouba, visite annulée. Les journalistes râlent : à trop vouloir être sérieux, il va finir par être vraiment chiant.

En route vers la Martinique. Dans la voiture, Taubira demande où est sa valise, elle hésite à s'affoler mais on lui dit qu'elle a dû être récupérée par le staff. Hôtel, rencontres, gerbe de fleurs, meeting, citation d'Aimé Césaire sur l'« espérance lucide » (censée remplacer le rêve français ?), hop hop hop. Les journalistes trouvent que l'accueil manque de ferveur, rien à voir avec Ségolène en 2007, tu vois comment ça se passe là, eh ben avec Ségolène, c'était tout le contraire, ah bon, à ce point-là ? Départ au petit matin, Taubira veut quitter l'hôtel en oubliant sa valise dans le hall mais je l'ai à l'œil.

En Guyane, le comité d'accueil s'appelle le PSG (Parti socialiste guyanais). Nous débarquons dans le restaurant où déjeunent, coïncidence amusante, les services de sécurité de Sarkozy, venus en repérage pour préparer le déplacement du chef de l'Etat dans une semaine. On visite un quartier pauvre, Taubira débarque en vélo, je ne verrai même pas la mer pourtant toute proche, direction l'aéroport, on reprend l'avion pour la quatrième fois en trois jours. Valérie Trierweiler me dit qu'elle a ramené du rhum pour Joey Starr. Je demande à Hollande qui lit

Libé : « C'est bizarre, pourquoi est-ce qu'ils considèrent que la perte du triple A profite à Bayrou ? » Hollande : « Comprends pas ! Ils sont vraiment tordus, à *Libé*. » Dans dix jours, il doit débattre avec Juppé, est-ce qu'il se prépare ? « Juppé va se poser en homme d'Etat, il va me reprocher mon manque d'expérience, ça ne va pas être facile. Enfin, ce sera toujours mieux qu'avec Copé : le niveau sera quand même plus élevé. »

Le matin, on débarque à Orly, je vais me coucher, Hollande part pour Gandrange. Je n'aurai pas dansé aux Antilles avec le candidat comme Yasmina Reza en 2007.

18 janvier

La première fois que j'ai entendu parler d'Aquilino Morelle, c'était à la radio, entre les deux tours de la primaire, quand tout le monde attendait de connaître la position de Montebourg. Tous les journalistes estimaient qu'il était logique qu'il se rallie à Aubry, classée plus à gauche et donc plus proche de ses propres positions. Sur France-Inter, ce matin-là, Aquilino Morelle, directeur de campagne de Montebourg, avait mis les choses au point : on ne peut pas dire qu'en soutenant DSK, Aubry ait fait la preuve d'une orientation très à gauche ! Ce rappel m'avait aussitôt rendu sympathique le bras droit de Montebourg au prénom si exotique. Inversement, ces déclarations avaient provoqué la fureur de Hamon, soutien d'Aubry, et les deux hommes avaient eu une explication musclée devant la Maison de la Radio, en présence d'Aurélie Filippetti.

Aquilino Morelle est aussi celui à qui Hollande a confié la lourde tâche d'écrire le fameux discours fondateur, en vue du grand meeting du Bourget, car, finalement, on a réussi à convaincre Hollande qu'il ne pouvait pas écrire tous ses discours, et spécialement celui-là, si important. Bien sûr, nul ne sait s'il le réécrira entièrement, comme à son habitude, partiellement ou pas du tout. Verdict dimanche.

Aquilino Morelle, physiquement, est une sorte de Mélenchon en plus jeune, avec le teint plus mat et des lunettes.

« Jean-Luc, me dit-il, c'est un ami, il me demande sans arrêt pourquoi je ne le rejoins pas au Front de gauche. Je lui réponds : "Et toi, pourquoi tu as mis trente ans à partir ? Laisse-moi le temps !" Je ne peux pas dire que je n'y aie pas pensé, mais fondamentalement, je me sens socialiste et je pense que je le resterai jusqu'à ma mort. La révolution, c'est bien, mais toutes les grandes conquêtes sociales en France ont été le fait des réformistes, Blum, Mendès, Mitterrand, Jospin. J'ai rallié Montebourg parce que c'était celui qui représentait le mieux mes convictions mais maintenant, le candidat, c'est Hollande, et je veux qu'on gagne, alors je le soutiens sans réserve. Hollande, je le connais bien, c'est un ami, on travaillait ensemble avec Jospin, on ne peut pas dire qu'il incarne la gauche violente, c'est vrai, mais je préfère essayer de faire peser mes idées auprès de lui plutôt que rester dans mon coin. Valls aussi, c'est un très bon copain, il voulait que je le soutienne pendant la primaire, mais l'amitié et la politique, c'est deux choses différentes. Montebourg, c'est un bel animal, il ira loin. Il y a deux ans encore, on se faisait traiter de tous les noms quand on parlait de démondialisation et regardez aujourd'hui, tout le monde reprend nos idées.

« Hamon, il était fou furieux, il me courait après dans les couloirs de Radio-France, et Aurélie Filippetti courait derrière lui, c'était surréaliste. Il hurlait : "Tu peux pas dire ça ! Tu peux pas dire ça !" Mais moi, je dis ce que je veux et je t'emmerde ! Benoît, c'est un copain aussi, hein, mais là, on est restés vingt minutes à s'engueuler devant la Maison de la Radio, j'ai cru qu'on allait en venir aux mains.

« Je suis d'une famille d'ouvriers immigrés espagnols, on a toujours été de gauche, socialistes ou communistes, on ne se posait pas la question, on votait pour "la Gauche". Je suis un pur produit de l'école de la République. Chez moi, il y avait deux métiers qui incarnaient la réussite sociale, médecin et avocat. J'ai fait médecine, je suis docteur. Mais j'avais l'impression qu'en tant que médecin, je risquais de rester dans ma bulle, et à l'époque, j'avais une petite amie qui faisait Sciences-Po, alors pendant ma deuxième année d'internat, j'ai fait Sciences-Po et puis l'ENA, je suis sorti deuxième, j'ai choisi l'Inspection des affaires sanitaires et sociales. Je me suis fait repérer par Pierre Moscovici, qui était dans mon jury d'oral, et c'est comme ça que j'ai rejoint l'équipe de Jospin, en 95. Ensuite, j'ai travaillé cinq ans à Matignon, j'écrivais les discours de Jospin. Je n'avais pas de formation spécifique pour écrire les discours, mais je maîtrise le français et j'aime bien la rhétorique. Avec Jospin, c'était carré, on sentait vraiment l'héritage de sa culture trotskyste, chacun savait ce qu'il avait à faire. Avec Hollande, euh, pour être gentil, on va dire que c'est moins cadré.

« Je ne sais pas si Hollande va reprendre mon discours mais c'est lui qui m'a demandé de l'écrire. Est-ce que je veux en profiter pour essayer d'imposer mes idées ? D'abord, on n'impose rien à Hollande, et puis je ne veux pas imposer, je veux convaincre. Je veux peser dans la campagne pour défendre mes idées mais je ne veux pas essayer d'infléchir le discours en fonction de ma propre ligne. C'est son discours, il m'a dit ce qu'il voulait, je fais ce qu'on me dit. Oui, je suis au courant, il a aussi demandé à Gilles Finchelstein de lui écrire un discours pour Le Bourget. C'est Moscovici qui le lui a proposé, et François a dit oui parce qu'il ne sait pas dire non et parce que Mosco est son directeur de campagne, mais j'espère qu'il ne va pas s'en servir, parce que Finchelstein est un strauss-kahnien. Moi, je crois que les élections qui se gagnent au centre, c'est des conneries. Les électeurs de Bayrou, ils votent Bayrou justement parce qu'ils ne supportent pas Sarkozy, vous croyez vraiment qu'ils vont voter pour lui au deuxième tour ?

« Les socialistes ont contribué à la création de l'Europe ultralibérale ? Mais c'est pire que ça : ce sont eux qui l'ont créée ! Mitterrand, Delors, et Lamy, surtout Lamy ! Ils avaient deux horizons : le socialisme et l'Europe, mais c'est l'Europe qui l'a emporté au détriment du socialisme. Alors oui, c'est un handicap pour la campagne. Moi, j'avais voté non à Maastricht, et ceux qui ont voté non avaient raison mais maintenant, c'est là, il faut faire avec.

« Comment est-ce que Hollande peut faire le grand

écart entre Valls et moi ? Manuel est très présent, c'est vrai, mais il est chargé de la com', pas d'écrire les discours.

« A quelles références je fais appel dans mon discours ? C'est simple : quel est l'homme politique qui incarne le mieux la France ? De Gaulle. Oui, évidemment, par rapport à Sarkozy qui citait Jaurès, ça peut être considéré comme une réponse du berger à la bergère, mais ça correspond surtout à une réalité politique : après la guerre, de Gaulle a été à la tête du gouvernement le plus à gauche de toute la Ve République ! Je dis que Sarkozy est le fossoyeur du gaullisme. Il enterre les acquis du Conseil national de la Résistance, il réintègre l'OTAN... Vous imaginez de Gaulle se voyant dicter sa politique par les agences de notation ?

« J'ai fait un plan en trois parties : d'abord les thèmes de la campagne, justice, espérance, redressement, la jeunesse, bon on les a beaucoup entendus, on les connaît. Ensuite, la fin des privilèges : la France de Sarkozy, c'est l'Ancien Régime. Le bouclier fiscal, etc. Enfin, la troisième partie sur le candidat, quelque chose de plus personnel, il doit parler de lui, se faire connaître. Je lui ai dit : "Tu viens d'une famille de petits-bourgeois de Normandie, tu n'es pas un fils d'ouvrier comme moi, eh bien, il faut le dire, il faut dire que rien ne te prédestinait à être de gauche."

« Ce qui compte, quand on écrit le discours de quelqu'un, c'est de bien connaître la personne. Moi je crois que je sais ce qu'il attend. Mais il fera comme il voudra, s'il ne reprend pas mon discours, je ne serai pas vexé, je mets ma fierté ailleurs. Ma fierté, c'est de gagner. Je suis confiant mais en même temps je ne suis sûr de rien. Sarkozy, sa stratégie est claire, il va empiler les mesures jusqu'au bout, il s'en fout qu'elles soient incohérentes et même contradictoires, il veut juste pouvoir dire qu'il agit, "regardez-moi, je fais ce qu'il faut faire". Moi, un petit 52 %, je signe tout de suite !

« Pour faire de la politique, il faut deux choses : la santé et accepter de prendre des coups. Si vous êtes fragile physiquement, vous ne pourrez pas tenir, il faut faire autre chose. Et si vous ne supportez pas la critique, même chose. François lit tout ce qui s'écrit sur lui dans la presse mais il est fait en plumes de canard : les attaques glissent sur lui. Aubry, elle est plus susceptible et elle est rancunière : elle m'en a énormément voulu de ma sortie sur France-Inter, et c'est pour ça qu'elle m'a empêché d'avoir une circonscription pour les législatives. Et puis elle pleure tout le temps ! Au conseil national juste après l'affaire du Sofitel, elle pleurait, pas parce que politiquement ça nous mettait dans la merde, mais elle était là, "bou hou hou, pauvre Dominique, il est en prison !" Royal, c'était pas pareil, quand elle a pleuré, ça la concernait directement, elle, et puis c'était après sa défaite, c'était terminé. Et puis, Martine, elle ment. Elle est menteuse à un point, c'est pas croyable. Elle peut vous prendre à témoin devant toute une assemblée alors que vous êtes justement celui qui sait très bien qu'elle ment. Elle a fait ça, la dernière fois, avec moi, je lui ai dit "Ecoute, Martine, non, c'est pas ça", mais neuf fois sur dix, les gens n'osent rien dire et ça passe.

« Mon avenir ? Si on gagne, avec ma formation, je suis le mieux placé pour le ministère de la Santé, mais la nomination des ministres, c'est compliqué. Tant que ça n'a pas été annoncé, ça peut changer jusqu'à la dernière minute. J'ai vu ça quand je travaillais chez Jospin : quelques heures avant l'annonce, il y avait encore des changements.

« François et Mélenchon sont deux grands orateurs, dans des styles très différents. C'est fou comme il a changé : il ressemble de plus en plus à Mitterrand dans ses gestes, dans sa voix. C'est vrai que François est excellent en meeting mais pas très bon à la télé. Mitterrand non plus n'était pas bon à la télé, au début. Ça nous laisse tous les espoirs quand on voit ce qu'il est devenu par la suite. Est-ce que François a conscience de cette faiblesse ? Je suppose que oui, c'est quelqu'un de très lucide. Mais en meeting, c'est vraiment l'un des meilleurs, surtout pour balancer des crochets. Mélenchon et les autres font dans l'attaque frontale, l'uppercut, le direct. Mais François c'est peut-être l'unique qui pratique ça : le crochet. Ça commence comme une petite blague, on croit qu'il va s'égarer, et bam ! prends ça !

« Dimanche, je me mettrai dans la salle, j'ai envie de sentir les réactions des gens. »

22 janvier

C'est le grand jour, l'heure de la vengeance a sonné, le grand meeting du Bourget a été conçu pour laver l'affront de 2007, pour poser le fameux discours fondateur de Hollande, pour répondre à l'implacable machine de guerre qu'a été Sarkozy en campagne, pour en finir avec le « bonne chance, mon papa » originel.

Les socialistes se sont mis une telle pression avec ce meeting que ça va être dur d'être à la hauteur. Des nouvelles inquiétantes me parviennent : d'après la presse, Hollande ne détaillera pas ses mesures, il va se contenter de grandes orientations, l'annonce du programme est reportée à la semaine prochaine pour son émission télé, aujourd'hui, le plan, c'est qu'il nous parle de lui, qu'il se présente aux Français, qu'il raconte des choses personnelles, la rencontre d'un homme avec les Français, ce genre de conneries. Et comme si ça ne suffisait pas, une source bien informée m'avance les chiffres suivants : la composition du discours, c'est seulement 20 % d'Aquilino Morelle et quand même 20 % de Gilles Finchelstein. Je sens le doute m'envahir.

La grande salle du Bourget se remplit. J'ai convaincu deux amis de m'accompagner, un prof de techno et une prof de français, plutôt sceptiques a priori mais caressant tous les deux l'espoir d'être agréablement surpris. Ils ont pris le RER puis le bus pour venir passer leur dimanche dans un hangar, je me sens responsable et j'ai peur qu'ils soient déçus. On s'installe dans les gradins juste deux rangs derrière une bande de jeunes debout sur leurs sièges si bien que je ne vois pas grand-chose. Sur les écrans géants défilent les visages des caciques du Parti présents dans la salle. Aubry et Jospin sont les plus applaudis, Mosco et Le Foll font un bide et dans le brouhaha ambiant je n'arrive pas à savoir si Edith Cresson se fait huer ou si les gens s'en foutent. L'atmosphère est festive et bon enfant, les gens tendent des pancartes à bout de bras, ils agitent des drapeaux, le grand gars qui me bouche la vue a un drapeau français en rab, il le propose gentiment autour de lui, trois personnes le refusent dont moi, une vieille l'accepte dans sa rangée. La salle chante, ça crie, ça bavarde et ça rigole. Mon voisin : « Ha ha ! le papy qui se prend le drapeau dans la gueule ! » Ma voisine : « La cédille sous le "c" de "François", on dirait une faucille ou j'ai rêvé ? » Un spectateur résigné derrière la bande de jeunes : « Vous avez vu quoi au meeting de Hollande ? Des culs. » Une jeune chauffeuse de salle sortie des Jeunesses socialistes vient nous réciter un discours à base de « Nous sommes tous les enfants du monde », Mandela, Martin Luther King, Obama c'est bien et la guerre c'est mal. C'est tellement nul que ça ne fait même pas retomber l'ambiance, les gens se marrent. Embrouille chez les photographes : *Les Inrocks* défend chèrement sa place face à un envahisseur qui a décidé qu'il voulait son spot, oui exactement là, juste pour une minute, je fais une photo et je m'en vais, ouais ouais, c'est ça, touche pas à mon spot. Petit film sur la geste socialiste, putain, la gueule de Mitterrand, c'est pas possible, je l'ai pris pour Georges Marchais ! La jeune socialiste revient nous lire sa petite rédaction (« on dirait Chantal Goya jeune »), on nous passe sur l'écran un message de Podalydès, c'est nul, et puis Noah arrive, pieds nus avec une casquette en cuir, un foulard, un gilet en cuir, un pantalon en cuir, on voit bien qu'il a chaud, il se ménage pas, ça dure vingt minutes, la salle est réceptive, c'est entraînant.

Fin du concert. La salle soudain retient son souffle. Enfin, nous y sommes. Depuis le 16 octobre, j'entends parler de ce rendez-vous, ça fait trois mois que je l'attends. Le grand meeting, c'est maintenant. L'heure H. T'as pas intérêt à te louper, mon pote. J'aimerais pas être à ta place en ce moment.

« T'as vu, c'est bizarre, pourquoi les photographes, ils regardent tous par là ? » Ah oui, tiens. Bien sûr, pourquoi se priver ! Surgir bêtement des coulisses pour débarquer directement sur scène ? Mon cul. Le bain de foule, ouais ! Je comprends qu'il arrive au grondement de la salle parce que, comme d'habitude, on le voit pas au milieu du bordel ou alors un bout de crâne, un éclair de lunettes, une main qui dépasse pour serrer d'autres mains. François Hollande, alias Flanby, Fraise des bois, Gauche molle, Guimauve le Conquérant, Babar, fend la foule en liesse. Tout le monde veut le toucher, tout le monde crie son prénom. Laborieusement, mètre après mètre, on voit la grappe enchevêtrée des gardes du corps et des photographes progresser vers la scène. Ça y est, il monte, il va se placer derrière son petit pupitre, complètement à gauche (signe). Allez vas-y, petit capitaine de pédalo, l'heure est venue de voguer vers ton destin, dis-nous ce que t'as à nous dire et qu'on en finisse. Qu'on sache, oui, qui tu es vraiment.

La salle applaudit en cadence aux cris de « François président ! ». Avant même qu'il commence à parler, je vois qu'il n'est pas comme d'habitude. « Mes chers amis… je suis, euh, venu vous parler de la France… » Soit il est ému, soit il a la trouille, ou bien les deux. « … de la France d'aujourd'hui, une page est en train de s'effacer, et de la France de demain, nous sommes en train de l'écrire. » Applaudissements polis, il a l'air tendu, pour l'instant il récite son truc. « Je le fais ici, en Seine-Saint-Denis... » Apologie de la diversité, avec en creux le FN désigné comme premier adversaire, OK. « L'enjeu de cette campagne... qui commence... » Surmonte ta peur, jeune Jedi. « L'enjeu, c'est la France... c'est la France, toujours... » Du calme. C'est un diesel. Au début, c'est jamais transcendant. « Je ressens une profonde émotion... » Gros plan sur Najat Vallaud-Belkacem qui bâille. Cinq minutes de banalités sur la France, je me dis que Sarkozy aurait pu dire à peu près la même chose. « Incarner le changement, faire gagner la gauche... » Ah, les leçons de Lionel « mon projet n'est pas socialiste » Jospin ont été retenues, c'est déjà ça. Encore « mes chers amis... » : fini le temps des camarades.

Sa conception de la présidence ? Je parie des banalités sur la dignité et je gagne. « Présider la République, c'est, blablabla... » Il serre ses petits poings comme Mitterrand mais ça reste encore bien timide. « ... c'est être viscéralement attaché à la laïcité... et c'est pourquoi j'inscrirai la loi de 1905, celle qui sépare les Eglises et l'Etat... dans la Constitution ! » Ah tiens ? Le premier propos concret du discours porte sur la laïcité. Première vraie ovation de la foule.

« Présider la République, ce n'est pas... » Dénonciation méthodique de l'affairisme et du lepénisme qui a régné depuis cinq ans. C'est plus offensif, il s'ébroue. Mon voisin, déprimé : « En cinq minutes, l'énumération de tout ce qu'a fait Sarkozy, c'est horrible !... » Une maladresse sans conséquence mais qui trahit encore un peu de nervosité : « le dévouement de ceux qui se dévouent... » Mesure symbolique un peu démago mais il aurait tort de s'en priver : « Je réduirai de trente pour cent les indemnités du président et des membres du gouvernement. » Gros plan sur Montebourg : son sourire a quelque chose d'ironique que j'attribue au fait que si on fait le calcul, retrancher trente pour cent aux cent soixante-dix pour cent d'augmentation qu'avait décidés Sarkozy pourrait être considéré, ma foi, comme un peu timoré. « Tout dans ma vie m'a préparé à cette échéance. » Voilà le passage personnel. « Je suis socialiste. » Spécial dédicace à Jospin. « La gauche, je ne l'ai pas reçue en héritage. » C'est parti pour le *story-telling* d'Aquilino : « J'ai grandi en Normandie dans une famille plutôt conservatrice… » Son père avait des idées contraires aux siennes mais il lui a laissé la liberté de choisir et lui a permis d'affirmer ses convictions : « La gauche, je l'ai choisie… » Bien joué.

Première rafale d'anaphores sur la gauche, la gauche, la gauche. « La gauche, je l'ai servie… et j'en revendique les avancées… la droite a défait ce que nous avions construit. » C'est beaucoup plus clivant que ce à quoi on s'attendait et ça plaît à la foule des militants, forcément, qui applaudit à tout rompre.

« Laissez-moi vous en dire davantage… » Tulle, cité de la Résistance, 99 pendus, 200 déportés (« J'ai leurs noms dans la tête… » Ma voisine : « Les deux cents ? »). « Ces Résistants, ils ne demandaient pas des bonus ou des stock-options… » : raccourci bizarre mais la salle est ferrée, ça passe.

« Rien ne m'a été donné (coucou, Martine !)… J'ai réussi à remporter les primaires quand bien peu imaginaient mon succès à l'origine. » Pour moi, le *story-telling*, il est là. L'homme à 1 % qui va peut-être finir à 60, ce parcours des abysses vers les sommets… « Le hasard n'y est pour rien… » Toujours cet hubris des vainqueurs incapables de rendre à la chance la part qu'elle mérite dans leur trajectoire… « J'ai donné, j'ai reçu, du temps, du travail, des coups… » Du binaire et du ternaire pour négocier le virage lyrique, ça me plaît bien. Prolongement de la séquence personnelle, « je », « je », « je », un crochet au passage : « Je n'ai pas besoin de changer en permanence pour être moi-même. » Et voilà qu'il nous livre son « secret » : « J'aime les gens, quand d'autres sont fascinés par l'argent. » Pas facile à dire, ça peut facilement faire démago et cucul, mais il le passe bien, coude appuyé à la Mitterrand. Il se sent bien, maintenant, et ça se sent. *Standing ovation*, Najat Vallaud-Belkacem ne bâille plus.

Petite blague (il n'y en aura pas beaucoup) : « Certains me reprochent de ne jamais avoir été ministre… Quand je vois ce qu'ils sont devenus, ça me rassure ! Et ce sont les mêmes qui reprochaient à François Mitterrand de l'avoir été onze fois ! Clemenceau est devenu président du Conseil à soixante-cinq ans. Mais je n'attendrai pas jusque-là, je vous le promets ! » Ce sera quasiment la seule blague mais ça suffira, maintenant il est lancé. « Je ne laisserai pas… » Diatribe anti-FN, sa voix se creuse, il commence à faire son tribun, et arrive la tirade sur l'adversaire qui n'a pas de visage (retardement, suspense : le monde de la finance, applaudissements). « Il n'y a jamais, je dis bien jamais, une seule politique possible… il y a toujours plusieurs chemins. » Réponse subliminale au « *There is no alternative* » de Margaret Thatcher, référence presque invisible mais effet garanti.

A ce stade, il est sauvé, les gens sont contents, le

fiasco est évité. Mais le discours n'est pas fini, il peut peut-être transformer l'essai.

Procès du quinquennat, « commencé dans la virevolte » et qui « s'achève dans la tourmente ». « Un seul mot : dégradation (je ne parle pas d'une note). » C'est là qu'il se met à proposer. Des mesures. Qu'est-ce à dire ? Eh bien oui, le miracle advient : il dégaine enfin ses propositions. Ces journalistes qui gobent tout ce qu'on leur dit ! Comment ont-ils pu croire qu'il allait encore reporter l'annonce du programme alors qu'il n'a jamais caché qu'il misait tout sur ce meeting ? Miser tout, ça veut dire tout mettre sur la table. Taxation des revenus financiers, politique d'Etat volontariste, hausse des impôts pour les hauts revenus... Et en plus, elles sont de gauche ! Ô Malek, ô Benoît, ô Aquilino, vous me l'aviez bien dit, je n'osais pas vous croire... Mais Hollande lui-même n'avait-il pas répété à qui voulait l'entendre qu'une présidentielle se gagnait au premier tour ? Eh bien, la voilà, la campagne du premier tour.

« L'âme de la France, c'est l'égalité. » Choix du terme le plus clivant parmi les trois de la devise française, la valeur honnie par la droite libérale. En avant pour une autre série d'anaphores : « C'est pour l'égalité... c'est pour l'égalité... » Pas de bon discours politique sans références historiques : nuit du 4 août, Juin 1848 (pas février, juin !), école de la IIIe République, Front populaire, de Gaulle qui crée la Sécurité sociale en 45, Jospin et la CMU. La mythologie de la gauche défile comme une figure imposée, avec captation de De Gaulle au passage. « L'égalité ! L'égalité !... » Sous les vivats de la foule en délire, Hollande termine le travail : « L'égalité, c'est ce qui a permis à un orphelin de père élevé par une mère pauvre, sourde et illettrée de devenir prix Nobel de littérature. Il s'appelait Albert Camus. » N'en jetez plus ! La foule se pâme. Mais il insiste, il veut nous achever : après avoir reçu son prix, qui croyez-vous que Camus a remercié ? Son instituteur ! Douce revanche, quand Sarkozy avait affirmé la supériorité du prêtre. L'égalité ? Elle recule, c'est le retour à la France des privilèges, voilà la séquence d'Aquilino Morelle, une nouvelle aristocratie arrogante et cupide s'installe et prospère, c'est le 1 % des Indignés, « ils vivent à côté de nous mais ils ne vivent plus avec nous et parfois même pas chez nous », c'est une « véritable sécession sociale » et moi, François Hollande, fils de médecin normand, « je serai le Président de la fin des privilèges »... Stigmatisation de ceux qui gagnent de l'argent « en dormant » : phraséologie qui renvoie à une époque où c'était la gauche et non la droite qui était décomplexée. Bouclier fiscal, ISF, impôt sur le revenu, etc. « L'égalité !... L'égalité !... ("François président ! François président !")... Et je multiplierai par cinq les amendes des communes qui bafouent la loi sur la solidarité urbaine... Les dépassements d'honoraires seront encadrés... L'égalité, l'égalité encore !... » Maintenant, il pourrait réciter le bottin que la foule s'embraserait pareil. « L'égalité... c'est aussi la sécurité pour tous ! » Courte séquence Valls, leçon tirée de 2002, réplique instantanément culte : « Au délinquant financier, au fraudeur, au petit caïd, je les avertis... le prochain président les prévient : la République – oui, la République ! (voix de gorge) – vous rattrapera ! » Il a dit ça comme un ogre. Hollande transfiguré. François président.

Mariage gay, séquence culture, retour sur les profs, les mecs ont bien veillé à ne rien oublier.

Alors certes, on ne comprend pas très bien en quoi le fait d'être élu par les Français suffira à lui donner la « légitimité » et la force nécessaire pour faire plier une Angela Merkel qui, aux dernières nouvelles, se tamponne bien de savoir si le président français est élu à 80 % ou tiré au sort. De même, quand il dit qu'il n'accepte pas que le yuan soit sous-évalué, on serait curieux de savoir comment il va contraindre la banque centrale chinoise à prendre les mesures nécessaires, considérant qu'on n'est déjà même pas foutus de donner des ordres à notre propre BCE…

Qu'à cela ne tienne. On n'en demandait pas tant. 150 000 emplois jeunes alors que le programme du PS en proposait 300 000 ? Parfait, vu qu'on pensait qu'il avait enterré les 300 000. 60 000 postes, pas seulement de profs, « On me dit que c'est trop ? Non, je dis que c'est peut-être pas assez… » ? Peu importe (même si on tique un peu, avec mes collègues) que ces 60 000 en plus soient compensés par 60 000 postes de fonctionnaires en moins ailleurs. Un socialiste qui tient un discours si ostensiblement de gauche, même réaliste, même un peu roublard sur les bords, ça fait si longtemps qu'on n'avait pas vu ça qu'on ne va pas bouder notre plaisir.

Péroraison sur le rêve français, et maintenant, ça fonctionne, parce que, oui, cet après-midi, Hollande nous fait rêver, aussi surprenant que ça puisse paraître, avec ses histoires de CSG, de suppression de stock-options, de quotient familial, d'encadrement des loyers… Ce n'est pas 1789, ni 68, ni même 81, mais tout de même, des perspectives de justice sociale dans un monde sarkozyste, le rêve est à la mesure des cinq ans de droite « décomplexée ». Rêve de justice, rêve de vengeance. « Ils ont échoué parce qu'ils n'ont pas commencé par le rêve. » A titre personnel je vote pour quiconque cite Shakespeare, même si je ne vois pas de quelle pièce est tirée la phrase.

Attaque finale contre l'argent qui sera remis à sa place, « celle d'un serviteur et non d'un maître », tropisme mitterrandien oblige.

« La France n'est pas un problème ; la France est la solution. » Deuxième message subliminal, après Thatcher. Reagan disait : « L'Etat n'est pas la solution à notre problème ; l'Etat est le problème. »

Conclusion d'un Hollande possédé, on dirait un orateur des années 30, il hurle sous les hurlements de la foule : « LE CHANGEMENT, C'EST MAINTENANT ! LE REDRESSEMENT, C'EST MAINTENANT ! LA RÉPUBLIQUE, C'EST MAINTENANT ! » Il n'y a plus de Flanby, plus de Babar, plus de Gauche molle, c'est l'ange de la vengeance qui serre les poings sous nos yeux pour péter la gueule à la Droite, c'est le socialisme réincarné, le champion que la gauche s'est choisi et qui sera digne de notre confiance, le cavalier noir qui va dégommer Sarkozy et sa bande, le nouveau héraut de la Social-Démocratie dans le monde, celui qui va faire rendre gorge aux Allemands, aux Chinois, aux Bahamas, au Luxembourg, notre héros, notre sauveur, celui en qui nous plaçons tous nos espoirs, celui qui va gagner, enfin. « Vive la République ! Et vive la France. » Il balance son « vive la France » d'un geste de la main légèrement dédaigneux, mélange d'orgueil et de désinvolture, l'air de dire qu'il sait qu'il a fait le boulot, et qu'il a remporté le morceau.

Ça se termine au garde-à-vous avec la *Marseillaise*, mais dans le bus du retour, les jeunes chanteront l'*Internationale* à tue-tête parce que tout de même, les traditions ont la peau dure.

En attendant, je vais faire un peu de micro-trottoir pour recueillir les impressions des uns et des autres. Je croise deux journalistes qui me disent spontanément la même chose : « C'est dommage, il a pas assez abordé l'aspect personnel. » Valérie Trierweiler m'avait prévenu. Puis je hèle Olivier Faure, le responsable des sondages, qui cache mal sa satisfaction : « J'avais un peu peur. Je me disais : maintenant, ça ne dépend plus que de lui. Les journalistes qui sont venus me voir m'ont tous posé la même question : Est-ce que c'est un tournant ? S'ils m'avaient dit : Vous trouvez pas qu'il a eu du mal, que ça manquait un peu d'enthousiasme, je me serais inquiété, mais là, c'est bon signe. Bien sûr, j'ai dit non, mais cette semaine, l'écart va se creuser dans les sondages. Il était en légère hausse, enfin disons stable, et Sarkozy était en baisse, rattrapé par Marine Le Pen. Il y a déjà sept points d'écart au premier tour. Avec le meeting d'aujourd'hui, TF1 ce soir, le programme et l'émission de télé jeudi, les courbes vont diverger encore davantage. Je pense que Sarkozy va se déclarer candidat beaucoup plus tôt que prévu, peut-être mi-février. »

Jack Lang : « Est-ce que c'est son 14 janvier ? C'est son 22 janvier. Maintenant, il ne faudra pas décevoir, il faudra appliquer ce qui a été dit : le plus dur commence. » (Je comprends qu'il parle du début du quinquennat.)

Dans la loge de Hollande règne une douce euphorie. Lui-même a l'air radieux. Je lui demande comment il se sent, il me dit « bien ». Aguerri depuis le coup du Salon de l'Éducation, j'enchaîne :

« Est-ce que vous avez eu peur ?

— J'étais impressionné au début. Heureusement, la traversée de la salle m'a aidé, l'accueil chaleureux des gens, ça m'a mis en confiance.

— Vous aviez l'air ému.

— Oui, je l'étais. C'est la première fois que je dis des choses aussi personnelles.

— Les journalistes en auraient voulu plus...

— Oui mais vous savez, ma vie privée, c'était un peu compliqué...

— Ah oui, c'est vrai... Quel est le passage que vous avez préféré ? »

Il réfléchit :

« L'égalité.

— Est-ce que vous avez senti des hauts et des bas pendant le discours ?

— Oui, j'ai senti une petite baisse pendant la liste des propositions.

— Est-ce que vous êtes soulagé ?

— Ah non, je peux pas, il faut enchaîner. »

Et il disparaît, en route pour le journal de 20 heures.

Reste Valls, l'air ravi, qui fait des blagues avec Bruno Gaccio : « S'il interdit le cumul des mandats et s'il diminue le traitement des ministres de 30 %, ça va être rude pour certains !... Et les hausses d'impôts, on va dérouiller ! Tu as vu, quand il a parlé de l'impôt sur le revenu, le silence dans le carré VIP ? J'ai *entendu* le silence, ha ha ! »

Je rejoins mes amis, à qui je résume l'ambiance backstage : « Pour eux, c'est plié, ils exultent. » Comme moi avant qu'Olivier Faure m'explique, ils sont sceptiques : en quoi un simple meeting, même réussi, pourrait-il faire basculer une campagne ? Un premier élément de réponse m'arrive par SMS : une amie journaliste spécialisée dans la culture, très à gauche donc pas exactement PS, me dit qu'elle l'a vu à la télé, qu'elle l'a trouvé génial et qu'à deux reprises pendant le discours elle a eu les larmes aux yeux.

Le soir, pendant que je l'écoute au 20 heures, où il parachève sa journée en délivrant une prestation impeccable, je me dis que maintenant, vu tout ce qu'il a déballé cet après-midi, ils vont avoir du mal à lui reprocher de manquer de propositions. Je me dis aussi : pour un mec supposé nul, il assure pas mal, quand même.

23 janvier

Les vingt-quatre heures qui suivent offrent le spectacle ahurissant du retournement général des journalistes. « Décollage au Bourget », « Examen réussi », « Tournant de la campagne ? », « Sarkozy a-t-il perdu ? », etc. Le Hollande mou, faible et sans idées d'hier n'est plus qu'un lointain souvenir, c'est à se demander s'il a jamais existé. La question n'est plus « A-t-il un programme ? » mais « A-t-il déjà gagné ? ».

Tous les présentateurs, tous les éditorialistes semblent s'être convertis du jour au lendemain. Même Etienne Mougeotte, on dirait qu'il va appeler à voter Hollande ! Les mecs sont totalement admiratifs, spécialement de son angle d'attaque qui semble les avoir complètement scotchés : c'est vrai, attaquer la finance, il fallait y penser ! Bon. Les voies du journalisme sont impénétrables.

Parallèlement, l'adversaire semble lui aussi totalement pris de court. Baroin essaie de le prendre de haut : « Dire "je suis contre la finance", c'est aussi idiot que de dire "je suis contre la pluie". » (Thatcher, sors de ce corps !) Hollande répond tranquillement : « Les parapluies, ça existe. » Deux visions du monde.

Revanche de l'Histoire : en 2007, Ségolène Royal caressait un petit mouton à la campagne le jour du grand meeting de Sarkozy. Aujourd'hui, en 2012, c'est Sarkozy qui se retrouve dans une pirogue, en Guyane, pendant que son rival triomphe au Bourget. Sur les photos, en plus, il fait la gueule dans sa pirogue. Et il livre cette curieuse séance de off qui va agiter les médias pendant une semaine : Sarkozy déprimé ? Battu ? Abattu ? Bizarrement, aucun ne s'attarde sur la partie la plus intéressante de ses confidences : Sarkozy qui envisage, après avoir quitté la politique, de commencer ses semaines le mardi soir pour les finir le jeudi. En bonne logique, toute la presse aurait dû faire ses choux gras de cette soudaine conversion du « travailler plus » à la semaine des deux jours mais inexplicablement, rien. Mystères du buzz.

buffet. J'avais oublié cet accent de la grande bourgeoisie. Moins d'une minute après sa prise de parole, Juppé révolutionne la hollandologie en lui reprochant son arrogance. D'un coup d'un seul, le procès en mollesse cède la place à un nouveau refrain qui va être décliné les jours suivants à satiété par toute l'opposition.

Juppé demande à Hollande de reconnaître les points positifs de l'action du gouvernement : « J'aimerais que vous reconnaissiez qu'il y a eu des bonnes choses, que vous allez les garder ; il y a eu des erreurs, j'espère que vous pourrez les corriger... » Harlem Désir dresse l'oreille comme un chien d'arrêt : « Ben ! Dis donc ! C'est un débat du 7 mai ? » C'est le début d'un enthousiasme grandissant chez les Hollande Boys, qui commencent à ponctuer le duel d'onomatopées, interjections et commentaires narquois : « Bang ! Ha ha ! le masque !... En plus, Juppé, il aime pas mentir, il encaisse !... Ça lui réussit, François, d'avoir un adversaire politique... »

Juppé l'attaque sur les fonctionnaires, il veut lui faire dire que finalement il ne va pas vraiment revenir sur le remplacement d'un fonctionnaire sur deux et il n'a pas tort, si on regarde bien, mais bizarrement, comme contre Royal et contre Aubry, Hollande arrive encore à enfumer tout le monde, avec en plus un air particulièrement convaincu. Ces 60 000 profs, c'est une espèce de muleta qu'il tend à ses opposants qui foncent dessus mais qui n'arrivent jamais à l'attraper... alors qu'ils ont raison ! Sur cette question, plus il est fumeux, plus il est intarissable.

Pujadas : Peut-être qu'on peut laisser Alain Juppé répondre ?

Hollande : Non, non, mais je vais, euh... continuer.

Et il continue.

Juppé lâche l'affaire et passe à autre chose. La création d'une banque d'investissement ? « Mais ça existe déjà ! » Et la réforme de l'impôt sur les sociétés : « On retrouve votre fantasme : contre les gros, pour les petits. La bonne réforme – et je pense que nous la ferons – c'eût été de moduler l'impôt en fonction du réinvestissement des bénéfices, dans la recherche, par exemple. »

Hollande : Je peux répondre ? Ça fait cinq ans que je propose cette modulation au Parlement, toujours votre gouvernement l'a rejetée.

Juppé : Eh bien moi je suis prêt à la prendre.

Hollande, sec : Oui mais c'est trop tard.

On sent qu'il est content d'être là à parler, à expliquer ses trucs, à contredire son interlocuteur, comme un joueur qui fait un bon match, qui s'en rend compte et qui en jouit : « ... La banque publique d'investissement, ça existe déjà ? Si ça existait, ça se serait vu ! » (Bartolone : « Boum ! » Mosco : « C'est un massacre ! »)

Juppé lui-même relève son assurance, il parle à nouveau d'arrogance et répète ce qu'a dit Namias : « Vous êtes très sûr de vous. » Il faut dire que Hollande fait l'insolent : « Je l'ai dit tout à l'heure, vous n'avez sans doute pas été très attentif, vous avez l'oreille... sélective !... Peut-être serez-vous candidat, ne perdez pas tout espoir !... » Par ailleurs, il lui pique régulièrement la parole et refuse de la lui rendre.

Séquence TVA sociale : Hollande rappelle que Juppé est bien placé pour en parler et qu'il connaît les conséquences, puisqu'en 1995 il avait lui-même augmenté la TVA, ce qui avait conduit à la dissolution de 97, expérience peu heureuse et peu concluante. Lamdaoui : « Ouah, il l'a tué, là ! » Bartolone, le plus chaud de la bande, donne des coups de talon dans le vide qui figurent Hollande en train de tataner Juppé.

Juppé : « Vous vous contredites, monsieur Hollande. (« contredites », franchement…) Si vous le permettez, je veux revenir sur cette augmentation de TVA en 95. » Tous, dans la salle : « Ouais ! Ouais ! Reviens ! » Juppé : « Simultanément, cette hausse nous a permis de baisser les charges sur les entreprises. Ça a relancé la croissance et Jospin en a profité. » Valls : « Pas tout à fait faux… » Mosco : « Oui, mais il y a eu un jugement politique, c'est tout ! »

Puis Juppé revient sur l'arrogance et Hollande rétorque, pour ce qu'on retiendra comme la passe d'armes du débat : « En matière d'arrogance, chacun doit faire son examen de conscience. »

Juppé : Moi je l'ai fait depuis longtemps.

Hollande : Faites attention, une rechute est toujours possible. (Rires dans le public)

Bartolone : Ouah ! Ouah ! Y a une salle de réanimation dans les studios ?

Frédéric Monteil, l'assistant de Hollande : C'est un Barça-Real !

Hollande : Je vous renvoie à ce discours d'Obama…

Mosco : Ah là là, c'est bon, là, cette petite référence à Obama !…

Bartolone : C'est du hachis Parmentier !

Hollande : Eh bien voilà : nous allons faire mieux que vous.

Bartolone : Bam !

Valls : Juppé lui parle comme s'il était président.

Peillon : C'est un débat très dur.

Faouzi Lamdaoui : Dur pour Juppé !

Marisol Touraine : Non, c'est dur.

Valls (consultant son iPhone) : Gilles dit qu'il est excellent.

Le débat s'achève.

Harlem Désir : La leçon !

Faouzi Lamdaoui : Appelez l'ambulance !

Bartolone : Il en bave !

Peillon : Quel mauvais joueur !

Bartolone : J'ai un copain qui m'écrit « En plus il est arrogant et baveux ».

Valls, un peu gêné : Non, arrête, il va arriver...

L'émission se poursuit sans Juppé, les Hollande Boys savourent.

Mosco dit en regardant son iPhone : « Débat dur... mais pour Sarkozy. »

Valls soupçonne quelque chose : C'est de Pierre Moscovici ?

Mosco : Oui.

Valls : Ah mais arrête ! Ça veut dire que tu les vois déjà au second tour ! Marisol, dis-lui d'arrêter de tweeter !

Harlem Désir, hilare : L'arrogance de Pierre Moscovici !

Mosco, ironique : Parce que t'as un doute, toi ?

Valls, déconneur : Moi non mais Bartolone, oui !

Hollande, toujours à l'écran : Le changement...

Tous (en faisant le geste débile du clip) : ... c'est maintenant !

Mosco, inquisiteur : Qui l'a pas fait, l'autre jour ?

Marisol Touraine lève le doigt.

Bartolone, cafeteur : Vincent non plus !

Peillon : Hein ? Ah oui, non, pas moi.

24 janvier

Hollande de passage à Toulon pratique un sport qu'il affectionne : évoquer les espoirs que placent en lui ses camarades européens. « La gauche italienne nous dit : "On s'est débarrassés de Berlusconi, voyez ce qu'il vous reste à faire…" » Je trouve que dans ce cas précis, le terrain est un peu glissant vu que ce n'est pas la gauche mais les marchés qui ont viré Berlusconi.

En revanche, j'aime ce rythme ternaire très hugolien : « La France nous attend, l'Europe nous regarde, le monde nous espère. »

26 janvier

Ça se passe dans les studios de France 2 et ça commence un peu comme dans *Roméo et Juliette* version *Reservoir Dogs* : les « Hollande Boys » rigolent entre eux mais quand Juppé et sa bande débarquent, ils arrêtent de parler et l'ambiance se tend instantanément. Juppé va saluer Hollande dans sa loge, les deux bandes s'observent prudemment et l'air, pendant deux minutes, se charge d'un peu d'électricité. Puis Capulets et Montaigus se répartissent dans des salles séparées. Valls, Mosco, Peillon, Bartolone, Harlem Désir, Marisol Touraine et Faouzi Lamdaoui s'installent confortablement devant un grand écran, un buffet bien fourni à portée de main, et l'émission commence.

Les vingt-cinq premières minutes sont une vaste guignolade qui évite soigneusement toute question politique pour ne parler que de régime, de gâteau au chocolat, de papa et maman, et où est-ce qu'il ira fêter sa victoire, et c'est quoi son plus gros défaut, et que je te ressors des vieilles vidéos où Hollande en petit gros joufflu fait des blagues (assez drôles). En même temps, ça met une bonne ambiance dans la loge, tous sont écroulés de rire quand on voit un vieux film où Jospin fourre une saucisse cocktail dans la bouche de Hollande qui fait le caneton. Claude Bartolone, hilare : « Quel métier ! » Sur l'écran, le Hollande actuel ne bronche pas (quel métier, en effet). Séquence service militaire : « J'ai fait l'école des officiers. J'ai dirigé une section. » Valls : « Et après, beaucoup d'autres, ha ha ! »

J'observe Moscovici écoutant Hollande commenter une phrase de Moscovici. Il s'agit d'une de ces petites gaffes dont le directeur de campagne est coutumier : « Sarkozy ne peut plus nous battre », avait-il déclaré. « Pierre Moscovici a voulu dire que nous ne pouvions gagner que si nous étions rassemblés », traduit Hollande. Suit une explication de texte de cinq minutes. Mosco se fait chambrer par ses amis : « Tu savais pas que t'avais voulu dire tout ça, hein !... — Oui, oui, c'est la bonne interprétation !... »

Tout le monde arrête de rire quand on demande à Hollande s'il éprouve un sentiment de revanche vis-à-vis de son propre camp, et je m'avise qu'à l'exception de Faouzi Lamdaoui, il n'y a que des strauss-kahniens dans la salle. « Moi, je n'ai pas de comptes à régler... Si j'étais là pour dire "vous ne m'avez pas soutenu, vous m'avez critiqué, restez sur le côté"... non ! Moi j'ai une conception beaucoup plus élevée de la vie politique. Je prends tous ceux qui ont la même volonté de l'emporter... et moi, je ne repousse personne. Regardez comment tous ceux qui un moment m'avaient combattu sont derrière moi aujourd'hui. » Un ange passe. La clémence d'Auguste en direct.

Pour la dernière fois de la campagne, on lui demande s'il est trop gentil (car dans moins d'une heure, tout va basculer, mais personne ne peut s'en douter alors) : « Ceux qui ont cru que j'étais trop gentil ont peut-être vécu une dernière période un peu plus difficile à leurs dépens. » On n'écoute pas assez Hollande, en fait. Si on fait attention, il dit tout ce qu'il y a à savoir.

Le journaliste qui l'interroge sur sa réforme fiscale lui montre un tableau avec une liste de niches fiscales et s'apprête à lui demander, pour chacune d'entre elles, s'il souhaite les garder ou les supprimer. Un bref coup d'œil suffit à deviner qu'il va en conserver la plupart. Hollande comprend immédiatement le piège : répondre presque à chaque fois « ça, je garde », « ça, je garde » et on aura l'impression que finalement il ne veut pas supprimer grand-chose. Alors il dit : « Si vous le permettez, je vais aller directement aux niches que je vais supprimer. » Sur Canal +, j'avais vu Rama Yade se faire avoir sur un truc similaire : on lui présentait dix mesures prises par Sarkozy et elle devait dire « bonne » ou « mauvaise ». Elle avait répondu « bonne » presque à chaque fois : pas terrible pour son image de dissidente. C'est à ce genre de petit détail qu'on peut se rendre compte que, décidément, Hollande a du métier, et pas seulement pour faire le caneton avec Jospin.

Dans la loge, la maquilleuse vient prendre des ordres auprès de Valls : « J'y vais dans dix minutes, qu'est-ce que je lui dis ? » Valls se tourne vers Mosco : « Pierre ? Qu'est-ce qu'on lui dit ? Moins vite ? Oui, dis-lui de parler moins vite. »

Séquence suivante : apparemment réveillé de l'hypnose collective consécutive au meeting du Bourget, le journaliste Fabien Namias lui demande si, finalement, s'en prendre à la finance n'est pas un peu convenu, avec à l'appui un petit montage où l'on voit Bayrou, Mélenchon et Sarkozy vilipender les marchés fous. Les Hollande Boys se marrent dès qu'apparaît Bayrou, Peillon se marre devant Mélenchon.

Péché originel peut-être du procès à venir : alors qu'on essaie de le coincer sur la vieille photo de *Paris-Match* où il était au côté de Sarkozy, il évoque celle de Mitterrand avec Giscard lors de la passation de pouvoirs sur le perron de l'Elysée et il lui échappe que ce sera la prochaine photo de lui avec Sarkozy. Namias remarque avec amusement : « Vous êtes très sûr de vous ! » Hollande rectifie, mais sur un ton qui donne l'impression qu'il confirme plus qu'il corrige : « C'est l'objectif. »

Piège suivant : est-ce qu'il serait prêt à gouverner avec Bayrou ? « François Bayrou trouve que mon projet n'est pas bon, il l'a dit. Donc je ne vois pas comment il pourrait participer à un gouvernement pour appliquer un projet qu'il ne trouve pas bon ! Donc c'est à cette contradiction qu'il sera confronté. »

Arrive Juppé. Les Hollande Boys se relaient au

buffet. J'avais oublié cet accent de la grande bourgeoisie. Moins d'une minute après sa prise de parole, Juppé révolutionne la hollandologie en lui reprochant son arrogance. D'un coup d'un seul, le procès en mollesse cède la place à un nouveau refrain qui va être décliné les jours suivants à satiété par toute l'opposition.

Juppé demande à Hollande de reconnaître les points positifs de l'action du gouvernement : « J'aimerais que vous reconnaissiez qu'il y a eu des bonnes choses, que vous allez les garder ; il y a eu des erreurs, j'espère que vous pourrez les corriger... » Harlem Désir dresse l'oreille comme un chien d'arrêt : « Ben ! Dis donc ! C'est un débat du 7 mai ? » C'est le début d'un enthousiasme grandissant chez les Hollande Boys, qui commencent à ponctuer le duel d'onomatopées, interjections et commentaires narquois : « Bang ! Ha ha ! le masque !... En plus, Juppé, il aime pas mentir, il encaisse !... Ça lui réussit, François, d'avoir un adversaire politique... »

Juppé l'attaque sur les fonctionnaires, il veut lui faire dire que finalement il ne va pas vraiment revenir sur le remplacement d'un fonctionnaire sur deux et il n'a pas tort, si on regarde bien, mais bizarrement, comme contre Royal et contre Aubry, Hollande arrive encore à enfumer tout le monde, avec en plus un air particulièrement convaincu. Ces 60 000 profs, c'est une espèce de muleta qu'il tend à ses opposants qui foncent dessus mais qui n'arrivent jamais à l'attraper... alors qu'ils ont raison ! Sur cette question, plus il est fumeux, plus il est intarissable.

Pujadas : Peut-être qu'on peut laisser Alain Juppé répondre ?

Hollande : Non, non, mais je vais, euh... continuer.

Et il continue.

Juppé lâche l'affaire et passe à autre chose. La création d'une banque d'investissement ? « Mais ça existe déjà ! » Et la réforme de l'impôt sur les sociétés : « On retrouve votre fantasme : contre les gros, pour les petits. La bonne réforme – et je pense que nous la ferons – c'eût été de moduler l'impôt en fonction du réinvestissement des bénéfices, dans la recherche, par exemple. »

Hollande : Je peux répondre ? Ça fait cinq ans que je propose cette modulation au Parlement, toujours votre gouvernement l'a rejetée.

Juppé : Eh bien moi je suis prêt à la prendre.

Hollande, sec : Oui mais c'est trop tard.

On sent qu'il est content d'être là à parler, à expliquer ses trucs, à contredire son interlocuteur, comme un joueur qui fait un bon match, qui s'en rend compte et qui en jouit : « ... La banque publique d'investissement, ça existe déjà ? Si ça existait, ça se serait vu ! » (Bartolone : « Boum ! » Mosco : « C'est un massacre ! »)

Juppé lui-même relève son assurance, il parle à nouveau d'arrogance et répète ce qu'a dit Namias : « Vous êtes très sûr de vous. » Il faut dire que Hollande fait l'insolent : « Je l'ai dit tout à l'heure, vous n'avez sans doute pas été très attentif, vous avez l'oreille... sélective !... Peut-être serez-vous candidat, ne perdez pas tout espoir !... » Par ailleurs, il lui pique régulièrement la parole et refuse de la lui rendre.

Séquence TVA sociale : Hollande rappelle que Juppé est bien placé pour en parler et qu'il connaît les conséquences, puisqu'en 1995 il avait lui-même augmenté la TVA, ce qui avait conduit à la dissolution de 97, expérience peu heureuse et peu concluante. Lamdaoui : « Ouah, il l'a tué, là ! » Bartolone, le plus chaud de la bande, donne des coups de talon dans le vide qui figurent Hollande en train de tataner Juppé.

Juppé : « Vous vous contredites, monsieur Hollande. (« contredites », franchement...) Si vous le permettez, je veux revenir sur cette augmentation de TVA en 95. » Tous, dans la salle : « Ouais ! Ouais ! Reviens ! » Juppé : « Simultanément, cette hausse nous a permis de baisser les charges sur les entreprises. Ça a relancé la croissance et Jospin en a profité. » Valls : « Pas tout à fait faux... » Mosco : « Oui, mais il y a eu un jugement politique, c'est tout ! »

Puis Juppé revient sur l'arrogance et Hollande rétorque, pour ce qu'on retiendra comme la passe d'armes du débat : « En matière d'arrogance, chacun doit faire son examen de conscience. »

Juppé : Moi je l'ai fait depuis longtemps.

Hollande : Faites attention, une rechute est toujours possible. (Rires dans le public)

Bartolone : Ouah ! Ouah ! Y a une salle de réanimation dans les studios ?

Frédéric Monteil, l'assistant de Hollande : C'est un Barça-Real !

Hollande : Je vous renvoie à ce discours d'Obama...

Mosco : Ah là là, c'est bon, là, cette petite référence à Obama !...

Bartolone : C'est du hachis Parmentier !

Hollande : Eh bien voilà : nous allons faire mieux que vous.

Bartolone : Bam !

Valls : Juppé lui parle comme s'il était président.

Peillon : C'est un débat très dur.

Faouzi Lamdaoui : Dur pour Juppé !

Marisol Touraine : Non, c'est dur.

Valls (consultant son iPhone) : Gilles dit qu'il est excellent.

Le débat s'achève.

Harlem Désir : La leçon !

Faouzi Lamdaoui : Appelez l'ambulance !

Bartolone : Il en bave !

Peillon : Quel mauvais joueur !

Bartolone : J'ai un copain qui m'écrit « En plus il est arrogant et baveux ».

Valls, un peu gêné : Non, arrête, il va arriver...

L'émission se poursuit sans Juppé, les Hollande Boys savourent.

Mosco dit en regardant son iPhone : « Débat dur... mais pour Sarkozy. »

Valls soupçonne quelque chose : C'est de Pierre Moscovici ?

Mosco : Oui.

Valls : Ah mais arrête ! Ça veut dire que tu les vois déjà au second tour ! Marisol, dis-lui d'arrêter de tweeter !

Harlem Désir, hilare : L'arrogance de Pierre Moscovici !

Mosco, ironique : Parce que t'as un doute, toi ?

Valls, déconneur : Moi non mais Bartolone, oui !

Hollande, toujours à l'écran : Le changement...

Tous (en faisant le geste débile du clip) : ... c'est maintenant !

Mosco, inquisiteur : Qui l'a pas fait, l'autre jour ?

Marisol Touraine lève le doigt.

Bartolone, cafeteur : Vincent non plus !

Peillon : Hein ? Ah oui, non, pas moi.

Marisol Touraine : C'est long, hein !

Valls : 2 heures 30.

Mosco, admiratif : Après 1 heure 30 ce matin, il a la forme !

Bartolone, sur son iPhone : Y a un copain qui me dit : « C'est la deuxième dissolution de Juppé », ha ha !

Hollande, toujours à l'écran : C'est quoi le rêve français ?

Valls, blasé : Allez, on en a pour une heure, là…

La journaliste à Hollande : Vos amis vous aiment…

Valls : Pas tous !

La journaliste : Fendez l'armure !

Bartolone : C'est une déclaration ?

Hollande : Pour la bataille, mieux vaut garder son armure.

Fin de l'émission.

Mini-off avec trois journalistes qui traînent dans le studio.

Bartolone : La première partie, il s'en foutait. Ensuite, la baston. Il a élargi sa palette.

Mosco, rêvant tout haut à des tweets qui ne verront jamais le jour : « Des paroles et des baffes ? »

Une journaliste : Ah, vous êtes souriants, hein ! Vous faisiez pas la même tête, il y a dix ans !

Harlem Désir, hilare : Non ! On dément ! On va mal !

Puis le héros arrive, tout le monde l'entoure, y compris les trois journalistes.

Hollande, visiblement content : Oui, j'ai hésité à faire une blague sur l'oreille…

Valls : François…

Hollande : … avec Chirac…

Valls : François...

Hollande : ... lui demander si c'était contagieux, la surdité...

Valls : François !...

Valls parvient à l'exfiltrer et à l'emmener dans sa loge.

La soirée s'achève par un petit cocktail. Avant de partir, j'aborde David, l'un des principaux gardes du corps du SPHP, que je ne connaissais pas encore : « Alors c'est vous qui prenez la balle ? » Il sourit : « Oui, en théorie, mais enfin il y a des degrés dans la menace. Dans ce genre d'événements, le risque majeur, c'est plutôt un entartage... »

27 janvier

Sur LCI, j'entends un journaliste dire que Hollande a changé, et que ce changement pouvait s'observer un peu avant Le Bourget. Un tel manque de lucidité et de recul sur soi-même, c'est fascinant. S'il y a changement, il est du côté des journalistes et de leur perception, et il date exactement du Bourget, ni avant ni après. En ce qui concerne Hollande, la seule chose qui a changé, c'est qu'il a fait ses propositions ; c'est un changement de situation politique capital mais, autant que je puisse en juger, l'homme est le même que celui que je connais depuis maintenant six mois : calme, sûr de lui, à l'aise partout, aimable et impénétrable.

Et sinon, le prochain qui dit qu'il a fendu l'armure,

je lui fends la gueule, parce que la jouissance bornée du journaliste qui répète pour la millième fois la dernière expression à la mode, ça va bien.

29 janvier

Sarkozy, en direct sur neuf chaînes en même temps, est confronté à un problème insoluble : chaque nouvelle mesure qu'il propose conduit à se demander pourquoi il ne l'a pas prise plus tôt. Plus il déploie sa force de conviction pour justifier le bien-fondé de ces nouvelles mesures, plus il met en lumière les manquements de son action passée (comme le résumera Bernard Cazeneuve : « Le candidat Sarkozy est le plus cruel commentateur du président Sarkozy »). Le calendrier des mesures aggrave son cas : TVA sociale ? En octobre parce qu'il y a des problèmes techniques d'ordinateurs. Taxe sur les transactions financières ? En août. Après les élections, quoi. Et pour assombrir encore le tableau, plusieurs de ses mesures reprennent celles de Hollande (création d'une banque dédiée aux PME, réforme des impôts sur les sociétés).

Hollande rit beaucoup devant son écran, il s'amuse à devancer Sarkozy dans ses réponses et à plusieurs reprises, il s'exclame : « Menteur ! menteur ! » Il rit quand Sarkozy dit qu'il aimerait que le débat politique prenne de la hauteur, il rit de plus belle quand Sarkozy parle d'authenticité et de sincérité et corrige au passage une faute de français, « qui prévaut » et non pas « qui prévale » (premier de la classe, va !).

En revanche, plus ambigu me semble le soupir qu'il laisse échapper quand Sarkozy parle du poids de la fonction.

Internet a engendré une nouvelle manière de consommer de l'info : je regarde la télé et en même temps je lis les commentaires sur Twitter. Quand Sarkozy dit « Vous ne m'avez jamais entendu parler de TVA sociale, ça ne veut rien dire », la cellule Riposte de *Libé* alias « la *Pravda* » dégaine aussitôt : « TVA sociale ? Prononcé au moins 9 fois, dans un seul discours du 20 juin 2007. » Quand il affirme « Vous voyez bien que nous sommes au XXIe siècle », une jeune journaliste du *Point* persifle : « FACT-CHECKING PLEASE. » Internet ne laisse rien passer, toute approximation ou maladresse est aussitôt sanctionnée par un démenti ou des sarcasmes.

Après l'émission, je regarde la conférence de presse de Bernard Cazeneuve, porte-parole de Hollande. Cazeneuve ressemble au croisement d'un énarque et d'un croque-mort qui débite sur un ton glacial des phrases comme « Nicolas Sarkozy aime les socialistes quand ils sont étrangers ou morts ». Il est assez marrant.

30 janvier

Olivier Faure au téléphone m'explique que la situation actuelle est idéale : Hollande toujours loin devant et Sarkozy qui s'accroche derrière. Car les socialistes veulent Sarkozy au deuxième tour. Si c'est Marine

Le Pen, ce sera une victoire tronquée, ça manquera de légitimité, et puis « ça a plus de gueule de battre le sortant ». Quant à Bayrou, ça rebat les cartes. On est dans l'inconnu donc c'est dangereux.

31 janvier

Ainsi la citation de Shakespeare, au Bourget, n'était pas de Shakespeare. Elle a été faussement attribuée à un certain Nicholas Shakespeare, un romancier anglais homonyme, mais celui-ci a démenti après avoir relu son œuvre pour être sûr.

J'enquête. C'est Bernard Poignant qui l'avait entendue sur France-Info ou France-Inter et il l'avait notée mais il ne se rappelle plus quand.

1er février

Qu'est-ce qui se passe encore ? Enfarinage Porte de Versailles. Merde. Pas d'accès Internet, je suis dans le métro, je lance des SMS partout pour savoir si c'est grave. Apparemment, ça va, il a réagi avec calme « mais c'est quand même ridicule », m'écrit Stéphane, le photographe, absent aussi ce jour-là mais il a vu les images qui, évidemment, sont déjà partout sur le Net.

Moi : Putain, on peut pas le laisser seul deux secondes.

Stéphane : T'as raison, dès qu'on est pas là, c'est le bordel.

Arrivé chez moi, je me précipite sur la télé et sur l'ordi. Comme de juste, les images tournent en boucle. Lui derrière son petit pupitre, la femme qui arrive sur le côté… ah oui, quand même, il se prend tout le sac sur la gueule ! Mais, impérial, il ne bronche pas. Il n'a même pas le moindre tressautement de surprise, et pas un regard non plus sur les quatre gros bras qui plaquent au sol la malheureuse terroriste. Le fait qu'il époussette tranquillement ses petites notes pourrait laisser penser qu'il est dans un léger état d'hébétude mais je veux plutôt croire que c'est juste un pro à sang froid et qu'il en faut plus que ça pour le déstabiliser. D'ailleurs, il sort se changer et revient faire son discours quelques minutes plus tard, comme si de rien n'était.

4 février

Le 9 décembre 1977, Roland Barthes acceptait une invitation à déjeuner de Valéry Giscard d'Estaing qui lui sera beaucoup reprochée. On disséquera le menu (caviar, pot-au-feu) et il devra s'en justifier à de nombreuses reprises, notamment dans une longue interview au *Nouvel Observateur* dans laquelle, à la question de savoir si VGE l'a séduit, il répond : « Oui, dans la mesure où il m'a semblé voir un grand bourgeois très réussi. »

Le 31 janvier 2012, en compagnie de Pierre Bergé, François Hollande a déjeuné avec BHL dans un restaurant chic, à deux pas du Fouquet's. Il paraît qu'ils ont mangé une salade aux truffes à 140 euros.

Faut-il être déconnecté à ce point du monde extérieur pour ne pas se rendre compte de l'impact catastrophique d'une telle rencontre ? J'avais pourtant prévenu Valérie Trierweiler, pendant la primaire : « Laissez BHL soutenir Aubry. Il discrédite tout ce qu'il touche. » Tout le monde le sait dans le monde entier, sauf peut-être dans trois rues du VIe arrondissement. Et encore. Alors pourquoi ?

J'essaie d'imaginer, parmi tous les gens que je connais, que ce soit dans la vraie vie ou dans la sphère médiatique, une seule personne qui pourrait ne pas être consternée par ce déjeuner et je n'en vois pas (une ou deux dans la sphère médiatique l'excuseraient peut-être). J'ai l'impression (exagérée) qu'il s'agit de la première grosse erreur de Hollande. Ce n'est qu'un symbole, bien sûr, mais quand on se souvient de ce que deux ou trois phrases malheureuses ont coûté jadis à Jospin, je me dis qu'un déjeuner comme ça peut faire pas mal de dégâts : BHL + salade aux truffes + proximité du Fouquet's, quel coup de maître ! Je ne vois pas comment on peut commettre autant d'erreurs, politiquement parlant, en un seul repas. Il ne manque qu'une bonne bouteille millésimée bien hors de prix et le tableau sera complet.

Je me sens contrarié et déçu. Mélenchon n'aurait jamais fait ça. (Tiens, sa nouvelle affiche, « Prenez le pouvoir », est pas mal…)

Au passage, il est savoureux de constater qu'en 1977, c'est l'intellectuel qui avait dû se justifier. Aujourd'hui, c'est l'inverse : le politique devra rendre des comptes pour avoir mangé avec un intellectuel.

Je ne vois pas d'autre conclusion à en tirer qu'une légère baisse de niveau qualitatif. Ironie suprême : l'intervieweur auquel répondait Barthes dans *Le Nouvel Observateur*, à l'époque, n'était autre que… BHL.

5 février

Je lis la presse et Internet. Le déjeuner fatal avec BHL est brièvement mentionné ici ou là mais heureusement, Guéant fait diversion avec sa magnifique sortie sur les civilisations qui ne se valent pas. Cécile Duflot parle de régression de trois cents ans. Pourquoi, Montaigne, c'est pas XVIe siècle ?

7 février

J'ai un problème avec Mélenchon.

Au meeting de Villeurbanne, il lit une page des *Misérables*, en réponse aux propos de Guéant sur les civilisations, en fait prétexte à livrer sa vision du monde, que je recopie ici :

« Sauvages. Expliquons-nous sur ce mot. Ces hommes hérissés qui, dans les jours génésiaques du chaos révolutionnaire, déguenillés, hurlants, farouches, le casse-tête levé, la pique haute, se ruaient sur le vieux Paris bouleversé, que voulaient-ils ? Ils voulaient la fin des oppressions, la fin des dictatures, la fin du glaive, le travail pour l'homme, l'instruction pour l'enfant, la douceur sociale pour la femme, la liberté, l'égalité, la fraternité, le pain pour tous, l'édénisation du monde, le Progrès ; et cette chose sainte, bonne et douce, le progrès, poussés à bout, hors d'eux-mêmes, ils la réclamaient terribles, deminus, la massue au poing, le rugissement à la bouche. C'étaient les sauvages, oui ; mais les sauvages de la civilisation.

« Ils proclamaient avec furie le droit ; ils voulaient, fût-ce par le tremblement et l'épouvante, forcer le genre humain au paradis. Ils semblaient barbares et ils étaient des sauveurs. Ils réclamaient la lumière avec le masque de la nuit.

« En regard de ces hommes, farouches, nous en convenons, et effrayants, mais farouches et effrayants pour le bien, il y a d'autres hommes, souriants, brodés, dorés, enrubannés, constellés, en bas de soie, en plumes blanches, en gants jaunes, en souliers vernis, qui, accoudés à une table de velours au coin d'une cheminée de marbre, insistent doucement pour le maintien et la conservation du passé, du Moyen Age, du droit divin, du fanatisme, de l'ignorance, de l'esclavage, de la peine de mort, de la guerre, glorifiant à demi-voix et avec politesse le sabre, le bûcher et l'échafaud. Quant à nous, si nous étions forcés à l'option entre les barbares de la civilisation et les civilisés de la barbarie, nous choisirions les barbares. »

Mon problème avec Mélenchon, c'est que j'ai envie de voter pour lui.

15 février

Il reste donc quelques usines en France et nous sommes sur le point d'en visiter une, du côté de Rouen. M-Real emploie 330 salariés et possède la plus grande machine de France pour faire du papier, la troisième d'Europe. Evidemment, elle va fermer. Son proprio, un Finlandais, n'en veut plus, il doit en avoir marre du papier, ou des ouvriers, toujours est-il qu'il veut virer tout le monde, et, plus énervant pour les ouvriers, il ne veut pas vendre. Il veut juste fermer. Pour quoi faire ? Mystères du capitalisme.

Thierry sert du café avec un badge CGT sur la poitrine. Gentiment il prend cinq minutes pour m'expliquer la situation : l'indemnité de départ qu'on leur a proposée est correcte, certains vont l'accepter mais la majorité aimerait continuer à travailler. Ce qu'ils voudraient, c'est une loi qui oblige les industriels à vendre lorsque des repreneurs se manifestent – il y en a trois ou quatre pour M-Real. En plus, ils pourraient se recycler dans le biocarburant et bosser avec Petroplus. Oui, ils sont contents que Hollande vienne leur rendre visite, il y a déjà eu Eva Joly et Mélenchon, ça fait parler d'eux, c'est bon pour les négociations à venir, ils doivent bientôt revoir Bruno Le Maire qui est député dans l'Eure et qui, jusqu'à maintenant, s'est bien démené, il faut reconnaître.

Pendant que Hollande pose au milieu d'ouvriers sous des drapeaux CGT, je reviens sur l'épisode de la farine avec David, le garde du corps, qui s'enthousiasme pour me vanter le sang-froid du boss : « Il a pas bronché, c'est incroyable, il a été tellement calme ! Il a juste tourné la tête, il a même continué à signer son papier... Limite, ça le grandit !

— En fait, il devrait presque vous remercier.

— Non, quand même pas, on s'en serait bien passés, c'était pas un plan com', ha ha ! »

Visite des locaux, Valérie Trierweiler se moque de mon côté gauchiste de salon : « Vous devez en visiter souvent, des usines, vous ! »

La fameuse machine est en effet un monstre qui fait bien cinquante mètres, des ouvriers ont été placés partout sur le parcours de Hollande, les journalistes jouent des coudes pour être aux premières loges comme d'habitude. A la sortie, j'entends l'un d'eux qui râle contre cette foire d'empoigne : « Franchement, c'est pas digne ! » Je me dis qu'il pense aux ouvriers qui vont se faire virer. « Il y a quand même Fabius, c'est un ancien Premier ministre ! » Ah OK.

Retour à Rouen, la ville natale. Hollande se fait offrir son certificat de naissance par la maire au pied de l'immeuble où il a grandi. Bain de foule avec Fabius dans les rues du centre, deux vieilles à côté de moi observent le candidat en se répétant, atterrées : « Il est refait de partout ! » Un homme : « T'as raison, c'est Fabius. » Son copain : « Moi, je les reconnais à l'odeur. »

Dans les loges du Zénith de Rouen, Hollande demande de l'aspirine, il a l'air fatigué. Aquilino Morelle l'aide à finaliser son discours. Valls regarde Fabius sur un écran en train de chauffer la salle. Valérie Trierweiler sort de son sac des pastilles pour la gorge. Hollande demande : « Faut que je me change ou ça va comme ça ? Ça va, non ? Valérie ? » Valls : « Non, il y a des taches. » Hollande : « Bon, mais juste la chemise, alors. » Il revient avec une chemise blanche et dit qu'il va écouter Fabius mais en fait il envoie des textos pendant qu'il se fait maquiller, puis il relit sa conclusion tandis que Valérie attend patiemment, sa tablette de pastilles à la main, pour lui donner son petit Strepsil pour la gorge. Sur l'écran, Fabius : « Les Français voulaient un président de vision, ils ont eu un président de division... » Valls : « Ça sent la conclusion. François, il faut aller au point de départ. »

Sur le trajet qui mène à la scène, Hollande et Fabius se croisent. C'est courtois mais pas très chaleureux :

« Tu as été très bon.
— La salle est bien.
— ...
— ... »

En piste.

En fait, l'ambiance n'est pas aussi fervente qu'au Bourget et le discours lui-même est beaucoup moins enflammé. Davantage de blagues mais moins d'envolées lyriques. A un moment, un cri retentit dans la salle : « Et la Moselle ? » Hollande, toujours réactif : « L'un d'entre vous me parle de la Moselle... » Et il rebondit tranquillement sur la désindustrialisation.

L'arrière-plan de ce meeting est la déclaration de candidature de Sarkozy qui doit avoir lieu sur TF1 au même moment. Hollande multiplie les allusions espiègles qui sont, cette fois-ci, des attaques frontales sinon nominales : « Candidat depuis cinq ans : à peine entré, déjà sortant ! (rires dans la salle)... Le président s'est trompé pendant cinq ans ? Ce sera son expérience ! Il connaît les erreurs à éviter, la preuve : il les a toutes commises ! » (rires) Citation de Mitterrand au passage, ça fait toujours bien : « Plutôt que de présenter sa candidature, il aurait dû présenter ses excuses ! » (sourire du garde du corps) « Le quinquennat avait commencé avec un bouclier, il s'achève avec une massue : la TVA sociale ! » etc. A un moment, il dit quelque chose que je l'ai déjà entendu formuler : « C'est terrible de penser que tous les Français ne vont pas voter pour vous, mais c'est ça, la démocratie... » C'est toujours plus ou moins sur le ton de la boutade mais je me demande s'il n'y a pas là l'expression d'une névrose. Je me souviens qu'Ivan Lendl, le joueur de tennis, avait avoué un jour qu'il rêvait du match parfait, où il gagnerait tous les points, sans en laisser un seul à l'adversaire. John McEnroe, à qui on avait rapporté ces propos, avait eu l'air sincèrement surpris : « Lendl rêve de ça ? » Je suspecte Hollande d'avoir un côté Lendl : sous ses airs bonhommes, il rêve d'écraser ses adversaires, de les démolir, les réduire en cendres, les laisser défaits et pantelants. Il rêve de victoire totale, sans appel, définitive, souvenons-nous du Bourget : inscrire la gauche au pouvoir dans la durée, disait-il. Peut-être qu'au fond cet homme rêve d'une gauche au pouvoir pour mille ans ?

A l'issue du meeting, toute l'équipe va attendre le boss dans les loges, y compris Montebourg qui débarque en fredonnant la *Marseillaise*, et le grand sujet de conversation est évidemment la déclaration de candidature de Sarkozy. Sans l'avoir vue, tout le monde le certifie : il a été nul. Valls analyse : « Ce meeting, honnêtement, si Sarkozy n'avait pas été candidat, on n'en aurait pas forcément fait grand-chose, politiquement. » Bergé débarque, Yves Simon débarque, Podalydès, Eva Darlan débarquent, la loge du candidat se (semi-)peopolise en quelques minutes. Enfin, Hollande revient, vanné et content : « J'avais mon écran de contrôle, je voyais Sarkozy en même temps. » (En fait non, c'est une blague.) Echange de banalités avec Podalydès et Eva Darlan : ah oui, ma bonne dame, la voix, c'est important, c'est notre outil de travail. Un peu de politique, quand même : « La droite a toujours fait croire qu'elle était capable de se renouveler. Pompidou après de Gaulle, Sarkozy après Chirac... Là, manifestement, l'idée de Sarkozy est de récupérer les voix du front. Mais il lui manque la magie de 2007. 2007, c'était son temps. (Yves Simon, fayot ou fan ou ami : "Là, normalement, c'est le tien !") Sarkozy avait surpris tout le monde en 2007 : on l'attendait sur l'insécurité et il a fait campagne sur le pouvoir d'achat et sur le travail. » Aquilino Morelle place une petite imitation de Sarkozy, puis on va dîner.

A ma table il y a Morelle, Montebourg, Valls, Stéphane le photographe, Mathieu Sapin le dessinateur, un journaliste de *Paris-Match* et un homme que je ne connais pas assis en face de moi. Je ne sais pas comment ni pourquoi la conversation vient sur BHL, mais je m'enflamme immédiatement, symbole terrible, repoussoir pour toutes les classes de la population, absence de rigueur intellectuelle disqualifiante, salade de truffes, restaurant chic, erreur tactique invraisemblable, mais qu'est-ce qui lui a pris, qui a bien pu lui avoir soufflé cette idée de con, et ainsi de suite, jusqu'à ce que l'homme assis en face de moi me dise :

« C'est moi. » Ça faisait plaisir à Bergé, il paraît que BHL est prescripteur chez les Juifs, et non, Hollande n'a pas pris la salade de truffes à 140 euros mais un plat à 58 euros, bon.

Je demande à Aquilino Morelle si ça ne va pas être compliqué de réécrire sept fois plus ou moins le même discours avec les mêmes idées pour ne pas donner l'impression de trop se répéter (il y a sept grands meetings prévus jusqu'à l'élection). Il m'assure qu'ils ont encore des propositions en stock, d'une part, et d'autre part qu'on ne sait jamais quel sujet va dicter l'actualité : ce soir, par exemple, le discours prenait forcément en compte la déclaration de candidature de Sarkozy.

J'entends Montebourg plaisanter sur sa vieille vacherie contre Hollande, la fameuse phrase « le seul défaut de Ségolène, c'est son compagnon », je crois qu'il raconte qu'il l'a récemment mise à jour pour être plus conforme à la nouvelle donne politique mais je ne saisis pas les détails. Décontracté, sûr de lui, manifestement convaincu de son importance et détonnant par sa grande taille dans un monde de petits, il m'explique : « A partir du moment où Hollande était en tête au premier tour de la primaire, je n'ai pas hésité à me rallier à lui. Moi, je change d'alliés, pas d'idées. J'ai soutenu Ségolène en 2007, Martine en 2008 et là, François. Jusqu'à présent, c'est le seul qui a tenu tous ses engagements envers moi. Sur plusieurs points, il a tenu compte de la lettre que je lui ai adressée entre les deux tours de la primaire. Qu'est-ce qui me distingue d'Hamon ? De Mélenchon ? Moi je ne suis pas un gauchiste. Un gauchiste, c'est quelqu'un qui pratique la fuite en avant, il faut qu'il aille toujours plus à gauche. Moi, je suis d'accord avec Valls sur plusieurs points en matière de sécurité, par exemple. » Il prend Valls à témoin, qui est assis en bout de table. Ils ont l'air de très bien s'entendre. Je me souviens que pendant la primaire ils avaient été les deux seuls candidats à être opposés non seulement à la légalisation mais aussi à la dépénalisation du cannabis, ça m'avait frappé parce que, contre toute attente, c'étaient les deux plus jeunes qui avaient les positions les plus fermes sur la question. Montebourg va se resservir du fromage, il faut que ça mange, un grand garçon comme ça. Je ne sais pas si ça durera, je suppose qu'il aura des hauts et des bas dans sa carrière, des défaites et des moments d'abattement mais là, maintenant, fort de ses 17 % à la primaire, on sent la mâle assurance de l'homme sûr de son destin. Il n'est pas dans l'organigramme de l'équipe de campagne parce qu'il ne l'a pas souhaité, je n'ai aucune idée du poste qu'il peut convoiter en cas de victoire, je suppose que Hollande lui a promis quelque chose mais je me souviens de ce que m'a dit Aquilino Morelle : tant que la nomination n'est pas officiellement annoncée, rien n'est garanti, et jusque sur le perron, ça peut changer. Ceci dit, je soupçonne Montebourg d'être un peu au-dessus de ça, non pas parce qu'il cracherait sur un ministère mais parce que ce gars-là, ça se sent, voit plus loin.

23 février

Débat surréaliste entre Mélenchon et Marine Le Pen qui refuse de répondre à son adversaire et qui lit le journal pendant qu'il parle. Ce non-débat nous vaut quand même la réplique de la campagne :
« Vous m'avez traitée de semi-démente.
— Ça vous laisse quand même une bonne moitié ! »

24 février

9 h 04
Je me fais réveiller par un SMS : « visite surprise de FH à Florange. Train 10 h 40. »
9 h 25
Je prends conscience du SMS.
9 h 45
Je décide d'aller à la gare de l'Est en voiture (erreur).
9 h 50
Mon GPS estime mon arrivée à destination à 10 h 17.
10 h 17
J'entre sur le boulevard de Sébastopol.
10 h 24
Je décide d'acheter un scooter pour 2017.

10 h 31
Je sors du boulevard de Sébastopol.
10 h 34
Je m'engouffre dans un parking souterrain.
10 h 38
Je monte dans le TGV sans billet.

Dans le train, Aurélie Filippetti briefe les journalistes : depuis octobre, les hauts-fourneaux de l'usine ArcelorMittal à Florange sont quasiment à l'arrêt. Or il y a un projet européen, le projet Ulcos, qui prévoit d'attribuer une subvention de 250 millions aux entreprises sidérurgiques qui réduisent leurs émissions de CO_2, à laquelle pourrait prétendre l'usine de Florange, mais Bruxelles n'investira pas sur un site arrêté, c'est donc un cercle vicieux. ArcelorMittal est tellement gros qu'il n'a pas besoin de cet argent. Si Mittal ferme Florange, il faut au moins les obliger à vendre. Dix jours après M-Real, je retrouve la même problématique mais cette fois j'ai un début d'explication par Filippetti : s'ils vendent, c'est forcément à un concurrent donc ce n'est pas leur intérêt. Un peu comme un club de foot qui préfère laisser un joueur sur le banc plutôt que le vendre à un club rival, si je comprends bien. Sauf que le joueur remplaçant est payé, lui. Le capitalisme, c'est tout simple, en fait.

Dans le même wagon-bar, Valls donne lui aussi un petit off, désagréable comme il sait l'être avec la presse, rembarrant une journaliste, n'écoutant pas la question d'un autre, refusant de répondre aux questions : « Le match à quatre est en fait, depuis le début, un match à trois, il faut être honnête. Les sondeurs ont anticipé une montée en puissance de Bayrou parce que quand une courbe est à la hausse, ils pensent qu'elle ne s'arrêtera jamais. Sarko qui monte ? C'est notre intérêt. On est dans un schéma normal de bipolarisation. Le ton qu'il a eu dans le TGV, hier, quand il a affirmé que Hollande était un second choix après DSK, montre qu'il n'a rien compris. Franchement, vous pensez qu'il n'aurait pas préféré DSK en face de lui ? *"Les Feux de l'amour* version Dodo la Saumure", oui, si vous voulez, je vous laisse la responsabilité de la formule. Qu'est-ce qui se passe si on arrive à 27-27 ? On a toujours dit que ce serait serré. En 81, je vous rappelle que Mitterrand était derrière Giscard au premier tour. Au fait, le "duel à deux", on m'a dit que c'était une tautologie, mais les Horaces et les Curiaces, ils étaient plus nombreux, hein !

« Le total gauche ? Il était faible en 2007, élevé en 2002. Bayrou va nécessairement se déporter vers sa droite. Il essaie de mordre sur celui qui est devant lui : c'était Ségolène en 2007, mais là c'est le contraire. Il y a eu deux grands scores d'un socialiste au premier tour : Mitterrand en 1974 qui fait 42 – mais c'était parce qu'il n'y avait pas de candidat communiste, c'était l'Union de la Gauche – et Mitterrand en 1988 qui fait 33. Sinon, Jospin a fait 23... et 16. Des candidats peuvent encore se révéler : Arthaud, Dupont-Aignan, même Poutou. Dans l'équipe, ça parle trop, ils s'y voient déjà. Est-ce qu'il y a une guerre Ségur-Solférino ? Non, non, pas du tout ! »

De ce off s'ensuit une scène rituelle : les journalistes échangent entre eux pour être bien sûrs qu'ils n'ont pas commis d'erreurs dans leurs prises de notes, pour les compléter éventuellement si quelque chose leur a échappé ou pour éclaircir ce qu'ils n'ont pas bien compris. C'est un moment clé, à mon avis, dans la fabrique de l'opinion car les journalistes se livrent alors en toute bonne foi, sous couvert de vérification, à une véritable séance d'harmonisation de leurs discours, où se dégagent les grandes lignes de ce qui va être retenu – et donc diffusé – par tous, à la fois en termes de citations, de problématisations et d'interprétations. Dans la foulée, ils discutent aussi des derniers événements, décryptant ensemble la stratégie de Sarkozy, celle de Hollande, la portée symbolique du déplacement du jour et l'inévitable angle de lecture : aujourd'hui, le duel à distance, usine contre usine, avec Sarkozy qui visite Petroplus. Comme dans tout groupe, des meneurs se dégagent : ils parlent plus et plus fort, formulent plus rapidement leurs synthèses et de fait m'apparaissent, sinon comme des leaders d'opinion, du moins comme ayant une certaine influence sur leurs collègues.

Gare de Metz, bus pour Florange. Un journaliste, sur la montée de Sarkozy : « Les sondages ? Ils veulent leur finale France-Brésil. » On arrive sur le site, une journaliste persifle : « Après "le candidat aime les enfants blonds et les vaches" (hier à Laval), aujourd'hui "le candidat aime les ouvriers et les casques". » Comme dans une sortie scolaire, Dominique Bouissou, responsable presse du Parti, vérifie qu'elle n'a perdu aucun journaliste en route (« Il est où, Yaël ? »).

Sauf que l'ambiance, en fait, n'est pas du tout à la sortie scolaire. Devant l'usine, des centaines d'ouvriers sont rassemblés et la tension est palpable. Un homme avec une gueule d'acteur américain bronzé et buriné s'exclame, en nous voyant arriver, comme s'il nous reconnaissait : « Ah, vous êtes là, vous ! » Les photographes, les caméras, les micros se mettent en rangs serrés, comme d'habitude, pour accueillir Hollande, formant un rideau opaque retenu par une cordelette. Un membre de la CGT prévient les journalistes : « Ecoutez-moi, il répond pas à vos questions. Il est venu pour nous. Nous, on va lui poser des questions. » Dominique Bouissou essaie diplomatiquement de lui dire que les questions des journalistes porteraient justement sur les raisons de sa venue, mais on sent son interlocuteur peu réceptif.

Quand il arrive, c'est la traditionnelle cohue autour de lui, les photographes jouent des coudes, on le devine au centre de cette grappe compacte mais nous ne sommes pas au Salon de l'Education et les ouvriers s'impatientent : « C'est quoi, ça ! Ça veut dire qu'on est des merdes ? On l'attend ! » Il est bloqué à l'entrée de l'usine, l'énorme attroupement autour de lui le laisse progresser d'à peine dix mètres en un quart d'heure, le service d'ordre n'arrive pas à repousser les photographes. Autour d'eux, l'énervement général s'accroît et devient menaçant : « C'est en bas, qu'on veut le voir ! En bas !... Laissez passer, les journaleux !... Enculés !... Barrez-vous, les journalistes ! Y en a marre !... » Le service d'ordre des ouvriers met en place son propre cordon pour dégager le passage : « Allez, allez, poussez, les gars, OK !... Laissez-le rentrer dans l'allée, bordel, oh !... Nous, on veut le voir, lui !... » Soudain un porte-voix retentit dans la mêlée : « Les journalistes, s'il vous plaît, reculez ! » (un ouvrier à côté de moi, qui n'est pas sûr d'avoir bien entendu : « Enculés ? ») « S'il vous plaît, on étouffe, calmez-vous ! » Finalement, il faut renoncer à lui faire parcourir les cinquante mètres qui le séparent de l'usine, alors on le hisse sur le toit d'une camionnette où il rejoint l'homme au visage buriné qui est aussi celui au porte-voix.

Un peu en retrait, une femme avec un gilet CGT commente : « Alors, qu'est-ce qu'il va nous raconter comme connerie, celui-là ? Ha ha, il est heureux comme un pape, là-haut ! » A côté d'elle, un homme : « Allez, Yves, on veut voir le drapeau CGT ! » Je vais me chercher un sandwich à la merguez ; à ma demande, le préposé au barbecue m'en met deux dans mon sandwich et quand je veux payer, il me dit que c'est gratuit, je me sens un peu gêné. Je croise Faouzi, lui aussi en quête de saucisse, qui me demande : « C'est pas du porc, hein ? »

Sur la camionnette, il y a maintenant une demi-douzaine de personnes, le grand gaillard buriné qui se révèle être le délégué CFDT et ses collègues des autres syndicats. Sa dégaine de Clint Eastwood prolo me rappelle quelque chose. Je me renseigne, il s'appelle Edouard Martin. C'est lui qui prend la parole en premier : « On parle sans arrêt de la qualité allemande, mais la qualité allemande, elle est ici ! Ici, on produit de l'acier pour Renault, Peugeot, Toyota, Ford, Citroën… Quoi ? Ah oui, Fiat aussi, merci Mario (rires dans la foule)… et puis Seat aussi, moi je suis d'origine espagnole… On n'a pas le temps d'attendre : en mai, ce sera peut-être trop tard. Alors c'est pas au candidat que je m'adresse mais au député : proposez une loi qui oblige à vendre quand on veut fermer une usine… J'en appelle aux 575 députés : Merde ! Que foutez-vous ? » Puis les autres délégués prennent la parole à tour de rôle, notamment pour demander à Hollande de condamner les accords de compétitivité décidés par le gouvernement, qui vont permettre aux patrons d'augmenter ou diminuer à volonté la charge de travail hebdomadaire des ouvriers sans contrepartie : une semaine à quarante heures payées quarante, une autre à vingt payées vingt, sans chômage partiel. C'est un intérimaire passé par Gandrange et Florange qui s'exprime en dernier avant de passer la parole à Hollande. Celui-ci commence par dénoncer Mittal qui s'est présenté comme un industriel mais qui se comporte comme un financier. Il s'engage à proposer la loi d'obligation de vente en cas de cessation d'activité (applaudissements des ouvriers), mais il ne peut exclure qu'elle ne soit pas votée. Il aborde la question du projet Ulcos, discuté à Bruxelles (et là, j'ai un flash : Bruxelles ! Bien sûr ! C'est là que j'ai vu Edouard Martin, ça me revient, le grand gars buriné qui voulait être reçu par Barroso et qui faisait du grabuge dans le hall de la Commission...). Il condamne fermement les accords de compétitivité : le but est de remettre en cause la durée légale du travail mais il assure que cet accord ne verra jamais le jour. Concernant les intérimaires, ceux qui « font la soudure à tous les sens du terme », il veut taxer les entreprises qui y ont recours (applaudissements). Il termine par une petite blague sur l'avantage de venir à midi plutôt que le matin rapport aux merguez et conclut : « Il y a ceux qui veulent se présenter comme le candidat du peuple et ceux qui prétendent servir le peuple, merci. » C'est l'heure de la merguez, donc, et en prévision des dix mètres à faire pour passer de la camionnette au stand qui les prépare, Edouard Martin menace : « Messieurs les journalistes, nous avons notre service d'ordre qui est là et nous avons horreur d'être bousculés... » Le cirque recommence néanmoins une fois Hollande redescendu et pendant qu'il essaie de traverser l'allée, je glane ici et là des commentaires : « Ils sont infects, les journalistes », « Il peut demander la sauce qu'il veut, hein ! », « Je lui ai parlé, il m'a dit de saluer mon oncle »... Pendant ce temps, Edouard Martin répond aux questions des journalistes : « L'échéance, c'est maintenant. Si rien n'est fait, on s'en souviendra le 21 avril. Le député Hollande doit déposer une loi. Si la majorité la rejette, la majorité devra s'en expliquer. Vous êtes là sur une terre qui a été trahie depuis quarante ans. Est-ce qu'il y a récupération politique, pour contrer Sarkozy qui est à Petroplus aujourd'hui ? Ça fait partie du jeu. Merci à vous, moi, maintenant, je veux manger ma merguez, c'est tout. »

J'entends dans la foule : « Ne laissez pas faire M. Sarkozy ! C'est honteux ! » Un homme se fraie un passage à travers la sécurité pour atteindre Hollande et se met à pleurer. Hollande lui prend le bras et lui dit doucement : « J'ai entendu votre message. »

Edouard Martin crève trop l'écran pour pouvoir espérer aller tranquillement déguster sa merguez, alors il continue à répondre aux journalistes qui ne le lâchent pas :

« A Bruxelles, il m'avait dit : "c'est compliqué". Là, il a vu : c'est pas compliqué. Il m'a dit qu'il allait déposer le projet de loi mardi, on va voir. Je me suis trompé, c'est 577 députés, pas 575, il m'a corrigé, là, M. Hollande ! Sarkozy, il aime les usines ? Qu'il le prouve ! Je m'adressais au député, pas au candidat parce que je voulais pas qu'il dise "Si je suis président... si je suis président..." : en mai, ce sera peut-être trop tard. C'est bien que vous soyez là, les journalistes. Hier, j'ai entendu Elie Cohen à la télé dire que les fermetures étaient inéluctables, c'est n'importe quoi ! C'est terrible, ils nous prennent pour des imbéciles, Sarkozy se vante de ses accords avec Merkel et ensuite Besson dit qu'on peut pas changer le calendrier à Bruxelles. On n'existe que quand il y a des élections. Faudrait des élections tous les six mois ! On reçoit Dupont-Aignan cet après-midi, ça va être rigolo, il est pour le retour au franc. Je vais lui expliquer que si on revient au franc, on est morts. Est-ce que les ouvriers vont voter Hollande ? C'est plus compliqué que ça. Le NPA, non, Mélenchon, oui. Le vote, ici, c'est plutôt Mélenchon. Le FN aussi, malheureusement, c'est vrai. J'explique que Marine Le Pen, c'est suicidaire. Elle est jamais venue ici. Un jour, à Metz, une journaliste lui demande si elle sait qu'il y a des usines dans le coin. Elle lui demande : "Vous savez où ?" Elle répond : "Ecoutez, c'est pas le sujet."

« A quel moment on va se poser pour réfléchir à une vraie politique industrielle ? Ça fait cinquante ans que ça dure, ça veut dire que la gauche est responsable aussi. DSK, il a été ministre de l'Industrie : aujourd'hui, il se fait des filles de joie, hier, il se faisait des ouvriers d'ArcelorMittal.

« Le projet Mittal, c'est désindustrialiser l'Europe pour promouvoir son accès low-cost dans d'autres pays. Tous les ayatollahs qui nous traitaient de ringards avec notre industrie, maintenant, ils sont là avec leur modèle allemand, les Allemands qui sont moins bêtes que nous, mais le modèle allemand, c'est nous !

« On sait très bien qu'ils se servent de nous. Nous

ne sommes plus dupes. Nous aussi, on se sert d'eux. Si les engagements qu'ils ont pris s'étaient tenus dans des salons feutrés, ils pourraient dire qu'on est des menteurs, qu'ils ont rien promis, mais là, vous êtes là. Il pourra pas nier. »

Fin de la séquence Ken Loach, retour à la gare. Dans le bus, un jeune journaliste télé se lamente sur ses belles Adidas blanches flambant neuves maculées de noir (« c'est du goudron, ça part pas ») mais se console vite en allant badiner avec une jolie consœur.

Dans le TGV, Valls est content, il aime bien « produire des séquences comme ça ». Je lui demande s'il n'a jamais peur que Hollande soit malmené ou pris à partie et que les télés enregistrent la scène. Il concède que c'est un petit risque mais là, il savait que Hollande serait bien accueilli, c'est après les journalistes qu'ils en avaient. (Christian Gravel : « J'ai eu peur qu'ils se mettent à en frapper un ! ») Et puis ça dépend aussi du contexte général : Jospin en 2002 s'était fait prendre à partie par les « Petits Lus » à Nantes, ça l'avait beaucoup desservi parce qu'il avait eu l'air désemparé et ça venait illustrer une campagne qui ne marchait pas bien, on se disait que décidément, rien ne lui réussissait. Mais Hollande, même la farine, alors que ce n'était pas une super-semaine pour lui, ça ne l'a pas atteint. (Et tout le monde de s'extasier à nouveau sur son self-control surhumain.)

Filippetti, pendant ce temps, assure que le projet de loi sera déposé dès lundi. Elle m'explique que oui, dans les années 80, la sidérurgie était morte en France mais qu'elle a redémarré dans les années 90, et qu'elle est compétitive par rapport aux pays émergents parce que, tout simplement, l'acier qu'on produit est meilleur. Nos vrais concurrents, ce sont les Allemands. Mais en Allemagne, les aciéries sont soutenues par les Länder, qui sont propriétaires de 20 % du capital en moyenne, et les ouvriers ont une place beaucoup plus grande dans toutes les décisions stratégiques parce qu'il y a des accords de cogestion.

Ensuite Valls et Filippetti se moquent gentiment de Peillon qui, d'après eux, est en train de préempter la totalité des ministères : « J'ai dit à Mosco : "Fais gaffe, il y aura un poste de Premier ministre et derrière, Peillon aura tous les autres", ha ha ! Il lorgne même sur le Sport, alors qu'il y connaît rien ! Méfie-toi, Aurélie, avec Jean Zay comme modèle, qui était ministre de l'Education et des Beaux-Arts... les Beaux-Arts, c'est la Culture, hein !... »

Le soir, un journaliste me contacte par tchat et me demande comment j'ai trouvé la journée : je lui dis que j'ai trouvé ça dément, Edouard Martin, le camion, le côté Ken Loach, les merguez... Lui aussi a eu l'impression d'assister à un moment exceptionnel, il me parle d'authenticité, de vécu, il déborde d'enthousiasme et je pense qu'il n'est pas le seul parmi ses collègues, mais je sais déjà que de cette journée il ne restera rien dans les médias sinon quelques secondes sur les télés et les radios, quelques demi-feuillets dans les journaux sur le match des usines Sarko-Hollande et, j'imagine, l'incontournable cliché du candidat croquant dans son sandwich-merguez...

28 février

Les photographes qui se sont levés tôt sont contents parce qu'ils ont pu avoir Hollande en train de laver une vache au Salon de l'Agriculture. On suit à distance, avec la presse écrite, l'espèce d'oursin formé par les perches et les caméras autour du candidat, trop loin pour l'entendre ou même le voir, chaque jour c'est de pire en pire. Il zigzague de stand en stand, de vache en vache, d'agriculteurs en visiteurs.

8 heures du matin : il mange son premier steak, un pavé énorme, et pas question d'en laisser, sous peine de vexer l'éleveur. Moins d'une heure plus tard, brouillade aux truffes : quel drôle de paradoxe, cet ascétisme gargantuesque consistant à manger des mets succulents alors qu'on n'a pas faim. Il croise Raffarin, va le saluer et le remercie d'avoir désavoué l'attaque de Sarkozy qui a mis en cause Valérie Trierweiler parce qu'elle est salariée par le groupe Bolloré. Plus tard dans la matinée, un œuf vole en direction du candidat, le projectile rate sa cible, le service de sécurité démarre au quart de tour mais le terroriste parvient à s'échapper dans la foule. Traversée d'un passage surnommé le « couloir de la mort » parce que traditionnellement les hommes politiques s'y font prendre à partie : des « François président » retentissent, mais aussi des huées. Aujourd'hui, il y a vingt policiers qui l'accompagnent et quinze membres du SO du Parti, c'est la plus grosse escorte à ce jour et, vu le bordel, c'est pas du luxe.

Il est presque 15 heures quand il termine son troisième déjeuner (du hachis Parmentier) et vient accorder, guilleret, un petit off aux journalistes des grands quotidiens qui lui inspirent une petite fable :

« *Libé* défend les petits agriculteurs, naturellement ; *Le Figaro* représente les grands céréaliers ; *Le Monde*, c'est l'agriculture raisonnable ; quant au *Parisien*... il n'y a pas d'agriculture, ha ha !

« On me donne à 16 % chez les agriculteurs contre 40 à Sarkozy ? Je ne crois pas à la clientèle captive. A mon avis, c'est plus équilibré au deuxième tour : contrairement à Chirac, Sarkozy n'a pas d'atomes crochus avec eux. Chirac avait été ministre de l'Agriculture dans une période faste, entre 70 et 73. Les visites au Salon, c'est anecdotique mais Sarkozy est plus comme Giscard, et en 1981, Mitterrand avait eu pas mal de voix des agriculteurs. Moi, j'ai une image de ruralité, c'est pour ça que je suis bien accueilli. En plus, ils se disent : "Il peut être président demain, il va être amené à traiter avec les organisations internationales, avec l'OMC", alors ils veulent pas se fâcher avec moi, dans le doute.

« Est-ce que l'élection se gagne dans la terre ? Non, on peut pas dire ça. En 2007, ça n'a pas eu un rôle déterminant.

« L'idée du candidat normal, c'est vraiment une idée forte, la preuve : tous les candidats veulent l'être maintenant, regardez Sarkozy. Les Français veulent un candidat proche d'eux, non pas à leur image mais qu'ils peuvent s'approprier, vous avez remarqué, ils veulent pouvoir le toucher, être proche de lui. Etre un candidat normal, ça veut dire :

— accepter d'être accaparé, capté par les gens.

— les considérer.

« Dans le corps électoral, si on compte les retraités, les agriculteurs représentent 6 à 7 %. Mais les Français aiment la ruralité. Vous avez vu, ici, le nombre de gens qui viennent des quartiers ? Les jeunes des banlieues viennent au Salon : ils veulent s'approprier la France.

« Le plaisir du contact ? Moi, je l'ai toujours eu, mais eux non ! J'y vois la volonté de participer davantage : je m'attends à une forte participation au premier tour.

« S'en prendre à Valérie, c'est doublement inélégant parce qu'il s'en prend à elle en tant que compagne d'un candidat et en tant que journaliste. Sarkozy, le Fouquet's, le bateau de Bolloré, c'est pas ça qu'on lui reproche, c'est avec qui il y va. Vous, vous travaillez dans des groupes, vous n'êtes pas responsables de vos patrons. Oui, c'est eux que je vise. Sarkozy, il n'a que la violence à proposer comme solution. En tant que candidat des riches, son calcul, c'est de dire : "Puisque j'ai fauté avec les puissants et les riches, puisque je suis dans la connivence, alors tout le monde est connivent." »

Et il repart pour son marathon, à la poursuite du record de la plus longue visite de candidat, qu'il battra quelques heures plus tard, pendant que je m'éclipse pour aller voir des lapins gros comme des bébés ours.

29 février

Pour rassurer les Anglais peu portés sur le bolchevisme, Hollande a déclaré au *Guardian*, il y a deux semaines, que la gauche française, lorsqu'elle était au pouvoir, avait « libéralisé l'économie et ouvert les marchés à la finance et aux privatisations ». Ce petit rappel historique, venant de l'autoproclamé « ennemi de la finance », n'a pas été du meilleur effet en France et Sarkozy a eu beau jeu de moquer la duplicité d'un candidat qui fait semblant d'être « Thatcher à Londres et Mitterrand à Paris ».

Aujourd'hui, Hollande retourne à Londres pour rencontrer Ed Miliband, le jeune chef du Parti travailliste, et Moscovici l'accompagne, ce qui positionne celui-ci comme favori pour les Affaires étrangères, s'il n'est pas Premier ministre.

Dans l'Eurostar, Moscovici nous explique que les Français de l'étranger ne sont pas tous de droite et que ceux qui vivent en Angleterre ne sont pas tous traders, beaucoup travaillent dans la restauration, par exemple.

Mis à part la malheureuse interview du *Guardian*, l'autre point sensible de ce voyage est que Hollande n'arrive pas à rencontrer de chefs d'Etat. Mosco minimise le problème ; à l'entendre, « il n'y a pas d'enjeu de prestige, ce n'est pas une course à l'échalote ». Au contraire, être soutenu par Cameron, Merkel, Rajoy et Berlusconi, il n'est « pas sûr que ce soit un avantage extraordinaire », ça rappelle surtout qu'en fait de candidat du peuple Sarkozy est surtout le candidat des élites conservatrices. Evidemment, il y a le problème Obama : Mosco parle d'une captation de soutien excessive. Un journaliste fait état de rumeurs concernant des pressions de Nicolas Sarkozy pour empêcher Hollande de rencontrer les dirigeants européens. Mosco dit qu'il a posé la question à un grand ambassadeur qui lui a répondu : « Je ne peux pas vous répondre. » Puis on aborde le sujet de la semaine : les 75 % d'impôt sur les revenus supérieurs à un million par an, dont les journalistes supposent qu'ils vont peu emballer les Français de Londres. « Vous vous faites une idée fausse, beaucoup sont issus des couches populaires. Les riches ne sont pas tous à Londres et ils ne vont pas tous être chagrinés. » Le *Guardian* ? « Ses propos ont été détournés. L'ami des thatchériens, c'est Nicolas Sarkozy, c'est lui qu'ils soutiennent. » Une journaliste anglaise lui demande si Hollande est l'ennemi de la finance. Mosco, prudent : « Je vous renvoie à son discours du Bourget. » Forcément elle insiste et il est obligé de concéder que oui, c'est bien ce qu'il a déclaré mais qu'il ne visait pas un pays ou une place en particulier. (Drôle d'époque où il ne faut pas désespérer la City.) Plus tard, Safia Otokoré lui demande si ça s'est bien passé avec la journaliste anglaise et Mosco lui répond : « Oui, mais faut jamais les voir seul. Attention aux agents britanniques, ha ha ! » (Rire jaune post-*Guardian*.)

Arrivé à la gare de Saint-Pancras, Hollande est interpellé par un costume-cravate un peu agressif : « T'es libéral ? T'es libéral ? » Heureusement pour lui, son épaisse ceinture de photographes, cameramen, journalistes, le protège des importuns.

Direction Westminster où il va rencontrer Ed Miliband. En attendant que les deux hommes se présentent pour la conférence de presse à l'issue de leur réunion, les journalistes chantonnent « *I can't get no... regulation !* » sur l'air des Rolling Stones, ou se renseignent pour savoir s'ils pourront poser une question en anglais à Hollande. En fait, tout le monde se demande comment est l'anglais du candidat, moi compris, je ne sais pas pourquoi ça nous intrigue autant, probablement parce qu'il est quand même curieux que nos chefs d'Etat soient traditionnellement si nuls en langues.

L'enjeu politique de la journée, pour les journalistes (leur « angle »), est de traquer les signes de divergence entre le candidat socialiste et le leader travailliste. Question en anglais d'un journaliste français à Miliband : est-ce qu'il pense, comme Hollande, que la finance est l'ennemi ? La finance *not regulated, yes, he's absolutely right !* Et les 75 %, Ed, il est pour ? En Grande-Bretagne, c'est 50 %, *but we share the same goal. Different solutions in different countries but similar approaches*, à savoir un engagement profond pour la justice sociale. Le jeune Ed se dit impressionné par la campagne de son aîné. Les journalistes français, puisqu'ils l'ont sous la main, s'adressent plus à lui qu'à Hollande, qu'ils voient tous les jours, et ce faisant obtiennent ce qu'ils attendaient quand Hollande dit à Miliband : « *You're not obliged to answer all the questions.* » Verdict : accent pas terrible mais pas atroce non plus. Aisance dans l'élocution mais formulation bizarre, il aurait dû dire « *you don't have to* ».

Fish and chips au pub du coin, débriefing rituel des journalistes. L'un de ceux du Big Four de la presse écrite nous donne son impression : « Moi je l'ai pas trouvé très chaleureux, Miliband, hein… » Je persifle : « J'adore vos petites séances d'harmonisation. Demain dans tous les journaux on aura donc pour titre : "Accueil glacial pour Hollande". » Le journaliste, avec beaucoup de prescience vu que je n'avais encore jamais abordé cette question avec eux, s'inquiète : « Ah là là, ça y est, tu vas en faire un chapitre sur la fabrique de l'opinion ! Moi, je disais juste ça comme ça… Franchement, c'était pas chaleureux ! » Mais une consœur de la télé abonde dans mon sens : « Il a raison, sous prétexte de débriefer, on se met tous d'accord. »

L'étape suivante, passée la séance carte postale où tous les photographes prennent Hollande devant Westminster, est une conférence au King's College, prestigieuse université londonienne. A l'issue de la rencontre, Hollande monte dans sa voiture pour aller à son prochain rendez-vous, un petit meeting avec les jeunes socialistes locaux. Il laisse les journalistes remonter dans leur car et une fois le car parti redescend de la voiture pour aller discuter avec des étudiants. Ou comment semer cinquante journalistes sans faire un mètre : monter dans la voiture, attendre cinq minutes, descendre de la voiture. Une étudiante lui demande de préciser sa position sur l'euthanasie, en l'avertissant que cette position (puisqu'il y est favorable) l'empêcherait de voter pour lui s'il s'y tenait. Elle ajoute que sa mère travaille comme infirmière dans une unité de soins palliatifs. Hollande lui fait une jolie réponse pleine de circonlocutions, je suis toujours admiratif de cette capacité à peser ses mots et, quand il le faut, à enfumer tout le monde. Après leur bref échange, je demande à la jeune fille si la réponse du candidat l'a convaincue au point de reconsidérer son intention de vote. Elle me dit que oui, peut-être, en tout cas elle a apprécié qu'il redescende de sa voiture et qu'il vienne leur parler. Comme quoi… j'avais toujours eu la faiblesse de penser qu'on ne pouvait pas décider de voter pour quelqu'un parce qu'il nous avait serré la main sur un marché, mais je vois qu'on n'en est pas loin et je ravale ma condescendance de pseudo-expert distancié.

Dans le train du retour, séance détente avec un off joyeux offert aux journalistes rassemblés, comme d'habitude, au wagon-bar. Hollande, très détendu, répond aux questions en avalant un croque-monsieur made in SNCF (les journalistes notent scrupuleusement : « aux trois fromages ») : « Est-ce que c'est l'élection de la dernière chance pour certains ? Pour moi, oui, en tout cas ! Dans chaque élection présidentielle, il y a toujours une surprise et je suis sûr que celle-ci n'échappera pas à la règle. Bonne ou mauvaise ? Je ne peux pas savoir puisque c'est une surprise. La France a des présidents de droite mais elle n'est pas de droite. Aucun président ne s'est jamais fait élire sur un programme libéral en France. Pas de Gaulle, bien sûr, qui était le contraire d'un libéral, ni Pompidou. Même Giscard : c'était la modernité. Chirac : la fracture sociale et l'insécurité. Pareil pour Sarkozy : le pouvoir d'achat et encore la sécurité.

« Pourquoi j'ai remercié la presse pendant le meeting, ce soir ? Vous vouliez quoi ? Que je vous insulte ? Vous me suivez partout, on se voit tous les jours… j'espère qu'à l'issue de cette campagne, vous aurez tous des promotions, vous aussi, Nicolas, j'espère que *Le Figaro* vous donnera de l'avancement même si vous ne parvenez pas à empêcher mon élection, ha ha !… Je vous vois sur Twitter, hein, je sais que vous vous moquez tous de moi : "rendez-vous compte", "c'est bien le moins"… Vous les comptez ? Trois, ce soir ? Non, je fais pas exprès, j'ai pas fait attention. » Un journaliste italien me glisse à l'oreille : « Il est vraiment sympa. J'ai suivi Sarkozy en 2007, l'ambiance n'était pas du tout comme ça. » Puis Hollande s'en va discuter de l'Europe avec chacun des passagers de sa voiture, rangée par rangée. Après son départ, une jeune journaliste française soumet cette réflexion à ses collègues : « Il nous a quand même tous bien dans sa poche. Franchement, si on avait assisté à une scène pareille dans le camp d'en face, on aurait été les premiers à nous moquer d'eux et à hurler à la connivence… »

1er mars

Palais des sports de Lyon, dans les loges avant le meeting, en sortant des toilettes, je bute sur Najat Vallaud-Belkacem qui bloque l'accès au lavabo parce qu'elle est en train de se faire maquiller pour être belle au premier rang. Je profite de l'occasion pour lui dire tout le bien que j'ai pensé de son fameux communiqué de presse où en gros elle traite Sarkozy de gros mafieux. Elle me remercie en riant : « Le monde se divise en deux catégories : ceux qui me félicitent pour ce communiqué et ceux qui m'engueulent. Mais vous êtes un militant socialiste, c'est pour ça, non ? » Non, pas du tout, mais je suis fils de communiste alors forcément, l'expression « valet sans morale » appliquée à Xavier Bertrand, ça m'a rappelé ma jeunesse.

Devant le Palais des sports, à côté de l'écran géant, une manif contre l'islamophobie exige de Hollande qu'il s'explique sur une loi votée par les socialistes en 2007.

A l'intérieur, Aurélie Filippetti chauffe la salle, Michel Piccoli est la *guest star* de la soirée et Gérard Collomb l'inévitable régional de l'étape, qui fait un petit discours dans un style assez *old school*, un peu à la Audiard, timbre gouailleur et formules surannées (« La messe est dite, les carottes sont cuites !... »). Montebourg vient s'asseoir dans la tribune des invités en saluant la foule, très empereur romain, on a toujours l'impression qu'il a l'impression que la vraie vedette, de toute façon, c'est lui. Aurélie Filippetti cite Christine Angot (!) et la citation n'est pas trop nulle (!!) : « Le fou, c'est celui qui, n'étant pas le roi, se prend pour le roi mais c'est aussi celui qui, étant le roi, se prend pour le roi.[1] » Puis c'est l'entrée du candidat sur la musique de la campagne qui, servie par de bonnes BPM, électrise la salle.

Sur l'ensemble du discours, je compte cinq anaphores, procédé de tribune toujours efficace qui consiste à répéter des mots ou des groupes de mots en tête de phrase. Hollande, ce soir-là, le fait avec les mots *méthode* (« Cette méthode consiste toujours à s'en prendre aux plus faibles... cette méthode

---

1. En fait, c'est une phrase de Lacan. Ça m'étonnait aussi.

consiste à gouverner non pas dans l'anticipation mais dans la réaction à tous les sens du terme », etc.), *privilèges* (coucou, Aquilino !), *cohésion*, *transition* et, le plus notable et à mon sens le plus drôle, *patriotisme* : « Je salue le patriotisme des ouvriers... je salue le patriotisme des chercheurs... je salue le patriotisme des fonctionnaires (explosion dans la salle, probablement bourrée de profs, comme d'habitude, et à partir de là, quoi qu'il dise, les acclamations ponctuent chaque catégorie)... des entrepreneurs (ovation)... des jeunes (explosion) », etc. On sent qu'il pourrait saluer le patriotisme des plongeurs sous-marins, des brodeuses de napperons ou de la hotline des opérateurs téléphoniques que ça marcherait aussi bien. Ça me fait penser au film de Lelouch, *L'aventure, c'est l'aventure*, quand l'équipe de Lino Ventura harangue une foule de révolutionnaires africains en disant n'importe quoi.

Une mise au point historique : « Jamais – je dis bien jamais ! – une solution n'est venue de l'extrême droite, qui a toujours été un problème pour notre République ! » Une petite formule hollandaise (pas encore, à ma connaissance, recensée comme telle par les journalistes) : « Je mesure la responsabilité qui est la mienne... » Et pour finir, la *Marseillaise*, reprise par toute la salle, contrairement au Bourget. Hollande lui-même chante désormais avec plus de conviction, alors qu'au Bourget on l'avait vu hésiter, ayant eu sans doute en tête la jurisprudence des footballeurs de l'équipe de France à qui on avait reproché de ne pas chanter pendant les hymnes, mais se posant aussi la question, probablement, de savoir s'il n'avait pas l'air un peu con. Dans le doute, il a été décidé que les écrans géants cessent les gros plans sur le candidat pendant le chant. La précaution semble désormais inutile : aujourd'hui, en tout cas, il a l'air relax niveau chansonnette.

A la sortie, j'écoute deux journalistes qui débriefent, un presse écrite et un radio. Le journaliste presse : « Il se passe quelque chose depuis quelques jours. Hollande, je le sentais nerveux avant l'entrée en campagne de Sarkozy, il était pas bien. Mais depuis, avec pourtant les forfaits de Morin, Boutin, Nihous, Sarkozy n'a pas pris plus de deux ou trois points, ce qui est logique mécaniquement, et les courbes ne se sont pas croisées. » Le journaliste radio : « Il faut dire que l'autre, il fait n'importe quoi. Ce matin sur France-Inter, il parle d'épuration et cette aprèm, à Bayonne (où il s'est fait huer par la foule et où il a dû se réfugier dans un café sous la protection des CRS), il a carrément accusé le PS d'être de mèche avec l'ETA ! » Presse : « On sent que Hollande a affermi son autorité, ça moufte plus dans les rangs, et lui, il se déploie. » Moi : « cf. Cahuzac qui n'a pas été prévenu pour les 75 % ? » Presse : « Oui, tu imagines, les mecs, avec leur ego démesuré, pour qu'ils reconnaissent qu'ils n'ont pas été informés d'une annonce aussi importante, ça veut vraiment dire qu'ils sont largués. Et pour moi, ça prouve que Hollande s'est approprié sa campagne. » Radio : « Depuis le début, je répète que je suis certain de la victoire de Sarkozy. Là, je commence à douter. » Je trouve la synthèse du journaliste presse convaincante alors qu'elle n'est sans doute que brillante et qu'il aurait très bien pu tout aussi brillamment me convaincre du contraire. Je me rends compte que je suis victime, à mon tour, de ce syndrome que j'ai observé chez les journalistes : je fais mienne l'opinion que j'entends énoncée, dès l'instant qu'elle résulte d'une démonstration que je trouve logique et intelligente, alors même que, dans ce cas précis, je suis loin d'avoir tous les éléments en main pour juger de sa pertinence (je n'étais même pas au courant de l'incident de Bayonne, par exemple).

Dans le métro, sur le quai, un couple de Maghrébins avec deux enfants en bas âge, lui, collier de barbe, elle, foulard et manches longues, regarde les militants entassés dans la rame où je me trouve. Juste avant que les portes se referment, l'homme murmure, un mauvais sourire aux lèvres, en nous regardant droit dans les yeux : « Votez Sarkozy. »

2 mars

En terrasse à Lyon avec un journaliste :
« Notre boulot est très cadré, c'est vrai, on peut pas rendre compte de tout ce qu'on veut, on est de toute façon limités par des questions de place. Le pire, c'est les journalistes télé, ce sont eux qui subissent le plus de contraintes. C'est pour ça que j'aime bien Twitter, c'est un espace qui permet de s'échapper du cadre.

« Tous les mecs gueulent contre Valls, pas moi, il fait son boulot et il le fait plutôt bien, ça n'a pas tellement de sens de s'énerver contre lui. Son boulot, c'est de cadrer.

« Hollande, je le trouve très fort politiquement, il fait pas d'erreurs – le *Guardian* ? Quand il rappelle que Jospin a privatisé, il pose un constat, il n'émet pas de jugement – mais quand même il est très techno, le peuple, on sent que c'est pas vraiment son truc. En deux occasions, à Cayenne et à Bonneuil, il a eu l'occasion de rencontrer la misère dans des ghettos, il a serré trois mains et c'est tout. Moi, à la base, je suis plutôt centre gauche, dans la ligne, donc, mais cette campagne a tendance à me mélenchoniser.

« Le vrai moment de vérité, ça va être après l'élection. Vu la marge de manœuvre qu'il va avoir, il risque de décevoir énormément. Hollande, il aurait dû être président dans les années 50-60, ou à l'époque de Pompidou, avant la crise, quand l'économie se portait bien : un président sympa dans une période heureuse, il aurait été très bien. Même à l'international, la guerre froide, c'était fait pour lui : allié avec les USA mais en ménageant les Russes, à la Hollande. »

8 mars

La Journée de la femme débute par une visite à la maternité des Lilas où le candidat annonce son projet de « forfait contraception » anonyme et gratuit pour les mineures et se poursuit dans une crèche où on lui fait signer un pacte pour l'égalité homme/femme, et il y a encore du boulot vu qu'en moyenne les femmes gagnent 25 % de moins que les hommes.

Puis on se retrouve à Reims où l'on déambule devant la cathédrale, sous les apostrophes d'un monsieur assez échauffé qui crie : « Légalisez le cannabis !

Oui, je suis alcoolique ! Elle est où, la République ? J'ai cinquante-huit ans ! » A côté de moi, une dame d'allure plutôt modeste dit à son amie : « Allez viens, on s'en va. Moi je l'aime pas. C'est pas lui qui va redresser la France. C'est Marine Le Pen qu'il nous faut. Lui, c'est un connard. » C'est presque un rituel, j'écoute la plainte d'un journaliste : « Aujourd'hui, on va avoir 25 questions sur l'affaire *Paris-Match*. Un journaliste se dit "ça va faire un sujet", un autre se dit la même chose, un troisième se dit "les autres vont penser que ça va faire un sujet", et ainsi de suite. On subit tous la pression de nos rédactions, on sait ce qu'ils veulent. »

Réunion dans une cité avec des associations de femmes qui soulignent les difficultés d'accès à la contraception, à l'IVG, à la RU486 (un seul docteur la prescrit sur Reims, disent-elles), et qui pointent aussi la précarité des femmes célibataires, surtout africaines. Elles remettent des rapports entre les mains de Hollande qui ironise : « Si on commence à me transmettre des cahiers de doléances, c'est mauvais signe : ça veut dire qu'on est dans une situation pré-révolutionnaire ! » Mais la représentante du planning familial n'a pas envie de rigoler : les femmes qui souhaitent se faire avorter sont culpabilisées, on leur fait écouter le cœur du fœtus, on leur indique la date de la naissance, les médecins militants qui partent en retraite sont remplacés par de jeunes médecins qui ne sont pas assez formés. Hollande, pour ne pas être en reste, rappelle que 50 000 femmes sont victimes de mutilation sexuelle chaque année en France et 60 000 sont menacées de mariage forcé. La première application de la laïcité, dit-il, consiste à protéger les femmes, par la loi mais aussi par une politique de sensibilisation qui doit commencer très tôt à l'école (applaudissements). Curieusement, alors que la réunion est publique, aucun journaliste n'écoute, à part *Le Parisien*, Reuters un peu et deux ou trois journalistes locaux, les autres bavardent au fond de la salle.

Visite d'une entreprise qui fabrique des vérins dirigée par une femme. Les Parisiens ricanent pour se donner une contenance mais cachent mal leur perplexité (« T'aimes pas les vérins ? », « Mais ça sert à quoi, au juste ? », « Ben oui, tu vois, les vérins, c'est sa passion »…). Hollande pose avec le petit vérin qu'on lui a offert (« Je le mettrai dans mon bureau »).

Petit off à la sortie : Mélenchon qui monte ? « Dès lors qu'il prend des voix au FN, pourquoi pas ? Il entretient un rapport plus unitaire qu'au début de la campagne. » Villepinte ? « Je suppose que l'UMP est encore capable de rassembler 50 000 personnes. » Est-ce qu'il s'agit d'une semaine décisive ? « Depuis le temps qu'on dit que chaque semaine est décisive, j'attends la suivante. » La parité sera-t-elle appliquée pour le Premier ministre ? « On peut pas couper en deux : ce sera soit un homme, soit une femme. » On remonte dans le bus et en route vers le meeting. Pendant le trajet, je me laisse bercer par les blagues des journalistes (blague du jour : « Le champagne, c'est maintenant ! »).

Backstage, juste avant d'entrer en scène, au moment précis où il passe devant moi, Hollande demande : « Elle est comment, ma cravate ? » Comme son regard tombe sur moi à ce moment précis, je réponds : « Superbe. » Sans s'arrêter, il se retourne en me jetant un coup d'œil qui veut dire quelque chose comme « toi, tu te fous de ma gueule » et je veux croire qu'en fin connaisseur, il apprécie l'ironie qu'il a détectée dans ma voix. Puis la musique démarre et il va fendre la foule.

J'ai noté ça chez lui : ce qu'on prend trop souvent pour de la jovialité masque une ironie fondamentale dont il ne se départit que dans des circonstances exceptionnelles, quand la gravité du moment l'exige. Il y a très souvent dans sa voix, pour qui y prête attention, l'indice d'une distance à soi-même et aux événements que je n'ai pas observée chez les autres, comme l'aveu qu'il n'est pas dupe de toute cette comédie humaine dans laquelle pourtant il a voulu jouer un rôle de premier plan. Bien sûr, tous les hommes politiques que j'ai rencontrés jusqu'à présent sont capables de plaisanter, même Valls, et ils savent aussi faire preuve de recul, ne serait-ce que pour faire face à la défaite, mais il ne s'agit pas seulement de ça. Il me semble que parmi les candidats, c'est le seul qui se permet d'être au second degré en public. Tout le monde s'interroge sur la nature profonde de cet homme impénétrable (« Personne ne peut dire qu'il connaît Hollande ») mais si moi je devais le caractériser, je dirais ceci : Hollande est un homme ironique. Pas la grosse ironie qui tache par peur de ne pas être comprise mais une ironie de fond, comme on dirait un bruit de fond, discrète, parfois presque imperceptible. Cela, à bien y réfléchir, me semble formidablement handicapant pour se faire élire : le peuple, quelle que soit la façon dont on l'envisage, dans sa version veaux à la de Gaulle ou dans sa version noble à la Hugo, me semble, d'une manière générale, plutôt réceptif au premier degré. Remporter l'élection présidentielle malgré ce fond d'ironie irréductible n'en serait qu'une performance plus grande, à mon avis. En même temps, il n'a pas le choix : lorsqu'il essaie de contrarier sa nature, en surjouant la gravité, par exemple, comme je l'ai vu faire souvent au 20 heures, il n'a pas l'air très crédible.

A mon avis, son entame de discours trahit le fantasme commun à nombre de candidats à la présidence, celui de la monarchie : « Nous sommes à Reims. C'est là que les rois étaient couronnés. Nous n'avons pas ces usages mais Reims nous rend inspiré(s). » Puis il convoque successivement, pour illustrer le thème du jour, Olympe de Gouges, Flora Tristan, Louise Michel, Yvette Roudy, Edith Cresson et Marie Curie.

Au passage, il délivre une rapide analyse sémantique pour attaquer le programme de Sarkozy : « Curieuse expression que le "plan social". C'est comme la "TVA sociale". Chaque fois qu'on met "social" avec une mauvaise intention, ça ne la rend pas plus pure, ça la rend confuse... Les mots n'y changent rien. »

Au bord de la scène, Frédéric Monteil, son assistant, essaie de suivre le discours avec une copie à la main pour savoir où il en est mais il est complètement perdu : « Il fait un gloubiboulga. Moi j'ai la version de 19 heures mais lui, il a celle de 19 h 35. »

Si on écoute bien, il y a quand même un plan relativement structuré qui correspond à peu près à ceci :
I. Les femmes
II. Les étrangers
III. Sarkozy
IV. Moi

1. mon héritage
2. mon programme

La partie sur l'héritage, destinée à faire vibrer le peuple de gauche, fonctionne toujours très bien dans les meetings. Ici, ça donne quelque chose d'assez offensif : « J'assume le bilan. Le bilan de la gauche. Je vois qu'ils veulent revenir à François Mitterrand. Mais ils peuvent aller même plus haut, plus loin, aller jusqu'à Léon Blum ! Je prends tout ! Je prends les congés payés, je prends les libertés conquises ! Je prends la retraite à 60 ans voulue par François Mitterrand !... » Là, je fais quand même remarquer à Aquilino Morelle, qui écoute religieusement derrière moi : « Il prend la retraite à 60 ans mais enfin il la rétablit pas. » Il me répond, faussement indigné, en me menaçant du doigt : « Oh ! Comment ? Attention, hein ! »

Aquilino Morelle est ravi, ce soir, rien ne semble pouvoir altérer sa bonne humeur et je peux lire sur ses lèvres qu'il se récite le discours à voix basse en même temps que son patron. Je le regarde et j'ai l'impression de voir la scène de *La Conquête* où l'acteur qui joue Henri Guaino écoute, extatique, le discours de Podalydès-Sarkozy à la Porte de Versailles.

Hollande revient à Sarkozy pour conclure avec une petite blague sur le soutien de Merkel et Cameron : « C'est bien la première fois que je vois des conservateurs venir au chevet d'une personne en difficulté ! »

Sur le chemin du retour, le car met plus de deux heures parce qu'un tronçon de l'A4 est fermé. Je rentre chez moi à deux heures du matin. Demain, Varsovie.

9 mars

Assommé par ce rythme de dingues, je descends de l'avion aux côtés d'un journaliste appartenant à un organe de presse notoirement favorable à la majorité. Tandis que nous essayons d'emboîter le pas à la délégation qui déjà accélère pour combler un léger retard pris à Roissy, il me dit : « Cinq jours après le second tour, Hollande a un G8 à Chicago. Obama sera en pleine campagne électorale. Au programme, ils doivent discuter d'un bouclier antimissile. Et il va leur annoncer que la France se retire d'Afghanistan. En fait, ça (la campagne frénétique), c'est juste l'apéritif. »

Question du jour : Hollande est-il contrarié parce qu'il n'est reçu que par le président de la République, au rôle plutôt honorifique, et non par le Premier ministre, véritable chef de l'exécutif ? Question afférente : Hollande croit-il à la théorie du complot ourdi par Merkel et ses amis conservateurs pour le boycotter ? Toute la journée, j'entendrai cinquante fois ces deux mêmes questions, y compris pendant la visite du monument aux morts du ghetto de Varsovie.

Le seul moment de répit est un débat sur l'Europe avec Adam Michnik, dissident historique du temps de Solidarnosc, aujourd'hui patron de journal, et Aleksander Kwasniewski, ex-président de la République entre 1995 et 2005. La rencontre dure deux heures mais les questions portant sur la Biélorussie ou l'Ukraine sont tout à fait rafraîchissantes. J'apprends au passage que Napoléon est mentionné dans l'hymne polonais.

Auparavant, Hollande rencontre le chef de la gauche polonaise et ils donnent une conférence de presse commune, pendant laquelle j'arrive difficilement à me concentrer mais je me dis que c'est pas grave, de toute façon, j'assisterai au débrief des journalistes. Je me rends compte que je suis en train de prendre un mauvais pli et une journaliste télé me confirme en riant : « Ça y est, t'es foutu, on t'a corrompu ! »

Le soir, Hollande dîne dans un beau restaurant avec Adam Michnik et quelques autres personnalités françaises et polonaises. Je suis assis à côté de Moscovici, en face de Valérie Trierweiler. A ma gauche, il y a un homme dont le visage me dit quelque chose mais dont je ne connais pas le nom alors je veux envoyer discrètement un SMS à Valérie Trierweiler pour lui demander. J'ai mon portable sur les genoux quand Moscovici, qui était en train de discuter avec Michnik, m'interpelle : « Laurent ! C'est pour vous, cette question : un poète français qui a écrit un testament ? » Je sursaute comme un élève pris en train de tricher et je réponds sans réfléchir : « François Fillon ! » Adam Michnik écarquille les yeux, Moscovici se marre. Valérie Trierweiler, généreuse, sans toutefois me sauver du ridicule, m'excuse gentiment : « Vous, vous suivez trop la campagne ! »

Mon voisin s'appelle Henri Weber, c'est un socialiste, député européen et, comme Adam Michnik, c'est un ancien trotskyste. Michnik raconte d'ailleurs à Hollande de vieilles histoires très amusantes sur Jospin du temps où celui-ci était lambertiste et Hollande écoute, amusé, mais on sent que ce n'est pas ça qui le passionne. Ses yeux se mettent à briller lorsque Michnik lui parle de Walesa. Pour Michnik, c'est clair, Walesa est un gangster. Mais Hollande ne se soucie pas de ça. Ce qu'il veut savoir, c'est si Walesa avait pour objectif, dès le début, petit syndicaliste des chantiers navals de Gdansk, d'accéder au pouvoir. Michnik pense que oui. Hollande semble impressionné : « Dès le début ? » Michnik ne peut pas en être certain, mais il pense qu'au bout de quelques mois, oui, l'idée a dû germer dans sa tête. Je réalise seulement maintenant que Hollande est obsédé par le pouvoir, ou en tout cas par la conquête du pouvoir. C'est fatal, en même temps, on ne se retrouve pas favori d'une élection présidentielle sans une ambition débordante, il y a forcément en lui quelque chose d'un César dévoré par l'envie d'avoir le destin d'Alexandre, mais tout de même, ce n'est pas l'image que donne ce petit homme au bon sourire.

10 mars

Petit meeting à Paris pour les Français d'outre-mer.

Idée du jour : supprimer le mot « race » de la Constitution.

Injonction récurrente : « Ne vous laissez impressionner par rien. »

Névrose qui relève sans doute de la maladie professionnelle : « J'ai des amis partout. Et ceux qui ne sont pas mes amis sont ceux qui ne me connaissent pas encore. »

11 mars

SMS de Mathieu Sapin, le dessinateur de *Libé*, en direct de Villepinte où Sarkozy va donner son grand meeting :

« Je suis au cœur de l'Etoile noire… C'est hyper-flippant. La force obscure rayonne de partout ! »

13 mars

Je ne regrette pas de rater le déplacement à Valence aujourd'hui parce que ça m'évite d'entendre deux cents fois la même question sur le sondage d'hier qui donne pour la première fois Sarkozy en tête au premier tour.

En revanche, j'aurais bien aimé entendre Moscovici quand il a déclaré, très Stalingrad : « La campagne se jouera sur le terrain, au porte-à-porte, et au final, elle se jouera au corps à corps ».

14 mars

A Marseille, Hollande est interviewé par un journaliste du *New York Times* avec en tête, je suppose, sa mésaventure du *Guardian*. Première question prometteuse sur Mai 68. Encore un numéro d'équilibriste en perspective.

Hollande explique que 68 a été un événement considérable mais qu'il était trop jeune, il ne s'était pas encore engagé politiquement. L'événement qui l'a marqué, c'est plus tard, en 1974, lorsque Mitterrand, au soir de la défaite, déclare : « Notre victoire est inéluctable. » Ce jour-là, apparemment, le jeune Hollande (dix-neuf ans) a eu sa révélation. Il croit bon de préciser : « Je n'ai jamais été révolutionnaire. » Il n'a jamais pensé que la rue, le mouvement social pouvaient changer l'ordre établi. Il est démocrate, il croit à la victoire par les urnes.

NYT : Pourquoi Hollande a-t-il toujours été au deuxième rang jusqu'à maintenant ?

FH : Je suis resté au deuxième rang tant que j'avais conscience qu'il y en avait un autre au premier rang : Mitterrand, Delors, Jospin. Après eux, la question du premier rang s'est posée. Ça m'a toujours été contesté. Pour passer au premier rang, il faut lutter, écarter des concurrents et des rivaux. Si je suis au premier rang aujourd'hui, c'est parce que je l'ai décidé, pas par chance ou par obsession.

NYT : DSK ?

FH : J'aurais gagné. J'étais déçu.

NYT (à voix basse) : Le business ?

FH (plus bas, lui aussi) : La France a besoin de créer de la richesse, d'innover. Les personnes qui gagnent de l'argent, ce n'est pas un problème. Mais les hausses de salaire des dirigeants, ça, ce n'est pas acceptable. Il faut être attentif à ce que l'argent ne quitte pas le territoire, il faut une fiscalité attractive mais…

NYT : J'ai moi-même une petite entreprise…

FH : Ceux qui travaillent paient beaucoup. C'est très injuste. Il y a un déséquilibre avec les revenus du capital.

NYT : Nicolas Sarkozy n'est pas *totally wrong, is he* ?

FH : Vous, vous ne diriez jamais que l'immigration est le seul problème des USA. La peur l'aide mais est-ce qu'il rassure lui-même ?

NYT : *Do you feel the loneliness ? All those people who want something from you…*

FH : Ils veulent me protéger.

NYT : L'importance des élections françaises ?

FH : Hormis les élections américaines, il y a très peu d'élections qui sont autant regardées dans le monde. L'Allemagne n'élit pas son chancelier au suffrage direct. La seule question qu'on se pose lors les élections russes, c'est celle de la fraude. Il reste les élections de Grande-Bretagne et celles de France.

NYT : Il y a beaucoup de points communs entre les positions de Hollande et Sarkozy sur bon nombre de réformes. S'agit-il de choisir un caractère ?

FH : Oui mais il y a deux façons de faire : brutalement ou harmonieusement.

Dehors, je demande au journaliste américain si, à

son avis, Hollande n'a pas compris la question sur la solitude ou s'il a fait exprès de répondre à côté. Il penche pour la deuxième hypothèse. Il le trouve sympa, un peu naïf peut-être dans son plan pour faire face à la crise, mais il me fait cette confidence : « *I hope he'll win.* »

15 mars

Hollande à Copé pendant leur débat sur France 2 : « Je ne vous raconterai rien parce que je ne suis pas dans un récit. »

18 mars

« C'est quoi, cette histoire ? Il a jamais été question qu'il aille au *Manga Square* ! » Aurélie Filippetti s'énerve au Salon du Livre. Aujourd'hui, selon la répartition des rôles, c'est-à-dire des portefeuilles virtuels, après Le Foll au Salon de l'Agriculture, c'est elle qui s'y colle.

On connaît le script : le candidat déambule, entouré par cinquante caméras, assailli par des hordes de curieux, protégé par ses gardes du corps. Seul l'environnement a changé : ça sent le papier là où ça sentait le crottin.

Question rituelle sur les goûts littéraires du candidat,

« le livre qui vous a le plus marqué dans votre vie, M. Hollande ? »

Première réponse, assez convenue : Hugo, *Les Misérables*, la prise de conscience que les inégalités pouvaient être décrites et vaincues, etc. Faut-il y voir l'expression inconsciente d'une inquiétude suscitée par Mélenchon, qui fait son grand rassemblement à la Bastille dans quelques heures ? Mais Hollande précise « dans ma jeunesse ».

Deuxième réponse, plus originale : *Le Mythe de Sisyphe*, d'Albert Camus. La référence à Camus, humaniste de gauche, n'a rien d'inattendu, mais Sisyphe ? Condamné par les dieux à rouler éternellement son rocher en haut de la montagne, et le rocher retombe, et Sisyphe recommence sans fin, allégorie de l'absurdité de la condition humaine. Audacieux, pour ne pas dire franchement casse-gueule : « Sisyphe ! Vous voyez ? Sisyphe, pour cette campagne : continuer à porter son rocher, sans cesse – ne m'interrompez pas ! –, aller jusqu'au bout et faire en sorte qu'à la fin, je puisse continuer à le faire… oui, parce qu'il y a toujours à un moment une attention qui se distrait et donc il faut reprendre encore, jamais cesser, et dans toute ma vie politique, j'ai fait en sorte de monter au plus haut, et là, je suis en train de gravir mon rocher (sic). »

Etonnement des journalistes, et encore, ils n'ont pas en tête la problématique du livre (« Il n'y a qu'un problème philosophique vraiment sérieux : c'est le suicide »). En un sens, une réponse pareille humanise le candidat : on peut imaginer qu'elle ne lui a pas été soufflée par la com'.

Et d'ailleurs, il revient cinq minutes après, comme

s'il avait réalisé que sa réponse pouvait prêter à des interprétations malveillantes ou des sarcasmes faciles, pour préciser : « Sisyphe incarne l'engagement, la volonté humaine, la ténacité... et puis ensuite, arriver au plus haut ! Mais même quand on arrive au plus haut, il faut toujours penser que rien n'est acquis, rien n'est jamais fait. Je parle pas de la victoire, je parle même de l'après-victoire. Tout doit être un recommencement, il n'y a pas de moment où on serait dans l'avènement et il n'y aurait plus rien à faire que de goûter le bonheur de la victoire. Toute victoire appelle, après, un nouveau combat... Ne jamais considérer qu'il y a une fin ultime ; le combat politique, c'est un combat sans fin. Il peut avoir sa consécration – une élection présidentielle en est une, mais même après cet avènement, il y a toujours la nécessité du combat... Moi je suis un combattant. »

Il aurait pu en rester là mais une journaliste sadique le relance : « Est-ce que vous avez l'impression que le rocher est plus lourd ? » Et le pauvre reprend ses rames : « Non, non ! C'est pas que le rocher est plus lourd, c'est que j'arrive à un moment crucial, qui est celui de la décision... Je suis presque en haut... Presque en haut ! C'est les derniers mètres qui sont les plus essentiels, les plus décisifs... pour arriver jusqu'à la victoire... Et la victoire elle-même appellera – et les Français le demandent –, appellera aussi un engagement, une volonté... Il y a rien de pire que l'autosatisfaction, que le contentement de soi, que le mépris des autres, que le sentiment qu'il n'y aurait que celui qui a été élu qui pourrait donner le sens de l'avenir, non !... » Et ainsi de suite à dériver jusqu'à ce que tout le monde ait oublié ce foutu rocher, il conclut : « Non, non, j'ai bien dormi en plus. C'est vrai ! Très bien dormi. Je me suis couché tôt, et réveillé tard. »

Rencontre avec des représentants de l'industrie du livre, libraires, éditeurs, pour qui la peur porte un nom : Amazon. Commentaire de Hollande : « Je me souviens quand Georges Marchais parlait des grands monopoles. A l'époque, on riait, on savait pas ce que c'était… Maintenant, on sait. »

Déjeuner avec des écrivains, Pennac, Alexis Jenni, Enki Bilal, Emmanuel Carrère, Eric Reinhardt…

Bernard Cazeneuve : « C'est sûr qu'on sort du périmètre Barbelivien. »

Un journaliste : « Ça, je vais le tweeter, monsieur Cazeneuve ! »

Pendant que Hollande reprend sa déambulation, je file à la Bastille pour assister au grand rassemblement de Mélenchon. Quand j'arrive, la place est bondée au point qu'il est impossible d'avancer, ou même d'entendre le discours. J'attrape des bribes, laïcité, Lumières, parité, Louise Michel… L'*Internationale* résonne rue du Faubourg-Saint-Antoine. C'est un succès colossal.

J'enchaîne avec le meeting VIP de Hollande au Cirque d'Hiver, organisé spécialement pour les gens de la culture, avec concerts, danseurs de hip-hop, imitation de Sarkozy par Gérald Dahan et Stéphane Hessel en *special guest*. A cette occasion, Hollande tape sur Sarkozy avec un rare acharnement et des arguments discutables : d'un strict point de vue de l'égalité des chances, l'abandon de la culture générale aux concours d'entrée des grandes écoles, par exemple, n'aurait pas déplu à Bourdieu, à mon avis…

A part ça, je retiens ce passage : « Le destin des civilisations n'est pas de craindre la connaissance. Le refus du savoir et de la pensée créatrice est le propre des civilisations perdues. »

Pendant le cocktail qui suit le meeting, je croise deux journalistes qui ont réussi à entrer et qui essaient de ne pas se faire repérer par Valls. Je dis à Aurélie Filippetti : « Quand on y pense, c'est quand même marrant que Valls soit aussi omniprésent alors qu'il a fait le score le plus faible de tous les candidats à la primaire – à part Jean-Michel Baylet, oui d'accord. » Elle m'explique : « Mieux vaut faire 5 % que ne pas se présenter. Je le vois bien, chez les députés : ils respectent ceux qu'ils ont battus, il y a une forme de respect mutuel entre ceux qui se sont frottés au suffrage universel. »

Je repasse par la Bastille pour rentrer chez moi.

19 mars

Tueries de Montauban et Toulouse.
Sur Twitter, Manuel Valls :
« Sommes avec #Hollande et @valtrier à la synagogue Nazareth… la foule dehors. la puissance des chants à l'intérieur… la même émotion partagée »

Heureusement, l'émotion n'empêche pas de dégainer son iPhone.

20 mars

Minute de silence dans une école primaire du Pré-Saint-Gervais, en Seine-Saint-Denis. Les pauvres gosses, assis par terre, le nez en l'air, se demandent ce qu'ils foutent là et qui sont tous ces mecs en cravate et pourquoi il y a autant de photographes partout.

A la sortie, Valls aborde l'un des photographes :
« Alors, Stéphane ! Heureusement que j'étais là, hein ! C'est moi qui vous ai prévenu pour le rendez-vous d'aujourd'hui.

— Oui, mieux vaut s'adresser à Dieu qu'à ses saints.

— Ah non, Dieu, c'est lui ! (Il désigne Hollande.) Moi je suis un archange : je peux être déchu. »

Donc la campagne est suspendue. C'est bien de le savoir car le tableau de Hollande dans la rue en train de serrer des mains à des adolescents hystériques avec la horde de photographes et de cameramen à ses trousses pourrait prêter à confusion. Evidemment, si la foule arrêtait de crier « Hollande président ! », ce serait plus crédible.

Réunion à la mairie avec les représentants des cultes : « Il n'y a pas deux façons de définir la laïcité, il n'y en a qu'une seule : liberté et neutralité, plus garantir que l'espace public est libre de toute influence religieuse. » Citation (approximative) de Camus au passage pour souligner l'importance de bien identifier la tuerie comme un acte raciste et antisémite : « Il faut nommer les choses, sinon on ajoute au malheur du monde. » (J'apprends plus tard qu'elle est également souvent citée par Bayrou. La citation exacte est : « Mal nommer un objet, c'est ajouter au malheur du monde. »)

Un verre rapide avec les gens de la mairie, Bartolone s'extasie devant des photos de Hollande accrochées au mur : « Alors là, toi, t'es trop fort ! Elles étaient pas là, hier, les photos ! » Valls résume la problématique du jour : « Je le vis tous les jours à Evry : comment être très laïque et à l'écoute du religieux. » Moment de détente générale autour de quelques viennoiseries mais avant de repartir, Bartolone prévient : « Attention, on arrête de rigoler, les caméras nous attendent dehors. »

Deuxième bain de foule avec toujours plein d'ados partout parce que le collège local est en grève pour protester contre des réductions de dotation horaire. Peillon déclare à des journalistes que non, selon lui, ce n'est pas un tournant dans la campagne parce que le chômage ne va pas disparaître avec le drame de Toulouse. Il me confie, à propos de Hollande : « De toute façon, il avait besoin d'une pause. »

Déjeuner avec des jeunes de banlieue dans un couscous du coin, animé par Bartolone. Les jeunes ont manifestement été triés sur le volet : tous très brillants, très à l'aise à l'oral, ils font part à Hollande de problèmes variés et concrets liés à leur situation ethnosociale : système d'orientation catastrophique à l'école, discrimination à l'embauche (même pour trouver des stages non rémunérés, leur adresse est souvent rédhibitoire), quartiers laissés à l'abandon (à Clichy, des vieilles au septième sans ascenseur se font livrer leurs courses avec un système de panier et de poulie…), etc.

Une Franco-Algérienne de vingt-six ans prend la parole pour dire quelque chose de très simple mais que je n'entends jamais nulle part : elle dénonce l'amalgame Arabes/musulmans. Ce type de confusion fait beaucoup de tort aux représentations collectives, dit-elle, auxquelles participent les minorités elles-mêmes. La réalité est plus nuancée que ce qu'on en perçoit : tous les gens d'origine étrangère ne sont pas enfermés dans des conflits d'identité (elle donne les mariages mixtes en exemple). Mais elle constate une montée des clichés, y compris chez les jeunes. Elle n'est pas d'accord pour dire, comme certains de ses camarades autour de la table l'ont fait, qu'il n'y a pas de communautarisme. Il y a une montée. Elle observe un repli communautaire et/ou social et des préjugés raciaux « entre nous aussi ». Elle, qui n'est pas très typée, n'a pas souffert de discrimination, mais de racisme à l'envers : il fallait toujours attendre qu'elle donne son prénom (Samia) pour que les barrières tombent. Les mentalités sont très structurées : « Toi, t'es arabe, c'est comme ça »... et tous les Asiatiques sont des Chinois.

Plus tard, un jeune barbu intervient pour se plaindre de la difficulté à obtenir des maires les attributions de terrain nécessaires à la construction de mosquées. Il précise bien qu'il ne s'agit pas de faire financer la construction par l'Etat. Il affirme que rien qu'en une semaine, dans sa ville, une demande de souscription a rapporté plus d'un million d'euros (ce que, personnellement, je ne trouve pas très rassurant, d'un point de vue voltairien). Hollande, conciliant, fait remarquer que, contrairement aux fantasmes, la plupart des mosquées n'ont pas de minaret et pas de muezzin qui appelle à la prière au porte-voix. Il ajoute que depuis que les processions ont été interdites en 1905, personne ne veut prier dans la rue. Je me demande quand même ce qu'en pense Samia, à l'autre bout de la table.

21 mars

Nicolas Sarkozy à Montauban rend hommage aux militaires assassinés, devant Hollande, Bayrou, Marine Le Pen et Eva Joly : « Si des communautés ont été ciblées, ce sont des Français qu'on a assassinés... Nous ne pouvons pas céder à l'amalgame, ni à la vengeance... Cet homme voulait mettre la République à genoux, la République n'a pas cédé... »

22 mars

Ils ne peuvent pas s'en empêcher : je tweete donc j'existe. Jean-Jacques Urvoas, député PS spécialisé dans les questions de sécurité, tweete : « Si je comprends bien, le Raid n'est donc pas capable en 30 heures d'aller chercher un individu seul dans un appartement ? » Après s'être bien fait engueuler, il rectifie moins d'une heure après : « Mon tweet précédent était malvenu et inadapté au contexte. Hommage au courage des hommes du Raid. » Twitter rend humble parfois.

23 mars

Je déjeune avec un homme de l'ombre : Laurent Olléon, énarque, rapporteur au Conseil d'Etat, est chargé par Hollande de synthétiser les fiches qu'on lui fait sur tous les sujets (aujourd'hui, la Corse). En général, le spécialiste veut frimer et pond quinze pages. Passées par les mains d'Olléon, il en reste une.

Il y a un décalage, au moins en apparence, entre les gens extérieurs à la campagne qui considèrent que la tuerie de Toulouse est une catastrophe pour Hollande parce que ça va relancer les thèmes de l'insécurité et du halal puissance mille, et les gens de l'équipe qui affichent au pire une certaine perplexité mais dont la confiance ne semble pas entamée parce que l'enquête n'a visiblement pas été menée avec toute l'efficacité requise et donc, pour Sarko superflic, ça ne va pas être si facile d'en tirer tous les bénéfices, on n'est plus en 2007, encore moins en 2002.

Laurent Olléon me confirme que ce léger break imposé par les circonstances est même plutôt une bonne chose car, oui, Hollande était fatigué. Il en veut pour preuve une repartie qu'il a ratée pendant « Des paroles et des actes » sur France 2 : à la fin de l'émission, quand un journaliste lui a encore fait remarquer qu'il n'avait pas prononcé une seule fois le nom de Nicolas Sarkozy (qu'il n'appelle même plus « président sortant » mais « candidat sortant »), Laurent Olléon est sûr qu'en temps normal, il n'aurait pas manqué de signaler que Copé non plus, pas une fois, n'avait prononcé le nom de son président.

Quand je lui demande qui est chargé de faire l'emploi du temps de Hollande, il me dit : « Mystère. » Mystère parce que c'est un mec encore plus dans l'ombre que lui, dont l'identité est ultrasecrète, ou mystère parce que c'est complètement dysfonctionnel et que personne ne comprend vraiment comment ça marche ? « Non, c'est personne en particulier. Il y a des secrétaires qui ont des tableaux et qui remplissent des cases avec des rendez-vous. Quand Hollande rencontre quelqu'un, en général, il lui promet qu'il va le recevoir. Ensuite, quand le mec appelle pour avoir son rendez-vous, les secrétaires ne peuvent pas l'envoyer balader donc on le case quelque part. Mais ça donne des trucs absurdes, des tas de rendez-vous inutiles, alors qu'il faudrait qu'il se repose. L'autre jour, trois rendez-vous dans la matinée. Le premier, c'était Carlos Ghosn, le patron de Renault, bon, c'est l'industrie, il y a des problèmes de délocalisation, soit. Le deuxième : le chef du PSOE espagnol, qui vient de se prendre une branlée historique ! Quel intérêt ? C'est Martine qui aurait dû le rencontrer. Troisième rendez-vous avec le président du Niger, qui s'inquiète des projets de réduction du nucléaire parce que son pays exporte de l'uranium. C'est un chef d'Etat, on reproche à Hollande son déficit d'envergure internationale alors pourquoi pas. Sauf que le président du Niger, pour ne pas fâcher Sarkozy, a voulu que la réunion soit secrète ! Donc aucun intérêt non plus. C'est une rencontre qui aurait dû avoir lieu après son élection, pas avant.

« François m'a aussi demandé de coordonner un

groupe pour préparer le débat de l'entre-deux-tours. On est une demi-douzaine, on se répartit les thèmes, santé, sécurité, justice, international, etc. On réfléchit sur les points où Sarkozy va l'attaquer et on lui fait des fiches.

« Et puis on travaille aussi sur les cent premiers jours. Il veut aller vite. Il voudrait même déposer les premiers projets de loi au Sénat avant les législatives pour gagner du temps. Oui, c'est vrai, en théorie, il pourrait même commencer maintenant puisqu'on a la majorité au Sénat...

« Les 75 %, ça te plaît, toi ? Moi, je suis pas complètement convaincu. Pour quelqu'un comme moi qui ne possède rien, par exemple, c'est très lourd si jamais je veux m'enrichir. On taxe le travail au lieu de taxer l'héritage et le résultat est que ce sont toujours les mêmes qui sont riches et qui le restent. Sarkozy a exonéré 95 % des droits de succession mais même avant, c'était déjà 65 %. Or, en France, la majorité des gens n'ont que leur voiture comme seul bien à transmettre. J'avais proposé à François un projet qui taxait davantage l'héritage que le travail. Est-ce qu'il en a tenu compte ? Bof. Il est prévu qu'il rétablisse les droits de succession mais pas assez pour rebattre les cartes. C'est dommage. »

A la fin du déjeuner, il reçoit un appel : il y a un « gros problème » avec la Corse. Il n'a pas l'air de s'affoler outre mesure : avec les Corses, apparemment, c'est normal. En le raccompagnant au QG, je passe devant un marchand de journaux qui vend le *Time* : en couverture, je vois Sarkozy, avec, écrit en français dans le texte, « Adieu ? ».

23 mars

Je bois un verre avec Samia, la jeune femme franco-algérienne, parce que son avis m'intéresse, et son profil aussi, surtout après Toulouse. Elle a grandi en banlieue dans un milieu très modeste, mention très bien au bac, brillantes études, M2 sur la guerre d'Algérie, un an aux Pays-Bas, travaille désormais au conseil général de la Seine-Saint-Denis. Son père, elle ne sait pas pourquoi, avait cette lubie qu'une de ses filles réussisse, et plus précisément fasse Sciences-Po. Quand je veux commander et que j'appelle la serveuse « mademoiselle », elle me fait remarquer : « Plus très à la mode, ça ! »

Sur Toulouse, elle me dit qu'elle n'est pas complotiste mais elle se demande quand même si on n'aurait pas laissé un peu la bride sur le cou à l'assassin, puisqu'on l'avait repéré depuis longtemps, bien sûr on ne savait pas qu'il allait tuer des enfants mais peut-être que les choses ont dérapé. « En tout cas, cette histoire est pas claire. »

Elle me confirme qu'elle n'a pas goûté l'intervention du jeune islamiste qui réclamait sa mosquée, trois jours plus tôt, au déjeuner avec Hollande : « J'avais envie de lui arracher la tête. Ce n'était pas le lieu pour demander ça. On parlait de problèmes généraux et lui était venu pour dire : "Qu'est-ce que vous pouvez faire pour moi ?" En plus, on m'a raconté la scène, quand il est arrivé, une élue d'Aubervilliers lui a tendu la main, qu'il a refusé de serrer. Elle a demandé pourquoi, il a dit : "Vous savez bien pourquoi." Elle a dit : "Non, je sais pas. Quel est le problème ?" Il a dit : "Ben si, vous savez bien."

« Le halal, je sais pas, je vois pas trop le problème. Moi, ça ne me dérange pas de manger halal. Je me mets à la place d'un habitant qui a l'habitude d'aller manger au Quick de son quartier, on lui dit que maintenant, la viande est halal. En un sens on lui a changé son Quick, c'est vrai, mais en même temps, pas vraiment. J'ai envie de lui dire : "Qu'est-ce que ça change ?" (Je lui fais remarquer qu'on pourrait retourner la question, dire à un croyant : "Au fond, si vous ne mangez pas halal, ou casher, qu'est-ce que ça change ?" Elle convient qu'elle n'avait pas envisagé la chose sous cet angle.)

« En banlieue, le communautarisme augmente, on ne peut pas le nier. C'est vrai, j'ai dit qu'il y avait plus de mariages mixtes, mais en même temps, un Noir avec une Maghrébine qui s'affichent dans la rue, c'est toujours très mal vu, ça déchaîne des réactions très agressives.

« De toute façon, on mélange tout : les musulmans et les Arabes, et puis dans les Arabes on met les Turcs, les Iraniens… On a tellement de représentations toutes faites… Et là-dessus, la gauche est silencieuse, elle a peur de se mouiller, elle laisse les gens de l'extérieur et aussi ceux à l'intérieur de leurs communautés entretenir ces représentations.

« Il faudrait de vrais cours d'histoire des religions à l'école, pour que les gens sachent au moins un peu de quoi ils parlent. La majorité des jeunes de banlieue qui se réclament de l'islam ne savent strictement rien sur l'islam.

« Les déclarations de Fillon sur les traditions religieuses archaïques étaient scandaleuses, elles n'ont pourtant pas provoqué une levée de boucliers : il est Premier ministre, il n'a absolument pas le droit de donner son avis sur telle ou telle religion. D'accord, ça peut se discuter, vous, vous pouvez en parler avec vos élèves, c'est votre travail de développer l'esprit critique, mais lui, il ne peut pas dire ça, il sort de son rôle.

« Toulouse, c'est pas très bon, évidemment. Moi, je suis peut-être un monstre mais je ne me sens pas tenue d'être dans le recueillement et dans la communion, comme s'il fallait que le temps s'arrête. C'est terrible pour les familles, c'est très triste, mais ça ne m'empêche pas de continuer à penser. Aujourd'hui, je ne sais pas trop quelles peuvent être les conséquences politiques mais les risques d'amalgame – Arabe, musulman, terroriste – sont forts… »

Le lendemain, Nicolas Sarkozy déclare sur France-Info :

« Je rappelle que deux de nos soldats étaient… comment dire… musulmans… en tout cas d'apparence, puisque l'un était catholique, mais "d'apparence", comme l'on dit la diversité "visible"… »

26 mars

Hollande est invité par le Bondy Blog dans un café de Bondy, au cœur de la Seine-Saint-Denis.

Avant que débute l'interview, menée par trois

étudiants et un animateur, on lui montre une vidéo dans laquelle on a demandé à des jeunes du coin ce qu'ils pensaient de lui, et le résultat est sévère : trop mou, il donne envie de dormir (mais il fait pas rêver) et s'il gagne, « moi, j'irai pas à la Bastille », dit l'un d'eux.

Les questions des trois apprentis journalistes, quoiqu'un peu plus courtoises, sont à l'avenant. Kahina, étudiante de troisième année en sciences politiques à la fac de Saint-Denis, résume les griefs par une métaphore sportive : « C'est comme si vous jouiez un match de foot dans lequel vous dominez deux à zéro, et puis bon, vous êtes tranquille et tout, et vous n'avez plus envie d'attaquer, vous restez sur la défensive. » Hollande croit peut-être s'en sortir en invoquant la situation : c'est plus dur, aujourd'hui, de faire croire aux gens que tout va changer, mais il faut quand même marier le réalisme et le rêve, etc. Insuffisant pour Kahina qui reformule sa critique sous forme d'injonction : « Mais il faut nous donner envie de voter pour vous... Donnez-nous envie ! On veut quelqu'un de passionné ! » Hollande, légèrement déstabilisé, commence par vasouiller : « Qu'est-ce que je peux trouver comme plus beau rêve... (Kahina, souriante mais sceptique : "Hmm ?"), comme plus belle envie, que de vous dire que c'est vers la jeunesse... de la petite enfance jusqu'à, euh, le moment de rentrer dans la vie active – ce qui va être votre cas... que l'on doit faire ensemble l'effort pour vous donner toutes les conditions pour réussir ! » Je suppose qu'il était meilleur à l'oral de l'ENA. Toutefois, passé ce moment de flottement, il finit par trouver une réponse plus consistante (qui vaut ce qu'elle vaut) :

« J'entendais dans votre reportage un certain nombre de jeunes dire "81, ça devait être formidable". Eh bien, moi, j'étais militant en 81, et j'entendais : "Oh, finalement, François Mitterrand, il fait de l'antigiscardisme primaire, il attend que ça vienne tout seul", et qu'est-ce qu'il y a eu néanmoins ? Celui qui m'a dit qu'il ne serait pas à la Bastille si on gagne, il y viendra à la Bastille, je lui donne rendez-vous à la Bastille, moi, si on gagne, parce qu'il y viendra quand même ! »

Auparavant, la jeune Kahina avait résumé le rapport des jeunes (en tout cas ceux qui votent) avec le candidat socialiste : « Celui pour qui on vote au deuxième tour. » A la fin de l'émission, je vais lui demander pour qui elle vote au premier : Mélenchon. Elle est quand même contente que Hollande soit venu (Sarkozy, lui, a toujours refusé jusqu'à maintenant) mais regrette qu'il soit parti sans leur dire au revoir.

C'est que Hollande, toujours pressé, s'en est allé tenir un mini-meeting sur la place de la mairie, où il est chaleureusement accueilli. Samia, la jeune femme qui travaille au conseil général, est venue ; elle me dit : «'Ça fait du bien d'entendre quelqu'un dénoncer la peur des autres. Je vais voter pour lui parce que dans mon entourage, tout le monde vote Mélenchon, ça commence à m'inquiéter. »

27 mars

Une bonne journée comme je les aime, même si Hollande, d'après la presse, la qualifiera de « déplacement inutile ».

Calais : visite de l'usine de maintenance des Eurostar, la plus longue du monde, 800 mètres. Il paraît que c'est plus simple de faire rentrer les trains en entier que de détacher les wagons. A l'intérieur, c'est frappant, on se croirait dans *Battlestar Galactica*, les trains de marchandises ressemblent à des rampes de lancement pour chasseurs interstellaires. La journée, je ne le sais pas encore, sera sous le signe des couvre-chefs : Hollande, affublé d'une casquette blindée, fait son petit tour, et puis direction Douvres pour voir le tunnel.

Petite déambulation dans les rues de Boulogne-sur-Mer. Un jeune, au passage de Hollande : « Il doit bien se faire chier dans sa vie, lui, pour venir ici. »

Visite d'une usine Findus menacée de fermeture. Cette fois-ci, c'est encore plus retors qu'à Florange ou à M-Real car c'est le repreneur qui est suspecté de vouloir fermer l'usine une fois qu'il l'aura rachetée, pour éliminer un concurrent. Vêtu d'une blouse et d'une charlotte rose sur la tête, j'observe les boîtes de poisson pané suivre leur long parcours méandreux sur d'interminables tapis roulants, tout a l'air complètement automatisé, on se croirait dans un mélange des *Temps modernes* et de *Brazil*. L'un des ouvriers m'explique qu'il a cinquante-deux ans, qu'il a encore un prêt de seize ans à rembourser pour sa maison, que déjà en 1994 il avait senti le vent du boulet quand l'usine, qui appartenait à Nestlé, avait été revendue une première fois. Il me dit qu'il vit au jour le jour, qu'il en a marre que certains bénéficient de tarifs sociaux pour le gaz et l'électricité et pas lui. Pour réduire ses coûts, il fait du feu dans sa cheminée. Il a toujours voté à droite. Là, il ne sait pas encore.

La journée se termine par un meeting en plein air, pendant lequel Hollande nous livre un apologue étrange pour conjurer Toulouse : le courage frappe à la porte de la peur. La peur demande : « Qui est-là ? — C'est le courage ! — N'entre pas, je suis la peur ! »

Le courage entre quand même, et derrière la porte, il n'y a rien, parce que la peur n'est qu'un spectre, une illusion qui empêche d'avancer. Moralité : le courage l'emporte toujours sur la peur. Les journalistes sont perplexes mais de toute façon, il n'y a vraiment qu'un seul sujet qui les intéresse aujourd'hui : Mélenchon. Le candidat du Front de gauche est en train de se transformer en légende urbaine : pendant que Hollande fait son petit meeting devant 1 000 personnes, on raconte que Mélenchon est en train d'en rassembler dix fois plus, que dis-je, cent fois plus à Lille. Une organisatrice à qui je demande où est le bus me dit : « Ne confonds pas avec ceux de Mélenchon ! »

Nous rentrons à Paris avec en tête les images fantasmagoriques d'une flotte de cars alignés à perte de vue formant l'invincible armada du Front de gauche. Pendant le trajet, les journalistes redeviennent des électeurs et se demandent s'ils vont voter pour l'ex-socialiste atrabilaire (la tendance est nettement favorable).

A la gare d'Arras, nous croisons par hasard... Alain Juppé. Le ministre des Affaires étrangères est seulement accompagné de quelques collaborateurs. Les journalistes se jettent sur lui et n'ont qu'une seule question : Mélenchon ? Juppé se lance complaisamment dans un grand numéro de louanges : « Homme de conviction et de grand talent... ses idées ne sont pas les miennes mais... tribun... beaucoup d'éloquence... une éloquence qu'il n'a pas montrée au grand rassemblement de la Bastille, peut-être parce qu'il a eu peur et qu'il s'est dit : "Zut ! à force d'appeler à l'insurrection, elle pourrait bien advenir !", ha ha ! »

Les journalistes du « Hollande Tour » ont l'air positivement enchantés de cette rencontre. Il faut dire que même s'ils aiment bien Hollande, ça fait des mois qu'ils le suivent presque tous les jours et la lassitude les gagne. Du coup, croiser Juppé, c'est totalement exotique et on sent bien que ça les excite. D'ailleurs, c'est un fantasme récurrent chez eux : échanger leurs places avec leurs collègues qui suivent les autres partis, au moins pour quelques jours, histoire de changer d'air et puis de porter un œil neuf sur leur sujet. Cette lassitude est la conséquence logique du système mis en place : chaque média affecte à chaque parti un ou deux de ses journalistes, toujours les mêmes. Il en résulte, chez les journalistes du Hollande Tour (mais chez les autres aussi, je suppose), une sensation d'hémiplégie, le sentiment confus de n'avoir accès qu'à un seul fragment du tableau d'ensemble.

Dans le TGV, je m'assois à côté d'une Saoudienne voilée qui lit un livre de... Jean-Luc Mélenchon. Je lui demande si c'est bien, elle me dit qu'elle adore.

Elle parle un français impeccable parce qu'elle est prof de français en Arabie Saoudite. Elle est de passage en France pour faire visiter des musées à sa fille, sept ans à vue de nez, parce qu'elle a repéré qu'elle avait un bon coup de pinceau. Comme je m'étonne qu'elle s'intéresse à Mélenchon, elle m'explique que les Saoudiens se passionnent pour la politique française, qu'en 2007, elle avait pleuré à l'élection de Sarkozy, que la France est un repère très important dans le monde entier parce que c'est un grand pays, même si Sarkozy a diminué son prestige. Elle me dit encore qu'elle aime Paris mais qu'elle ne peut pas y rester trop longtemps parce que la pauvreté y est trop visible et qu'elle ne le supporte pas. Chez elle, il y a aussi de la pauvreté mais elle est cachée. Elle pense que les pays arabes ne sont pas prêts pour la démocratie parce que leur civilisation est trop jeune : le judaïsme a 5 000 ans, le christianisme 2 000, mais l'islam à peine 1 500, c'est une civilisation encore dans l'adolescence. En Arabie Saoudite, quand on a un problème, on écrit au roi et il nous répond. Elle descend à la gare du Nord, avec ses deux filles, et son Mélenchon sous le bras.

29 mars

Quatre pour le prix d'un. Grâce à la FNSEA, qui a invité tous les candidats à venir lui présenter leurs programmes pour l'agriculture, je vois défiler à la suite Hollande, Marine Le Pen, Sarkozy et Eva Joly (je suis arrivé en retard pour Bayrou et Mélenchon a refusé de venir, tout comme Poutou et Arthaud).

Nous sommes à Montpellier, au Corum, un Palais des congrès ultramoderne, dans une gigantesque salle qui évoque à la fois une salle d'opéra high-tech et le Sénat de l'ancienne République dans *Star Wars*. Dupont-Aignan vient de finir et il est très applaudi. Hollande lui succède, pas d'applaudissements, quelques sifflets. « Je vous remercie de m'avoir invité. » (léger blanc) « J'ai compris que je n'étais pas le seul. » (légers rires) Globalement, il délivre une prestation sérieuse, entrecoupée de petites blagues qui lui valent tout de même, à la fin, des applaudissements polis. Au passage, il a dit : « Je crois aux corps intermédiaires. »

Puis Muriel Robin entre en scène. Ah non, c'est Marine Le Pen. Ironie hargneuse, moitié *executive woman* moitié *desperate housewife*, elle a tendance à débiter ses formules comme l'avocate qu'elle est, mais je trouve que le ton de la plaidoirie marié au style *stand-up* donne un résultat bizarre. La salle hésite entre applaudissements polis et sifflets sporadiques, jusqu'à ce qu'elle conseille aux viticulteurs de ne pas « faire de la bibine comme le Listel ou le Roche-Mazet ! ». Deux rosés du coin : autant dire que c'est une déclaration de guerre sans sommations. Grondement du public. Satisfaite, elle enfonce le clou : « Au moins, la salle réagit ! Depuis tout à l'heure, j'ai cru que vous dormiez. » Et obtient ce que manifestement elle était venue chercher : des huées franches et massives.

Arrive la vedette. Relax, le Président prend place derrière son pupitre : « Avec votre autorisation, je ne lirai pas de discours... On vous a fait trop de promesses !... » Il a l'air de maîtriser ses dossiers, manie les chiffres et les termes techniques avec beaucoup d'aisance, tape joyeusement sur Hollande et Marine Le Pen et, lui aussi, fait des blagues – sur la défense de la PAC : « Certains nous en ont voulu et ceux qui étaient contents l'ont été avec une discrétion qui frisait la pudeur ! » (toute la salle rit de bon cœur) Mais il perd pas le nord : « Il y a des corps intermédiaires autobloquants et des syndicats comme la FNSEA qui prennent leurs responsabilités. Ne faites pas de politique, vous aussi, vous êtes tellement mieux quand vous êtes sincères ! » Largement vainqueur à l'applaudimètre.

Evidemment, ce n'est pas exactement la même histoire avec Eva Joly mais tout le monde fait des efforts : elle adopte un discours relativement conciliant et la salle se montre plutôt indulgente. Petit moment de flottement, toutefois, à l'évocation de José Bové : « C'est pas un paysan ! » crie un homme. Eva Joly répond posément : « C'est peut-être pas un paysan mais au Parlement, qui défend les paysans ? Qui a voté contre les accords de libre-échange avec le Maroc ? » Deux ou trois voix dans le public : « C'est José ! » Au niveau de la forme, cependant, il y a quand même un problème : ce ton monocorde et traînant qui donne envie de lui dire « Merci, madame, le temps est écoulé, revenez l'année prochaine ».

Après déjeuner, off de Hollande devant une poignée de journalistes.

Première question sur Jean-Luc Mélenchon.

« C'est original. (Rires) Jean-Luc s'est lancé dans une bataille contre Marine Le Pen. J'ai rien contre cet objectif mais moi, mon problème est un problème de second tour, pas de premier tour. Il faut se garder de tout débat contradictoire avec Mélenchon. »

Retour aux choses sérieuses : « Sarkozy n'a pas fait de propositions, il décline essentiellement "piscine", "burqa", "étrangers trop nombreux". Son chiffrage ? Il est déjà pipeauté. Mais aucune querelle de chiffres n'influe jamais sur quelque suffrage que ce soit. Au premier tour en tout cas. »

Gros succès pendant la déambulation rituelle, place de la Comédie. Les Montpelliérains sont particulièrement enthousiastes et, dans l'œil du cyclone, au milieu de la foule compacte, je vois soudain surgir, tel la Dame du lac brandissant Excalibur, un bras muni d'une rose. Hourras de la foule. Armé de sa rose rouge, au milieu des badauds qui l'acclament, je devine Hollande heureux.

31 mars

Chemise rentrée dans le pantalon, pompes de ville, raie au milieu, ma veste Chevignon qui fait flic en civil, et la dernière touche : *Le Figaro* sous le bras. Je descends du tram à Porte-de-Versailles et je constate assez vite que mon code vestimentaire est OK. On me donne un autocollant où il y a une caricature de Hollande dans un pot de Flanby avec cette légende : « Le programme de Hollande, c'est du flan. » J'empreinte un long tapis roulant en sifflotant, sans m'en rendre compte, le thème de Dark Vador dans *Star Wars*.

Salle moyenne, jeunes massés devant la scène, Copé au micro chante les louanges des Français, ce « peuple indomptable qui va déjouer les pronostics du petit monde parisien », et chauffe la salle : « Il est bien loin des réalités, ce M. Hollande qui désigne comme ennemi la finance. Non, notre seul ennemi, c'est l'extrémisme sous toutes ses formes : fascisme, bolchevisme hier, fondamentalisme religieux aujourd'hui... Vous ne voulez pas qu'on fasse de vous des assistés ? Vous n'attendez pas qu'on réenchante votre rêve ?... Les emplois jeunes ? Non merci ! Le jeunisme à la Lang ? Non merci !... » Le public de jeunes sarkozystes scande « Sarko président ! » et « On va gagner ! ».

Lui succède Guillaume Peltier, le jeune qui monte, ex-FN, plus propre sur toi tu meurs : « Nous sommes là pour tourner définitivement la page des vieilles lunes de 68... paradis artificiels... 81... assistanat... subventions... loisirs, facilité, laxisme... Nous ne voulons pas, nous ne voulons plus de nouveaux droits ! Nous voulons de nouveaux devoirs ! (au nom des résistants du maquis, précise-t-il : curieux pour un parti qui souhaite ouvertement liquider l'héritage du Conseil national de la Résistance...) Assez des fausses AG de ces jeunes déjà vieux qui manifestent pour de nouveaux droits et pour que rien ne change !... Nos valeurs : la liberté, qui n'est pas l'anarchie, l'égalité qui n'est pas l'égalitarisme, la fraternité qui n'est pas l'assistanat... A gauche, ils pensent que tout est joué... Nicolas Sarkozy sera le président du printemps de la France qui nous fera entrer dans le nouveau monde !... Nous sommes la foule, nous sommes la houle... nous sommes la génération Sarkozy ! »

Puis on annonce « celui qui ne nous a jamais déçus depuis cinq ans ! » et le Président fait son entrée sur une musique de *blockbuster* hollywoodien, on a l'impression que c'est Aragorn en personne qui fend la foule mais la foule est formelle, qui crie : « Nicolas ! Nicolas ! »

« Chers amis, vous êtes la jeunesse de France et vous avez la tête pleine de questions auxquelles vous n'avez pas toujours les réponses. Vingt ans : est-ce le plus bel âge ? (Dans le public : "Ouiii !") Est-ce le pire ? Eternel dilemme de la jeunesse. » (Sur l'écran géant, gros plan de Bernadette Chirac.) Evocation des jeunes Français partis pour Londres en 40, et de Gaulle qui leur a dit : « Je ne vous féliciterai pas d'être venus, vous n'avez fait que votre devoir. » La guerre et la Résistance constituent le fil rouge de toute son intervention : « Ses droits, la génération de la guerre s'est battue pour les obtenir », contrairement à « ceux qui veulent maintenir la jeunesse dans l'enfance »... « La guerre ne les a pas tués, la guerre les a transcendés. » Mais après cette génération glorieuse : « trente années de pensée unique, de laxisme financier, d'affaiblissement de l'autorité... » (Les jeunes déchaînés crient « On va gagner ! On va gagner ! » à tout propos. Sarkozy, souriant : « Oui, mais il faut que j'arrive à terminer mon discours ! ») Séquence philo : « Depuis la Deuxième Guerre mondiale, le monde n'a jamais eu autant besoin d'un nouvel humanisme. L'homme, comme dépassé par sa puissance, doit trouver sa place par rapport à la nature... Désir de vivre mieux, d'urbanité, de respect, de politesse, et j'ose le mot : de civilisation ! Oui, besoin de civilisation pour conjurer la violence ! Besoin de ne pas traiter comme une marchandise l'éducation, la culture, la nature, besoin de savoir qu'on n'est pas condamné dès le départ et que si on échoue, on peut avoir une seconde chance... » Séquence lyrique : « Besoin d'être aimé et de pouvoir aimer... Je ne suis pas un robot et ce que je viens de vous dire, ça sort de mon cœur, de mes tripes et de mon esprit ! » Mesures du jour : « Vous avez décidé de devenir entrepreneur ? Artisan ? NOUS avons décidé que vous ne paieriez pas de charges jusqu'à ce que vous ayez un chiffre d'affaires (acclamations délirantes). Non à l'assistanat (acclamations rituelles), non au RMI jeune, non au RSA jeune (acclamations), mais oui à une banque de la jeunesse (acclamations) qui se portera caution pour tous ceux qui veulent... La politique de la jeunesse, c'est aider la jeunesse à être libre, responsable (clameur)... Pour ceux qui ne sont pas faits pour les études longues... peut-être la plus grande injustice : ce mur infranchissable entre l'entreprise et le jeune qui n'a pas de relations... nous instaurerons un quota d'apprentis dans les entreprises ! » Vous reprendrez bien un peu d'assistanat : « ... l'infantilisation de la jeunesse... » (« hou ! hou ! ») ; « Prenez des risques ! Ne laissez personne mettre des limites à vos ambitions et à vos rêves ! » (« Ouaaaaiis ! » Gros plan sur Copé, extatique : l'élève bluffé par le maître.) Puis il se met à raconter à peu près n'importe quoi : « Un génie ne remplace jamais un autre génie, il le complète ("ouaiiis !")... L'identité du XXIe siècle se trouve dans nos cathédrales, dans Hugo, Maupassant, Baudelaire, Molière !... Le cinéma peut être iranien, roumain, mais le cinéma français doit être à côté des autres !... » Et enfin, *back to business* : « Quand on a peur de perdre, c'est qu'on a déjà perdu ! Voilà la vérité ! Je ne veux pas que vous ayez peur des mots... » Il se remet à taper, comme il l'a fait toute la semaine, sur les fameux corps intermédiaires et ces « syndicalistes qui ne pensent qu'à eux ». Rechute dans ses vieilles marottes : détection en maternelle « de tous les enfants qui ne pourront pas être scolarisés dans un cadre normal » (applaudissements hésitants). Lettre d'une résistante, rescapée d'Auschwitz (« Ouaaiiis ! ») : « Je vous en supplie, faites quelque chose de votre vie parce que ce serait trop bête que tant soient morts et que vous ne fassiez rien de votre vie. » Péroraison : « Vous n'êtes pas n'importe quelle jeunesse, vous êtes la jeunesse de France ! La France, ce n'est pas le refus de la réussite et de l'ambition ! » L'aveu : « Jeunes de France ! Aidez-moi à démontrer que rien n'est joué ! » Et la conclusion épique : « Ensemble, nous écrirons la plus belle page de l'histoire de la République jamais écrite ! » (carrément).

Marseillaise, tout le monde chante, remerciements à Carla, Jean-Louis, Jean-François, Frédéric, Nadine, etc. Et à la toute fin, en mimant avec les doigts : « Trois semaines à fond ! (silence) Deux semaines à fond ! »

Je me demande combien il y a eu d'occurrences du mot « assistanat », cet après-midi.

Pendant que la foule se disperse, j'aborde des jeunes qui portent le t-shirt blanc marqué « Les Jeunes avec Sarkozy » pour leur demander quels sont ces fameux nouveaux devoirs que, d'après Guillaume Peltier, ils réclament.

Premier jeune : « Peu importe, j'ai pas les idées en tête, je suis désolé. »

Deuxième jeune : « J'ai pas envie de répondre. Je sais pas quoi répondre. »

Deux jeunes filles : « Vraiment, je sais pas, je suis complètement... »

Groupe de cinq jeunes (concertation pour savoir qui répond ; un grand bouclé à une blonde à lunettes : « Vas-y, toi ! ») : « Le devoir de s'engager pour l'avenir de son pays et de songer à des solutions aux problèmes, et être solidaire, parce que la solidarité, ça se perd ! »

Un jeune fumeur de shit au phrasé caractéristique : « On n'a rien sans rien... Si on nous donne quelque chose, alors en retour... La solidarité, ça doit jouer dans les deux sens... On doit montrer qu'on fait les efforts pour réussir... » (OK, man, tu peux aller te recoucher. Fais gaffe quand même avec les efforts, hein !)

L'an dernier, j'ai refusé une invitation à déjeuner du Président parce que je ne voulais pas cautionner une politique que je réprouvais totalement mais là, j'aurais bien croisé le candidat pour discuter un peu de la campagne, alors j'ai laissé un message à Frédéric Mitterrand pour lui demander s'il y avait moyen de me faire entrer dans la loge. Il me rappelle une heure plus tard en s'excusant, il n'avait pas vu mon SMS, il est trop tard pour croiser Sarkozy maintenant mais nous discutons cinq minutes au téléphone : « Comment vous avez trouvé ? Moi j'aime pas les meetings, ça me fait toujours l'effet d'être à Nuremberg, le public est complètement hystérisé, c'est effrayant. Et puis il y a un côté ovation sur commande... Je me souviens des meetings de Mitterrand, en 81, il y avait une vraie sincérité. Enfin, je ne dis pas que les jeunes qui étaient là ne sont pas sincères, mais quoi qu'on leur dise, ils applaudissent.

« Et les autres ? Vous les trouvez comment ? Moi j'aime beaucoup Eva Joly. Je suis d'accord avec rien mais je la trouve honnête et très sympathique. Bayrou, en meeting, ç'est pas ça. Mélenchon, à la Bastille, ça devait être quelque chose ! Je sais pas si Hollande serait capable de lever les foules comme ça.

« J'ai beaucoup de mal avec tout ça. Vous, ça fait trois mois que vous suivez ça, moi ça fait trois ans. Et puis cette campagne hyper-droitière, c'est pas facile à supporter, je commence vraiment à fatiguer. Mais enfin, c'est encore Sarkozy que je préfère : on sent qu'il aime la castagne, il est comme un enfant. Là, après le meeting, il était comme ça : "J'ai été bon ? J'ai été bon ? Là, c'était bon, non ? Ah oui, là, j'aurais pas dû dire ça, t'as raison !..."

« Le monde de la culture, ils sont pas tendres. Ils me font payer mon ralliement tous les jours, alors que j'ai toujours essayé de mener une politique honnête dans les nominations ou dans les attributions de subventions, ce qui m'a aussi valu, d'ailleurs, de solides inimitiés dans ce qui est supposé être mon camp. Mais Nicolas Sarkozy, lui, ne m'a jamais causé de problème ; il m'a toujours laissé une grande liberté.

« Bon, après cette leçon de sarkozysme primaire, je vous laisse, à bientôt ! »

2 avril

Voilà une bonne demi-heure que je suis dans la queue pour assister au meeting que Mélenchon doit donner au Bataclan sur le thème de la culture, quand j'apprends avec stupéfaction que ceux qui se sont préalablement inscrits sur Internet sont prioritaires. Un barbu chevelu enjoint à ceux qui n'ont pas de place de reculer et d'aller attendre un peu plus loin, et je sens bien que c'est une litote pour dire d'aller nous faire pendre ailleurs mais les recalés refusent de bouger et quelques-uns crient déjà : « Résistance ! »

Finalement, grâce à un passe-droit, je finis par entrer, je me paie une bière au buffet et j'écoute un spécialiste culturel expliquer au public qu'il veut « faire reculer les régressions » en citant du René Char : « Le peuple n'est pas dénué de culture, il est privé de parole. » Guy Bedos, derrière moi, répond à un journaliste : « Non, je ne soutiens pas Mélenchon, je viens voir, c'est tout. » Les intervenants se succèdent avec un bonheur très inégal, il y a des experts, des comiques, des libraires, des chanteurs. Un moustachu rigolo fait un sketch : « Amis riches, dormez plus pour gagner plus... Ne dit-on pas "victime" de l'ISF et "bénéficiaire" du RSA ?... Les riches ont du bien, les pauvres ont du mal. » Une Chantal Goya blonde chante, ironique : « Youpi, youpi à la France qui se lève tôt ! » Puis le King arrive aux cris de « Résistance ! Résistance ! » et entame un discours historico-pédago-lyrique, « un peu philo mais bon » dixit la star, sans notes ou presque, devant un auditoire hyper-studieux : « Vision bourgeoise que celle qui dit : "D'abord je travaille, puis je consomme de la culture" ! Nous sommes des êtres de culture, chaque jour, chaque instant, dans nos choix, dans nos amours, dans nos fraternités, dans le regard que nous portons sur la vie ! Alors il faut l'être tout le temps !... Vous ne changerez rien, absolument rien, si vous attendez que le changement vienne d'en haut... Tout ! Tout doit être repensé, me semble-t-il, par le souci de faire commencer à voir les valeurs essentielles du monde que nous portons, qui est un monde de fraternité et de refus de la compétition !... Nous sommes aussi un mouvement culturel – est-ce que vous vous en rendez compte ? (Dans la salle : "Oui ! Ouuuuiiii !")... Nous avons remis le rouge à la mode – c'est une couleur, ça ! C'est de l'esthétique ! Nous avons remis nos chansons à la mode... et votre candidat commun, lui, il parle d'amour et de fraternité dans les réunions. Et il lit du Victor Hugo ! Bref. » Son discours avait commencé par : « Il y a pas d'homme providentiel et je suis pas candidat au rôle ! » Il le termine en parlant de lui à la troisième personne, ce qui n'est jamais très bon signe. Mais quand même, il faut reconnaître : en dépit d'un côté parfois un peu kitsch, c'est la superclasse.

4 avril

Rennes, dédicace dans une librairie, ça se bouscule à l'entrée, un journaliste régional aboie sur Zineb, une jeune fille qui s'occupe de l'organisation : « Vous faites passer tous les Parisiens ! Pour eux, il y a pas de problèmes ! » Zineb grince entre ses dents : « Plus t'es provincial et plus t'es chiant ! »

Apogée du cirque en vue : meeting avec Ségolène Royal. Les journalistes attendent ça depuis des mois, je ne sais pas exactement ce qu'ils espèrent, ils me disent que c'est quand même une histoire hors du commun et qu'on ne peut pas, en tout état de cause, faire abstraction de la dimension privée quand elle est si étroitement liée à l'histoire politique. Ils ont harcelé Valls pour lui faire avouer que c'était un moment spécial que toute l'équipe de campagne a forcément conçu comme tel, mais Valls n'a pas craqué, il a décrété, cassant, qu'il faisait de la politique, pas dans le romanesque. Il ment, bien sûr. Mais de fait, la scène des retrouvailles durera quinze secondes, autant pour le romanesque.

Dans les loges, David, le garde du corps, me dit qu'il est content de revenir après quelques jours de congé : « Quand je bosse pas, je déprime. Je regarde BFM. » La femme de Valls joue au backgammon sur son iPhone.

Ce que je retiens de Rennes, c'est cet instant : avant d'entrer en scène, François Hollande attend à l'extérieur de la salle, avec une petite dizaine de personnes, ses gardes du corps, un photographe, une caméra, Le Foll et Lamdaoui fument nerveusement une cigarette, Aquilino Morelle l'encourage comme un boxeur : « Allez ! La niaque ! » pendant qu'il fait les cent pas en emmagasinant de l'énergie (je suppose). A l'intérieur, on passe le petit film diffusé à chaque meeting qui retrace le parcours du candidat, et nous parviennent les extraits de ses discours précédents, toujours les mêmes, entendus mille fois, et donc François Hollande écoute sa propre voix : « Rien ne m'a été donné ! Rien ne m'a été octroyé !... » Conscient de cette étrange mise en abyme et un peu gêné, il dit en riant : « Ah ! Je la connais, celle-là ! »

Puis la musique démarre, et il s'engouffre dans

l'allée humaine qui mène sur la scène où l'attend son ex-femme.

6 avril

Ce soir, le candidat prend le TER pour se rendre en banlieue, à Creil, bastion socialiste mais aussi ville de la première affaire de voile, dans les années 80, à l'époque où on disait encore « tchador ». Dans le train, je suis assis à côté d'un chef de service en radiologie qui me dit, en désignant Hollande : « Si on l'écoute, Sarkozy a rien fait de bien, rien du tout, en cinq ans. C'est pas bien de tout critiquer. Ça veut dire qu'on a élu un con. Ça veut dire qu'on est des cons ! A l'entendre, tout le monde vit plus mal après cinq ans de Sarkozy. Mais moi, ça va. Franchement, je vis même mieux. »

Charmes de la banlieue : incident à la gare. Un militant UMP veut arroser le candidat mais rate son coup et se fait tabasser par les gros bras du service d'ordre.

Dans les rues, grosse ambiance, gamins hystériques, mouvements de foule, circulation bloquée au passage du candidat, même les filles voilées ont l'air excitées, les journalistes qui se souviennent avec nostalgie de 2007 s'apprêtent à titrer : « Enfin, la ferveur ! »

Je demande à un père de famille noir en costume africain venu encourager Hollande ce qu'il pense de Mélenchon, il me répond : « C'est qui ? »

7 avril

Trappes, samedi matin, un passant maghrébin venu soutenir Hollande répond à des journalistes : « Pourquoi quand un Blanc fait quelque chose, vous vous sentez pas visés ? Quand Hollande a acheté des fleurs pour les Arabes jetés à la Seine, il a eu mon vote. On est français ! Moi je vais voter Hollande pour qu'on nous oublie. Oubliez-nous ! Sarkozy, il supprime les allocs et ensuite, il s'étonne qu'il y ait de l'insécurité. Mais c'est logique, les gens, ils ont besoin d'argent ! Moi, je suis au chômage, j'ai deux enfants, si on me supprime mon alloc, je fais comment ? Merah, c'était juste un déglingué de la tête. Quand c'est Richard Durn, on attaque pas les Blancs ou les cathos, hein ! Hollande, c'est le seul qui nous attaque pas. Nous, on est sept à la maison, sept à voter Hollande. Mélenchon ? J'ai rien contre Mélenchon mais faut pas se disperser. »

Déambulation aux Ulis, deux jeunes filles crient en rythme « Hollande président ! ». Hollande vient les voir pour les saluer mais, sans doute intimidées, elles continuent à crier « Hollande président ! » alors qu'il est juste devant elles, essayant de leur parler. Puis il va saluer les employés d'un salon de coiffure, « le spécialiste des cheveux crépus ou frisés ». François Lamy, l'un des bras droits d'Aubry, est présent, il plaisante avec les journalistes :

« Alors ? J'ai lu *Le Figaro* ce matin, je suis inquiet, hein ! Ha ha ! »

— Cela dit, l'Ifop, c'est mauvais.
— C'est l'Ifop qui est mauvais. »

Réunion sur la condition féminine et les problèmes des femmes en banlieue. Une jeune socio-sexologue brosse un tableau passablement déprimant : pour certaines jeunes femmes, une grossesse précoce est un moyen de se faire respecter dans la rue et aussi parfois d'éviter les rapports sexuels. Le problème des grossesses précoces n'est pas tant la contraception que la rupture avec la famille et l'estime de soi. Les viols sont banalisés. Les rapports forcés au sein des couples sont souvent occultés, au même titre que les violences conjugales. Elle demande, entre autres, la reconnaissance du viol conjugal et une meilleure formation des instits à l'éducation sexuelle et aussi aux notions de genre. Hollande promet toute une série de mesures, et notamment qu'en cas de violences, ce soient les conjoints et non les femmes qui quittent le domicile conjugal. La maire des Ulis insiste sur la nécessité de changer le regard sur les femmes, en posant le principe que quand on respecte, on n'est pas violent. Une femme pose une question sur le futur gouvernement. Hollande répond qu'il ne veut pas cantonner les femmes aux ministères sociaux, comme ça se fait d'habitude, et qu'une femme doit pouvoir être ministre des Finances, aussi (comme Lagarde, quoi).

A midi, on déjeune à Aubervilliers avec diverses personnes qui œuvrent pour et dans les banlieues. Je me retrouve à la table de Valls, à qui on fait remarquer que la campagne n'a pas la même ferveur que les précédentes, qu'elle est terne, qu'elle n'intéresse pas autant. Il rappelle : « On mythifie 81. A l'époque, on parlait de la "bof génération". Mitterrand n'était qu'un plan B, après le désistement de Rocard, et il a fait 22 %. Entre les deux tours, Chirac a aidé Mitterrand en soutenant Giscard du bout des lèvres, "à titre personnel", sans appeler à voter pour lui. » Thomas Hollande, présent à la table, laisse échapper : « Comme… » Je termine sa phrase : « Comme Montebourg à la primaire. »

La conversation revient sur le face-à-face entre Fabius et Sarkozy, Valls analyse : « Fabius a pris un départ catastrophique. Il n'a pas cru que Sarkozy oserait l'attaquer sur "Fraise des bois". » Qu'est-ce qu'il aurait fallu répondre ? « "Et vous, vous savez ce que vos amis disent sur vous ?" Lui faire la liste des saloperies que Copé et compagnie ont balancées sur lui, tac tac tac, et lui dire : "On va peut-être élever le débat, d'accord ?" » Il obtient de son voisin de table ce qu'il attendait sans doute : « C'est toi qui aurais dû y aller. »

Plus tard, je me retrouve dans sa voiture, c'est la première fois que je discute seul avec lui. Je lui rappelle un débat qu'il a eu récemment, lui, avec des contradicteurs de droite et du centre, en pleine TVA sociale. Il était pour pendant la primaire, puis a dû s'aligner sur Hollande qui était contre, ce qui l'a fatalement exposé aux sarcasmes de l'adversaire.

« Je préfère qu'on me reproche la TVA sociale plutôt que des petites phrases. Je n'en ai jamais fait contre François. Enfin si, mais il y a longtemps, j'avais dit que c'était un bouchon : quoi qu'il arrive, il flotte.

« C'est vrai que j'ai d'abord soutenu DSK. Il avait une stature qui était rassurante pour l'Allemagne, et puis un volontarisme industriel. Pour moi, de toute façon, entre DSK, François et moi, les divergences politiques sont infimes. J'avais dit à François, dès le mois de juin, que je voulais me présenter mais que je me rallierais à lui au soir du premier tour. Pourquoi pas Aubry, puisqu'elle était la remplaçante de DSK ? Pour des raisons tactiques, et aussi personnelles.

« DSK, je pensais que ce serait l'argent qui le ferait tomber, pas le cul.

« Moi, je n'ai rien contre un protectionnisme européen. C'est vrai, on n'est pas si loin avec Arnaud. Mais pas s'il s'agit de protectionnisme dans un seul pays, évidemment : on ne peut pas faire comme si la mondialisation n'était pas passée par là…

« Les 75 %, nous avons beaucoup poussé François pour qu'il propose la mesure, moi, Mosco, Aquilino et Le Foll. Et c'est moi qui ai insisté pour qu'il fasse l'annonce pendant l'émission de TF1.

« Mon père était peintre, oui, il faisait du figuratif, un peu genre Balthus, mais avec moins de filles nues. »

Plus tard, j'assiste à une énième table ronde, celle-là sur la santé, l'attention générale fléchit, je vais voir Aquilino qui attend dehors pour lui faire remarquer qu'en tant que médecin, ça le concerne. Il se récrie : « Je connais un peu les sujets, quand même. Et puis, il m'a pas appelé pour ça. Je voulais aller voir *Titanic* avec mes enfants mais il m'a dit qu'il voulait que je vienne tout de suite pour retravailler le discours de tout à l'heure. Je lui ai demandé sur quels points en particulier. Il m'a dit : "Démerde-toi." Je lui ai dit : "Ça a le mérite de la concision." Je crois que ma présence le rassure. Il est ballotté toute la journée, il a besoin de repères familiers. »

Meeting d'Aulnay. Hollande prend des accents de Jim Morrison : « Et si certains sont plus riches que vous... vous, vous êtes plus nombreux ! » (« *They got the guns but we got the numbers* », *Five To One* in *Waiting for the Sun*, 1968) A la sortie, cependant, une journaliste, après un rapide micro-trottoir, me dit : « Bon ben, ils votent tous Mélenchon. Le pauvre Hollande, avec toute l'énergie qu'il dépense... Sauf un qui a répondu Bayrou. Oui, celui avec le t-shirt Kiss. Lui, il est déjà vieux avant d'être jeune. »

11 avril

Pujadas : « C'est votre temps de parole. »
Poutou : « Ah ouais, ça passe vite ! »
Mais il a quand même le temps de moucher Lenglet au passage :
« Les charges sociales, ça n'existe pas ! Ce sont des cotisations sociales ! »
Et de recadrer les choses :
« J'ai pas rendez-vous avec le peuple, moi, j'ai pas entendu des voix. »

12 avril

Pujadas : « Est-ce que vous nationaliserez même les petites entreprises ? »
Arthaud : « Non, juste les grands groupes. »
La gauche molle, quoi. Tout fout le camp.

13 avril

Claude Bartolone me reçoit dans son bureau de président du conseil général de la Seine-Saint-Denis, avec vue imprenable sur les tours de Bobigny :
« En pleine campagne 2007, je m'en souviens parfaitement, c'était pendant un congrès à Versailles, je mangeais avec Fabius, Ségolène m'appelle, elle me dit : "Viens tout de suite, j'ai besoin de toi !" Je me suis occupé des relations médias. Ah, elle m'en a fait voir de toutes les couleurs ! Elle n'en faisait qu'à sa tête. Un jour, à Marseille, un journaliste me dit : "T'es vraiment une ordure ! Tu veux que je me fasse virer ou quoi ?" J'apprends qu'elle donne une interview exclusive à Notre-Dame-de-la-Garde au journaliste de *Libé*. Les autres étaient fous de rage. Personne n'avait été prévenu. Une autre fois, on est dans la voiture, je lis un mauvais sondage et un mauvais article dans *Le Parisien*. Je le roule discrètement dans la poche et je fais semblant de dormir. Elle me dit : "Claude, tu n'as pas *Le Parisien* ?" Je suis bien obligé de le lui donner, et je refais semblant de dormir. Au bout d'un moment, elle me demande : "J'ai une interview au *Parisien*, demain, n'est-ce pas ?" Je lui dis oui : on avait calé un rendez-vous avec les lecteurs, certains venaient de province, ils étaient déjà arrivés à Paris. Un silence. Puis elle me dit : "En fait, ces gens-là de la presse ont plus besoin de moi que moi je n'ai besoin d'eux, non ?" Re-silence. Et puis elle dit : "Je n'irai pas." Non, Ségolène, c'est pas possible, tu peux

pas me faire ça ! Une autre fois, Elkabbach m'appelle, il me demande s'il pourra parler à Ségolène un peu avant son émission, il l'a invitée pour le lendemain. Je lui dis : "Pas de problème !" Mais Ségolène se vexe parce qu'elle pense que pour Sarkozy, ils préparent l'émission une semaine à l'avance alors que pour elle, ils vont juste se fendre d'un petit coup de fil une heure avant, alors elle annule ! C'était sans arrêt des trucs comme ça…

« François et elle, je les voyais dans leur maison de Mougins. Ils jouaient les gentils organisateurs et les nourrices, ils essayaient de rattraper le temps perdu avec leurs enfants. A l'époque, c'était François la vedette, on n'aurait jamais pensé qu'elle serait candidate avant lui.

« En avril dernier, quand DSK m'a dit qu'il allait se présenter, il m'a dit de me méfier de tout le monde, de pas parler au téléphone, de faire attention à mes mails : quand je suis sorti de chez lui, me prenais pour un agent secret. Le 15 mai, un journaliste m'appelle dans la nuit, j'étais dans ma maison de campagne, je lui dis que c'est pas une heure pour déranger les gens et je raccroche. Mais il m'envoie un SMS alors je vais chercher mon iPad, il était resté dans ma voiture. A ce moment, je reçois un coup de fil de mon fils qui vit en Australie, il me dit : "Ah, t'es réveillé ? Bon ben t'es déjà au courant, salut !" En 2007, après la défaite, j'avais déjà écrit *Une élection "imperdable"*. Là, je me suis dit : c'est foutu, on est maudits.

« Martine, elle voulait pas y aller, on lui a dit : "Ecoute, Martine, il faut te décider !" C'est comme en 2008, jusqu'au dernier moment, elle voulait pas se présenter. Le matin même de la date limite de dépôt des candidatures, elle dit qu'elle y va pas. Et puis finalement, on arrive à la convaincre, mais elle est coincée dans les embouteillages ! J'ai dû téléphoner à quelqu'un pour qu'il aille déposer sa candidature à sa place.

« Récemment, j'ai dit à François : "En fait, c'est grâce à moi que tu es candidat." Ben oui ! Si j'avais pas poussé Martine à être première secrétaire, Ségolène aurait gagné et ça changeait complètement la donne. Il m'a dit : "Enfoiré !" Mais il a reconnu : "C'est pas faux." Ha ha !

« Avant-hier, à "Des paroles et des actes", je l'ai trouvé bien, reposé, détendu : "Je suis pas un candidat pochette-surprise." Sarkozy, hier, il était pas bon, il a pris trois minutes pour répondre aux attaques de Joly, sur dix minutes de temps de parole, c'était terrible, il se justifiait, ça rappelait Giscard avec les diamants de Bokassa. Il aurait dû dire : "Ce sont des accusations sans preuve, je ne vous laisserai pas abaisser le débat" et basta, on passe à autre chose.

« Moi, je suis un véritable enfant de la République, mes parents venaient de Tunisie, on était très pauvres, j'ai grandi au Pré-Saint-Gervais et j'ai à peine bougé puisque maintenant je suis aux Lilas. Je me souviens de mon instit qui a insisté pour que j'aille au collège. Après mon certificat d'études, j'aurais dû être orienté pour faire un travail manuel mais elle a dit à mes parents que ce serait du gâchis. Elle vit toujours, elle habite à Pantin, elle est très fière de moi. Ensuite, j'ai collé des affiches, je suis devenu maire adjoint, et en 81, on m'a demandé de me présenter dans une circonscription à droite, aux Lilas, je voulais pas mais on m'a dit : "Nous emmerde pas, de toute façon, tu gagneras pas." Et j'ai gagné.

« Mélenchon, je me souviens, en janvier 2005, il fait un grand meeting pour le non à Toulouse. Moi aussi, j'avais voté non mais prendre la parole, contre le Parti, je voulais pas franchir cette ligne. En sortant, après avoir parlé devant tous ces communistes, on sentait que ça lui avait plu, c'est là qu'il m'a dit qu'un jour, il se présenterait à la présidentielle. Ce qui a compté, aussi, c'est l'exemple de Die Linke, en Allemagne : il voulait faire comme Oskar Lafontaine.

« Pour moi, l'idéal, c'est Mélenchon à 11 %. Jusqu'à 14, ça va. A 15 %, on perd. Parce que ça veut dire que, mécaniquement, François est plus bas. Et ça va faire peur aux centristes et mêmes à certains électeurs de Hollande qui préféreront Sarkozy plutôt qu'un Hollande sous la pression de Mélenchon. D'ailleurs, peut-être qu'inconsciemment, lui-même le sait. Il ne souhaite pas la défaite de la gauche, bien sûr, et il sent que le truc est en train de lui échapper alors peut-être qu'inconsciemment, il freine. Vous avez vu, c'est bizarre, depuis une semaine, on ne le voit plus, à part hier à la télé. Entre Toulouse et Marseille, il aura quasiment disparu. Du coup, il se tasse un peu dans les sondages.

« Oui, oui, je pense que des gens qui voteront Hollande au premier tour peuvent très bien voter Sarkozy au second. Vous savez, les votes, c'est étrange. L'autre jour, j'étais sur un marché avec un journaliste qui me suivait. Je me fais aborder par un mec qui me dit : "Faut gagner, hein ! Faut virer Sarkozy !" Je lui dis qu'il faut voter, alors. Il me dit : "Pas de problème ! Hollande au deuxième tour !" Et au premier ? "Ah non, là, au premier tour, bon bah, c'est Marine, hein." La tête du journaliste ! »

13 avril

Hier, dans le supplément du *Monde*, gros article sur Valls, « le metteur en scène ». On y décrit un Valls efficace et arriviste ayant réussi à devenir le bras droit de Hollande, notamment au détriment de Moscovici qui n'a pas tellement apprécié l'article. Safia Otokoré me raconte : « J'ai eu François, il m'a dit de lui dire qu'il ne s'en fasse pas, qu'il n'était dupe de rien. J'ai dit à Pierre que l'article n'était pas très flatteur, ils faisaient passer Valls pour un sale gamin qui se livrait à des enfantillages. » C'est vrai que l'anecdote saillante de l'article ne révèle pas forcément le grand homme qui sommeille en lui : Valls invite Mosco dans sa voiture, le plante et monte dans celle de Hollande. Ça fait davantage roi du bonneteau que Machiavel réincarné. L'entourage des deux parties démentira cette histoire. Elle est peut-être fausse mais elle est édifiante.

On me demande souvent si je sens une ambiance de courtisanerie autour du candidat. Non seulement je la sens, mais j'ai la désagréable conscience d'y prendre part. Tous, nous cherchons sans arrêt à nous approcher le plus possible du prince d'Orange, espérant un signe, attendant d'être invités dans sa loge, quémandant un entretien, sollicitant humblement son attention sur telle ou telle requête, avec certes des motivations diverses pour les politiques, les journalistes, les photographes ou moi-même, mais le résultat est sensiblement le même : on veut tous être dans la bonne bagnole.

15 avril

En route pour Vincennes, le dernier grand meeting parisien, je croise Jack Lang dans le métro, à qui je demande si ses problèmes de circonscription sont réglés pour les législatives. Il m'assure qu'il n'y a jamais eu de problème, que dès l'instant que le redécoupage électoral avait supprimé sa circonscription, il était naturel de lui en trouver une autre, et que dans la mesure où celle qui lui est dévolue est à droite, il ne prend rien à personne, il devra la conquérir, comme il a toujours fait, à Blois et ailleurs, il n'a jamais été parachuté nulle part.

Nous évoquons l'optimisme ambiant et la victoire qui se dessine, je lui dis que d'après Hollande, il y a toujours une surprise aux présidentielles et j'évoque la théorie de Bartolone comme quoi à 15 % pour Mélenchon, Hollande perd. Lang n'y croit pas une seconde, Mélenchon peut même faire 18 % si ça lui chante, il me dit que la surprise, ce sera peut-être l'ampleur de la victoire, supérieure à celle de Mitterrand en 88.

Sur la route du parvis, il m'apprend au passage que de Gaulle avait songé s'installer au château de Vincennes, à la place de l'Elysée, trop exigu.

Puis nous parlons de son œuvre en tant que ministre de la Culture, je lui dis que dans toute l'Europe, on nous envie le prix unique du livre, il me demande s'il n'est pas instauré en Angleterre et comme j'en reviens, justement, je peux lui certifier que non, du coup les librairies meurent les unes après les autres et les maisons d'édition souffrent. Il se remémore la lutte que ça avait été pour imposer la loi, en 81 ; on prétendait que c'était incompatible avec les accords du traité de Rome, il avait fini par appeler Defferre pour lui dire : « Gaston, sauvez-moi ! »

Je lui confie que, depuis mon enfance, mon père m'a toujours répété qu'il n'y avait eu que deux ministres de la Culture dans la Ve République, Malraux et lui. Il est flatté, mais il ne peut pas s'empêcher de laisser poindre un peu d'amertume : il s'étonne ou feint de s'étonner que les jeunes s'agacent qu'il pèse encore au sein du PS et qu'il prétende encore jouer un rôle. Je lui fais remarquer que, contrairement à Badinter, par exemple, il n'a pas raccroché. Il insiste : « Oui, mais je ne prends la place de personne. »

Arrivé sur place, je vois défiler tous les pontes, Jospin et Royal compris (sauf Mosco qui a pris froid et qui est resté chez lui avec 39 de fièvre). Je demande à Bartolone s'il croit toujours à sa théorie des 15 %, il rigole : « J'en fais des cauchemars, je me réveille la nuit en faisant "aaaahh !". Non mais hier, j'étais avec des amis, ils votaient tous Mélenchon, ils m'ont demandé : "Vous allez pas augmenter la taxe sur les plus-values immobilières, hein ?" Voilà les électeurs de Mélenchon dans toutes leurs contradictions ! »

Discours de Hollande devant le parvis noir de monde. Invocation de Mitterrand pour contrer Mélenchon : « Il y a trente et un ans jour pour jour, François Mitterrand disait : "Je suis le candidat des socialistes mais je suis aussi le seul candidat de gauche qui soit en mesure de l'emporter… et je demande – disait François Mitterrand – à ceux qui veulent le changement..." disait-il... » Ou comment dire ce qu'on a envie de dire en s'abritant derrière son totem pour ne pas avoir à l'assumer totalement : magie des ressources de l'énonciation. « Rien ne pourra nous détourner de notre propre combat ! » Aquilino Morelle l'imite, hilare : « Rrrien ! » Le soleil apparaît : « Ça se réchauffe ! Même en haut, il nous écoute ! » (La jeune femme à côté de moi : « Dieu, il lui reste une chose, c'est la météo... ») Coup de vent : « C'est le souffle de la jeunesse ! » Valls m'aperçoit : « Qu'est-ce que vous faites là, vous ? » Hollande : « Egalité ! Egalité toujours ! » Valls, en manque de journaliste à sadiser : « Vous êtes marié, monsieur Binet ? » Hollande pose les mains à plat sur ses feuilles pour qu'elles ne s'envolent pas. « C'est quand la gauche rencontre l'histoire de notre pays... 1789, 1830, 1848, 1871... » C'est la première fois, à ma connaissance, qu'il cite 1871 : ça fera plaisir à Mélenchon (et à Poutou pour le même prix). Anaphore du jour : « La grandeur de l'Histoire, c'est Léon Blum... la grandeur de l'Histoire, c'est la Résistance, et Raymond Aubrac... c'est Pierre Mendès France, qui a fait plus en sept mois que d'autres en cinq ans... la grandeur de l'Histoire, c'est Jospin... » J'aperçois Christine, la chef des gardes du corps qui le prend en photo sur la scène. « Quand notre drapeau se mêle à celui de l'Europe... » Stéphane, le photographe : « Ça, c'est du Aquilino Morelle. » Plagiat tranquille du slogan de Mélenchon, *Prenez le pouvoir* : « Soyez les plus nombreux, prenez ce pouvoir qui vous est offert ! » Le coach vocal du candidat (c'est celui de la Star Ac') : « T'as vu un peu, la voix ? Donne-moi ton carnet, je vais te signer un autographe. » La foule : « On va gagner ! On va gagner ! » *Marseillaise*. Gravel exulte, il en tape cinq à Thomas Hollande qui chante à tue-tête. Valls et Morelle se prennent dans les bras. Ils ont gagné. Ah non, c'est dans huit jours. La foule se disperse. Fred, l'assistant, est soulagé parce que le discours ne s'est pas envolé. Valls : « Sept mois de campagne pour qu'il y ait des trous dans le pupitre pour caler les verres ! » Devant la loge, c'est l'émeute, et dedans, c'est bondé à craquer : « Même Cahuzac est pas rentré. — Il va encore mal le prendre. »

Je demande à Aquilino si le passage sur la grandeur, c'est Hollande, il me dit : « Ha ha ! Non, c'est moi. Il faut bien que je te surprenne, hein ! J'aime bien les grandes tirades scandées, comme ça. »

Au même moment, Sarkozy donne son grand meeting à la Concorde mais plus personne ne s'en soucie.

16 avril

Visite au QG de campagne où je croise Laurent Olléon : « Je sais pas ce que t'en penses, mais c'est très détendu, ici. L'autre jour, j'arrive, il y avait personne : l'équipe Web avait fait une soirée la veille, ils sont tous arrivés après 11 heures.

« On est un groupe de six pour préparer le débat, en ce moment, on cherche des formules, Bachelay pour l'attaquer, moi pour répondre aux attaques. L'arme nucléaire, c'est les affaires. François ne l'utilisera qu'en cas d'extrême nécessité. Il en aura sans doute pas besoin. Sarkozy, en répétant partout qu'il allait l'éclater, lui a rendu service. Les gens s'attendent à ce que Sarkozy gagne, donc s'il y a match nul, c'est une victoire de Hollande. Il n'a pas besoin de viser le KO. Est-ce qu'il n'aura pas envie de parachever la victoire ? Je crois pas, il sait garder la tête froide.

« Bachelay, c'est sans doute lui qui va jouer Sarko pendant la répétition. Moi je voulais Valls mais Bachelay, il est bon pour les vacheries, il avait eu les formules les plus dures contre Hollande : "François Hollande pense à la présidentielle en nous rasant", c'est lui. Sur Ségolène, il avait trouvé : "Il vaut mieux dire 'Voici mon programme' que 'Mon programme, c'est *Voici*'." François a bien fait de le prendre. Les fabiusiens sont de vrais politiques : une fois qu'ils ont acté la victoire de François, ils se sont mis à son service sans arrière-pensées. Aubry, elle essaie de faire pareil mais elle n'y arrive pas, elle est trop méchante.

« Aubry Premier ministre, il a pas envie. »

17 avril

Sur la scène du Zénith de Lille, Aurélie Filippetti est en train de meubler, comme elle en a désormais l'habitude, entre deux groupes de rock : « Voilà, euh, il faut changer les instruments alors ça prend du temps, mais, euh, le changement c'est... ? » La foule : « Maintenant ! »

Dans le carré VIP, quelqu'un aborde Cambadélis en lui donnant du « Monsieur le premier secrétaire », poste pour lequel il est en concurrence avec Harlem Désir. Entendant ça, une femme bien introduite marmonne : « Tu peux toujours te toucher !... »

La *dream team* socialiste fend la foule pour rejoindre la tribune officielle, Jospin, Moscovici, Harlem Désir, Le Foll et Montebourg qui multiplie ses saluts d'empereur romain. En même temps, il est affligé d'une démarche à la Charlie Chaplin qui le fait ressembler à Monsieur Hulot (de Jacques Tati, pas l'autre). Safia Otokoré, qui observe son manège, me glisse : « T'as vu la technique ? Un pas derrière les autres. » C'est le seul qui serre toutes les mains qui se tendent.

Safia : « Pierre, c'est un pessimiste de nature. Tu as vu dans le *JDD*, ce qu'a dit François : "Qui se souvient de Paul Quilès ?" C'était le directeur de campagne de Mitterrand ! Après ça et l'article sur Valls, Pierre m'a dit : "Tu vas voir, je vais me retrouver au développement durable !" En fait, François lui a promis que ce serait soit Matignon, soit, au choix, le Quai d'Orsay ou Bercy. Aubry Premier ministre, ça m'étonnerait, ils se supportent vraiment pas. L'autre jour, j'assistais à une réunion de l'état-major. François demande à Martine de fixer la date du congrès du PS avant le 14, jour de son investiture, parce qu'il souhaiterait y assister et qu'une fois qu'il sera président, il ne pourra plus. Elle lui répond : "Bon, on va faire ça le 16." C'est Martine, qu'est-ce que tu veux... En fait, ça dépendra des résultats : s'il est en tête largement, il appellera Pierre, si c'est un peu moins net, Ayrault, et si c'est très juste, Martine. »

Aubry entame son discours et on mesure le chemin parcouru depuis la gauche molle : « Cher François...

ta force… ta force tranquille… » Elle cite l'*Internationale* : « Un chant qu'on chantait dans les meetings disait "le monde va changer de face"… » (Henri Weber, assis à ma gauche, bougonne : « On le chante si peu qu'elle a oublié les paroles : c'est "le monde va changer de base", pas "de face" ! »)

Safia : « C'est quand même incroyable, elle avait la tête du Parti, elle pouvait refuser les primaires, ça aurait pu être elle… Moi, je la verrais bien au Quai d'Orsay. Regarde, quand on y pense : Merkel, Hillary Clinton, c'est le même genre, non ? Et puis avec Dilma, et la présidente en Argentine… On sera gouvernés par un monde de nanas et je crois que c'est ce dont le monde a besoin. »

Aubry : « Nous avons réduit le chômage avec toi, Lionel… » (J'aperçois une tête blanche qui opine vigoureusement : Lionel est content, il affiche un grand sourire.)

Safia : « Tu as vu ? Il y a Elio Di Rupo qui est là. On avait gueulé quand Sarkozy avait voulu inviter Merkel à ses meetings et nous, finalement, on fait pareil, ha ha ! Mélenchon, tu sais où je le mettrais ? A l'Education ! Il serait bien, non ? Et Peillon aux universités : il a jamais été ministre, il peut bien attendre un peu avant d'avoir un grand ministère… »

Aubry termine et on lance le petit film qui retrace la carrière de Hollande, qu'on connaît tous par cœur. Safia me dit à l'oreille : « Il y a un passage qui va faire bizarre, ici, tu vois lequel ? » Je vois très bien : « Rien ne m'a été donné ! Rien ne m'a été octroyé !… » Evidemment, la fille de Delors adoubée par Mauroy pourrait difficilement en dire autant. Quand la tirade arrive, la foule applaudit,

Safia me donne un coup de coude, je me demande ce que pense Aubry.

Hollande arrive, délire dans la salle comme d'habitude.

Safia : « Si j'étais sur scène, j'aimerais bien me jeter dans la foule comme une rock-star ! Mais ce serait risqué : c'est des socialistes, ils sont capables de reculer... »

Hollande : « Je salue ces grands socialistes, Salengro, Léo Lagrange... qui ont permis le Front populaire... Ce grand mouvement qui part de loin et qui ira loin : le socialisme français... le CNR remis en cause depuis cinq ans... »

Safia : « J'étais dans le train avec Bergé, pour venir. Son chauffeur l'attendait à la gare, ha ha ! »

Hollande : « Nous arrivons ! »

Safia : « J'adore cette phrase ! »

Dans le train du retour, j'entends Valls dire à des journalistes : « Contre Madrid, je suis même prêt à supporter des Allemands, c'est dire !... » (Bayern-Real 2-1).

Tous les journalistes, ce soir, ont vu des signes qui les incitent à penser que Martine Aubry est la mieux placée pour le poste de Premier ministre, et c'est ce qu'ils écriront tous dans leurs articles du lendemain.

19 avril

A Bordeaux, je croise Valérie Trierweiler avec un petit pot de miel à la main : « J'en ai plein à la maison, les gens nous en offrent sans arrêt, pour sa voix. »

21 avril

Valérie Trierweiler : « Il ne veut pas seulement le battre. Il veut l'écraser. »

22 avril

Tulle, centre du monde. Hollande déjeune avec des élus locaux dans une ambiance de film de Claude Chabrol. On lui rapporte la bévue de France 2 qui a donné la parole à Mélenchon ce midi alors qu'ils n'ont pas le droit d'interviewer les candidats. Sauf s'ils ne parlent pas de politique. Hollande demande des précisions à Fred, son assistant, qui lui explique : « Par exemple, ils peuvent te demander si tu as bien dormi, ça, ils ont le droit. » Hollande : « Ah d'accord. Et si je dis : "J'ai bien dormi, j'ai rêvé que j'écrasais ce salopard de Sarko", j'ai pas le droit. » Les chiffres de l'outre-mer sont tombés, ils sont globalement bons, mais il note : « Je me fais dérouiller en Nouvelle-Calédonie. » Analyse, spéculations : « Si Sarko fait un bon score, Bayrou peut appeler à voter pour lui. Mais il n'a aucun intérêt à voter pour moi. Il a dit qu'il choisirait mais à mon avis, il va s'abstenir quand même. » Mathieu Sapin, le dessinateur de *Libé*, dit qu'il n'y connaît rien en politique. Hollande : « Nous non plus ! » Rires.

Je passe l'après-midi dans la voiture d'un garde du corps, Thierry, qui fait l'éclaireur pour Hollande qui visite les bureaux de vote de la région. Il m'explique que les gardes du corps du SPHP ont tous des spécialités : tir, conduite... Je lui demande la sienne, il me dit : « Moi, c'est le mojito et les lasagnes au saumon. » Sur un tronçon d'autoroute, on croise plusieurs voitures de sport, il doit y avoir un rassemblement quelque part, il s'étonne : « C'est quoi, toutes ces Porsche ? Le changement, c'est maintenant ! » Au péage : « On va vivre un grand moment, on va griller des Porsche au démarrage avec une 308. Sauf s'ils sont joueurs. M'enfin avec une bagnole de police, c'est rare. » Retour à Tulle, une date est indiquée sous la pancarte de la ville, 9 juin 44, il commente : « C'est la division Das Reich. » On arrive au conseil général, où on nous fait poireauter pendant un quart d'heure devant le portail. Thierry s'impatiente et passe des coups de fil : « Ouais, qu'ils nous envoient un coursier zélé, là ! Y a de la mutation dans l'air ! » Un jeune homme timide vient nous dire : « Il y a le responsable de la com' qui est là, il peut sans doute vous ouvrir.

— Nous ce qui nous manque, c'est le responsable du portail. »

La situation finit par se débloquer, mais l'attente se poursuit à l'intérieur. Hollande est enfermé dans son bureau avec Aquilino Morelle et Valérie Trierweiler. Un journaliste de France 2 meuble avec des directs littérairement ambitieux : « Et derrière cette porte, il y a une autre porte… » Au bout d'une heure, Thierry fait des mouvements de karaté dans le vide. Son collègue nous dit : « Et encore, ça, c'est quand il a mangé. » Finalement, ça s'agite et Dominique Bouissou nous ordonne : « SVP, on va tous se mettre à droite ! » David, le garde du corps le plus ouvertement pro-Hollande, me glisse à l'oreille : « Ah non, ça c'est pas possible ! » Hollande sort du bureau, les premières estimations ont commencé à tomber : « Ça bouge, Le Pen est haut, hein ! Plus elle monte, plus Sarkozy baisse. Il va tout miser sur la récupération des électeurs du FN. C'est pas fini. » Une dame du conseil général : « Même chez nous, dans des villages, elle est haute. »

Puis il retourne dans son bureau, avec Valérie Trierweiler, Aquilino Morelle et Christian Gravel. Mathieu Sapin et moi sommes autorisés à les suivre, on se met dans un coin. Hollande et Aquilino sont rivés à leurs iPhone et décortiquent les résultats qui leur parviennent, Valérie Trierweiler tape des chiffres sur une calculette.

Valérie : Tu es devant. 1,5 point, c'est quand même bien.

Hollande : Marine Le Pen en tête dans plusieurs villes du Pas-de-Calais.

Mathieu : En tête ?

Hollande : Il y a du Le Pen de gauche, hein, forcément, il y a de la colère, du chômage, il faut entendre ça.

Aquilino : De la corruption, aussi.

Hollande : Oui, il faut en parler aussi. (Au téléphone :) Oui, Olivier ! Ça se confirme pour nous... et Sarko, il y a des écarts...

Dominique Bouissou, qui nous rejoint : Mélenchon a dit qu'un score à deux chiffres était une victoire pour la gauche.

Hollande : C'est la Sofres qui nous rapproche le plus...

Dominique Bouissou : 29 % et 26,7 Sarko. On peut sourire, hein ?

Valérie : Non ! On sourit à la fin !

Aquilino : Mais non, tu souris, regarde.

Valérie, souriante : Le sourire, c'est maintenant ?

Hollande : C'est quand, les simulations pour le second tour ? Dès ce soir ?

Valérie : Attends déjà ceux-là ! Tu veux quelle chaîne ?

Hollande, hésitant : La Deux.

Valérie : Qui a la télécommande ?

Elle va la chercher et veut allumer la télé mais Hollande bondit : « Non, non, attends ! On va chercher quelqu'un. »

Apparemment, la gestion de la télécommande nécessite une expertise. Il ramène Fred, son assistant, qui manipule l'objet avec savoir-faire : « C'est bon, j'ai mis la Deux. Vous voulez plus de son ? »

Hollande : C'est pas possible qu'il y ait quatre points d'écart entre...

Valérie : Entre quoi et quoi ?

Hollande : Je sais pas à quelle heure il faut parler. Est-ce qu'il faut parler avant Sarko ?

Aquilino : Pas forcément.

Hollande : Heureusement que je suis pas à Paris, moi, je suis bien là ! A Paris, les motos, les journalistes... On va se planquer là quinze jours ! (Rires) France 2 veut faire... une image furtive ? D'accord. (Il nous désigne, Mathieu et moi.) Vous planquez les deux... protagonistes, là... (Nous allons attendre dans la salle de bains pour ne pas apparaître dans le champ. Hollande prend la pose : concentré, en train d'écrire à son bureau, avec Aquilino qui regarde par-dessus son épaule. France 2 filme quelques secondes et se retire.)

Hollande à Aquilino : On n'a pas parlé des colères.

Un UMP à la télé : C'est pas qu'on peut gagner, on VA gagner !

A ce moment, le dernier sondage de sortie des urnes donne Hollande 28,4, Sarkozy 25,5, Le Pen 20, Bayrou 8,5 et Mélenchon 7.

Valérie, maternelle : Bon, toi trois points devant. Tu es content ?

Hollande, pudique : Non mais la Sofres, c'est le moins bien...

Valérie, réprimant sa joie : Non mais c'est vrai que le FN si haut, on peut pas se réjouir complètement...

20 heures approchent, tout le monde, une douzaine de personnes maintenant, va se masser autour de la télé. Hollande réfléchit à haute voix : « Moi je pense qu'il faut passer assez tard. Faut passer après Sarko. » La télé signale une « ambiance plutôt fraîche » au MoDem. Hollande ricane. Le compte à rebours de 20 heures apparaît. Dans 30 secondes, les résultats officiels (mais non définitifs) vont s'afficher. Hollande pousse un profond soupir. Il dit : « Ah là là... » C'est la première fois que je détecte chez lui une trace de fébrilité. Les résultats s'affichent : lui

28,4 ; Sarkozy 25,5 ; Marine Le Pen 20 ; Mélenchon 11,5. Applaudissements dans le bureau. Dominique Bouissou : « C'est très bien quand même, pour toi ! Profite ! » Hollande : « Mais je profite... » Mais il comprend que ce qu'on retiendra de la soirée, c'est le score de Marine Le Pen et il est déjà en train de mesurer ce que va impliquer le résultat du FN pour la campagne du second tour. Valls apparaît à l'écran, il souligne la bonne participation, Hollande approuve : « Ah, il faut le dire, ça... » Puis c'est Juppé qui déclare : « Rien n'est joué. » Hollande esquisse un sourire. Juppé : « C'est, je crois, un très bon résultat... » Hollande balaie de la main : « Très bon résultat ? Pff, bah !... »

Déclaration d'Eva Joly : « Je tiens à remercier les millions de Français qui ont voté pour moi... » Valérie, curieuse : « 2 %, ça fait un million, quand même ? » La déclaration dure, alors Hollande s'impatiente et se lève : « Oui, enfin, laisser parler Eva Joly cinq minutes, c'est bizarre... » Mais justement, on se dit la même chose sur le plateau de France 2 et on la coupe au moment où elle dit : « J'appelle à voter pour... » Valérie sursaute, scandalisée : « Ah, franchement ! C'est pas correct ! » Hollande revient vers le poste : « Ben oui, mais bon... » Valérie : « Non, mais elle allait appeler à voter pour toi ! »

A la télé, on demande à Jean-Marie Le Pen s'il a « passé le bâton » à sa fille. Hollande : « Le bâton merdeux, oui... »

On zappe sur TF1, Copé est en train de parler : « Je dis juste – excusez-moi de déranger, hein !... » Hollande, avec un air dégoûté : « Alors lui, vraiment... »

Puis arrive la déclaration de Mélenchon. Hollande

s'assoit le nez collé au poste. C'est la première fois, je crois, que je le vois aussi attentif. Derrière lui, son successeur à la mairie de Tulle, Bernard Combes, scrute sur l'écran le visage de leur ex-camarade : « Il a les boules. » Valérie confirme sobrement : « Ouais. » Il n'y a aucune trace de réjouissance dans leur voix, il s'agit d'un simple constat, et je crois même détecter une pointe de compassion.

Mélenchon commence par une analyse des résultats : premièrement, le peuple est déterminé à tourner la page Sarkozy, le total des droites recule mais deuxièmement l'extrême droite progresse. Le Front de gauche a donc eu raison d'en faire son ennemi principal. S'il ne l'avait pas fait, d'ailleurs, le score du FN aurait peut-être été encore plus important. Puis il déplore : « Nous avons été bien seuls dans cette bataille. L'un imitait, l'autre ignorait. » Les deux pronoms sont indéfinis mais on ne peut pas s'empêcher de penser qu'il parle de Sarkozy et de Hollande. Sans les renvoyer dos à dos, il les critique tous les deux dans la même phrase. Je regarde Valérie qui se tord les mains. « Honte à ceux qui ont préféré nous tirer dessus plutôt que de nous aider ! » Je regarde Hollande : lui aussi se tord les mains. Incroyable : Hollande stressé. « Souvenez-vous pour toujours des noms de ceux qui ont refusé de nous aider ou pire, qui ont relayé les arguments de l'extrême droite contre nous... » D'accord, c'est le passage rituel où il se défoule contre les journalistes, *Nouvel Obs*, etc. Mais toujours pas d'appel. « A cette heure, c'est le score du Front de gauche qui tient la clé du résultat final dans ses mains... » Silence de cathédrale dans le bureau. « C'est donc vous tous, et non pas moi, bien sûr, qui avez cette décision... » Je me demande s'il ne va pas faire le coup du « à titre personnel ». Mélenchon ne veut pas quitter la scène, il ne veut pas quitter la campagne, alors il fait durer le plaisir et sa déclaration : « ... car à la vérité, nous aurons été la seule force politique nouvelle... c'est nous, dès lors, qui avons les clés du résultat... » Je crois entendre les cris télépathiques qui résonnent dans le silence de la pièce : appelle ! Appelle ! APPELLE ! « Je vous appelle en conscience à assumer pleinement cette responsabilité... » Voilà, ça vient, il suffisait d'être patient. « ... sans vous occuper des commentaires, des petits jeux de pronostics... et je le redis très clairement, à cette heure, il n'y a rien à négocier... je vous appelle à vous mobiliser aux rendez-vous qui vous sont donnés... » Ça y est, c'est maintenant. « ... le 1er mai derrière nos syndicats avec la classe ouvrière dans la lutte... » Non ! Incroyable. Il n'appelle pas. « Notre camp, notre famille politique... » Hollande ne peste pas comme pour Eva Joly tout à l'heure et pourtant c'est obligé qu'il trouve la déclaration interminable, on dirait qu'elle ne finira jamais. « ... le monde du travail et ses revendications... » Jugeant sans doute qu'il a suffisamment fait durer le suspense ou peut-être à court d'idées pour continuer, le candidat du Front de gauche apporte enfin la délivrance à celui du PS : « ... Je vous appelle à vous retrouver le 6 mai, sans rien demander en échange, pour battre Sarkozy. » Valérie : « Bravo ! Ah oui, bravo. » Et, quand même, pour marquer le coup (et s'adonner encore un peu à sa jouissance mégalomaniaque), il ajoute : « Je vous demande de ne pas traîner les pieds. Je vous demande de vous mobiliser comme s'il s'agissait de me faire gagner la présidentielle. » Tous : « Ah ouais ! Ouais ! » Soulagement général.

Même s'il n'a pas prononcé le nom de Hollande. Ça devait être au-dessus de ses forces.

La soirée électorale peut reprendre un cours plus tranquille, le reste n'a pas grande importance. Hollande voit Copé et NKM aboyer en même temps sur Moscovici : « Bah, ça, je m'en tape. » Il revient aux affaires courantes : « Je pense qu'il faut parler le dernier. On a fini premier, il faut parler en dernier... Non mais t'emmerde pas, je vais parler cinq minutes... » Il jette un œil distrait à Fillon sur l'écran : « Il a pas la grande forme, lui... » Puis il part expédier son discours : « Ce soir, je deviens par le vote des Français le candidat de tous ceux qui veulent clore une époque et en ouvrir une autre... Je remercie Jean-Luc Mélenchon et Eva Joly... » Et on rentre enfin à Paris, dans un petit avion assez peu confortable alors que naïvement je m'attendais à un genre d'Air Force One avec des sièges en cuir et des verres de whisky sur les accoudoirs.

En posant le pied au Bourget, je crois que la journée est finie mais non : réunion stratégique au QG. Guillaume Bachelay lit à Hollande la profession de foi qu'on lui a rédigée.

Hollande : Des remarques ?

Delphine Batho : Pas assez anguleux.

Le Foll : Il faut réorganiser le texte.

Hollande : Tout ?

Julien Dray : Oui. La question sociale, il faut qu'elle apparaisse.

Valls : Quel est le message ? Le rassemblement, OK, mais dans certains coins, les scores sont faibles pour toi. Le Sud et l'Est, surtout. Le débat, ça va être en boucle : immigration, burqa, impôts, assistanat.

Delphine Batho : Il faut qu'on matraque sur le

candidat de l'argent sinon il va nous faire le candidat du peuple.

Hollande : En gros, la surprise, c'est Mélenchon qui fait 12 au lieu de 14 et Le Pen qui fait 18 au lieu de 16. On l'a donnée à 20 en début de soirée : psychologiquement, c'est pas pareil que 18 et du coup, elle nous a un peu volé la vedette.

Dray : Attention, le FN a baissé dans les quartiers ; en fait, c'est le vote de la France profonde rurale.

Hollande : C'est le petit Blanc déclassé… et le gros Blanc qui a cent hectares dans la Beauce.

Bachelay : L'argument, ça va être que Sarkozy a mieux résisté que certains dirigeants européens parce qu'il a mieux géré la crise.

Valls : La matrice des reports est déjà à 60 %.

Nacer Meddah : Le problème, c'est que c'est gentil. On veut faire du social, c'est gentil, on est gentils, le texte, il est gentil ! Tout y est mais la tonalité n'est pas assez forte.

Bachelay : Ce soir, Sarkozy, il était pas très présidentiel, son discours était très violent. Mais toi, il faut pas être trop violent. Les vieux n'aiment pas ça.

Hollande : La ruralité, faut qu'elle y soit. Moralité, corruption… Ils étaient comment, en face, sur les plateaux ?

Dray : Très agressifs.

Mosco : J'ai eu un clash avec Copé qui était sur le thème « il faut débusquer les planqués »…

Dray : J'ai eu le petit génie, là, Peltier, il a enfoncé une brèche, je sais pas si les autres vont suivre, c'était : « Nous sommes la France du non. »

Valls : Il faut actionner le levier antisarkozyste.

Le Foll : Marteler que Sarko incarne les plus riches.

Hollande : Guillaume, tu vas réviser le texte ? On te laisse une demi-heure, ça va ? (Guillaume Bachelay sort) Bon, les déplacements ? Demain, on a prévu quoi ?

Isabelle Sima : Une déambulation…

Dray : Les nôtres, ils sont inquiets. Il faut leur donner des images avec des gens qui crient « On va gagner », c'est important. Faut qu'on rassure. Les sondages ont créé l'illusion que ça allait être facile…

Hollande : Ce soir, c'est pas tellement Sarko, c'est Le Pen…

Valls : On annonçait Mélenchon devant Le Pen. Ce que retiennent les gens, c'est qu'elle a battu un mec de gauche…

Mosco : C'est la raison pour laquelle il faut pas laisser s'installer l'idée que la droite plus l'extrême droite forment un bloc.

Hollande : Demain, c'est quand même un message de victoire, et la gueule de bois pour les autres. Il faut mettre le score de Le Pen sur le compte de l'échec de Sarkozy.

Nacer Meddah : Pour le déplacement, il faut que ce soit près de Paris, donc c'est soit Laon soit Chartres.

Moscovici : Il faut aller dans l'Aisne.

Isabelle Sima : J'avais pensé que Le Pen serait haut, donc j'avais prévu l'Aisne.

Dray : Il y a aussi une réserve d'abstentionnistes dans les banlieues. Le Pen leur fait peur.

Hollande : Les coins où c'est vraiment mauvais, c'est la Meuse… les Vosges, c'est affreux !… Epinal…

Valls : L'Alsace, c'est très mauvais.

Hollande : M'enfin, faut peut-être aller dans un endroit où il y a plus d'électeurs…

Valls : La ligne D du RER ! Plus tu t'éloignes, plus ça vote FN. Melun, Montereau…

Hollande : Oui, mais là ne viennent à notre rencontre…

Valls : … que des blackos.

Hollande : Les petits Blancs, ils viennent pas.

Le Foll : Il faut insister sur les services publics.

Hollande : La ruralité, on les aura pas en disant qu'on va mettre des bureaux de poste partout…

Le Foll : Il faut aller dans les usines.

Delphine Batho : Et l'électorat féminin qu'on a complètement négligé…

Dray : Attention au chahut ! On l'a vu une fois. Saint-Quentin, il y a un risque. Il faut bien cibler les villes.

Mosco : Vesoul, t'as de la ruralité et de la bagnole.

Nacer Meddah : Il y a un gros problème avec Peugeot là-bas.

Dray : Laon, il y a une très bonne restauration.

Valls, sceptique : Oui, enfin, on peut aller bouffer mais bon.

Hollande : Qui on n'a pas vu ?

Isabelle Sima : Annecy, Bourg-en-Bresse, Chambéry…

Hollande : Faut regarder les résultats.

Valls : Florange ?

Hollande : Oui, ils sont bien mais le FN a fait un score haut.

Valls : Justement.

Dray : Qu'est-ce qu'on fait pour contrer le Champ-de-Mars ?

Hollande : On n'a pas les moyens de faire ça, comment il les a, lui ?

Dray : Il s'en fout, il va prendre tous les risques.

Mosco : C'est surtout qu'on a six mois de campagne en plus.

Hollande : De toute façon, on a la démonstration que c'est pas les meetings qui font gagner les élections. Ceux de Mélenchon étaient pleins, ceux de Le Pen étaient vides. On voit le résultat.

Valls : Il faut tuer dans les deux ou trois jours l'idée qu'ils peuvent réagir.

Mosco : Manuel a raison, il faut tuer le doute dans l'œuf. Et mercredi, il faut aller dans l'Est.

Hollande : Bon, on va plutôt commencer par la fin.

Valls : Par la fin ? Ben c'est simple : le 6 mai, tu gagnes.

Hollande : Non, mais le 5, le 4 ? Le 3, Toulouse ? On a le Stadium ou pas ?

Nacer Meddah : Le Stadium, c'est 800 000 euros, le Capitole, seulement 300 000.

Hollande : On fait quelque chose le 1er mai ? Il y a déjà deux événements : la manif et Le Pen. Ça va être difficile. Mais si nous, le seul événement, c'est la gerbe à Nevers... c'est pas jojo, hein.

Dray : Les nôtres, ils ont envie de s'exprimer. Ne voyons pas petit.

Mosco : Mais faut pas voir cher.

Hollande : Où, alors ?

Dray : La Villette. C'est un quartier populaire, là, t'as du monde.

Thomas Hollande : C'est quoi le concept ?

Dray : C'est rassembler le peuple.

Thomas Hollande : On fait un Vincennes 2 ?

Hollande : Le 1er mai, il y a trop d'événements...

Mosco : Alors lundi 30.

Dray : On peut pas lâcher le 1er mai ! On a besoin d'images de masse contre eux !

Le Foll : Le 1er mai, c'est la veille du débat. Après, c'est fini.

Valls : Je suis d'accord avec Julien, il faut trouver quelque chose.

Nacer Meddah : Le Capitole dimanche, ça peut être une option. C'est sportif mais ça reste jouable.

Dray, pointant Nacer du doigt : Moi, j'aime ça.

Hollande : Ça veut dire qu'on répond au Champ-de-Mars.

Dray : Pourquoi pas ? Vincennes contre la Concorde, ça avait bien marché, on l'a cassé !

Thomas Hollande : Et puis même s'il y a match nul, c'est bon pour nous...

Hollande : Le Capitole dimanche, admettons, mais qu'est-ce qu'on fait le 3 ?

Thomas Hollande : Et le 1er ?

Mosco : Du coup, le 3, tu vas dans l'Est.

Hollande : Enfin, si c'est pour aller se faire chier à Fessenheim...

Le Foll : L'Alsace, de toute façon, t'as rien à gagner là-bas...

Hollande : Bon, mais vous pensez que c'est dans les meetings qu'on va convaincre les gens ?

Dray : Moi, je considère que tu vas gagner le débat et t'auras pas besoin d'un grand meeting après.

Mosco : Faut que tu prépares le débat.

Hollande : Lui, qu'est-ce qu'il va faire ? Le 1er mai, c'est pas son jour : il va répéter.

Dray : Je voudrais pas être désagréable mais t'es obligé d'aller poser la gerbe à Nevers ? Martine, elle peut le faire, au nom du Parti...

Hollande : On s'en fout de la gerbe. Le problème, c'est qu'on l'a annoncée. Nous, on fait ce qu'on dit.

Dray : Il faut des répètes. Le débat, c'est 20 millions de téléspectateurs.

Delphine Batho : Celui de 2007, les gens en reparlent encore.

Hollande : Mardi, c'est TF1. Ça se prépare quand même, hein ?

Thomas Hollande : Quand tu vas à la télé, il faut que tu aies quelque chose à dire. Il y a eu trop d'émissions où t'es allé et où t'as pas dit grand-chose.

Valls : Houla ! (il se marre)

Hollande : Non mais c'est juste, il a raison. Bon, mercredi ?

Dray : Ben on va trouver un truc en Ile-de-France, il y a des entreprises…

Hollande : Non, les entreprises, je fais plus, moi, hein ! Je fais une fois et après je fais pas. Les trucs thématiques, c'est insupportable. Tu rencontres personne, à part de pauvres ouvriers qui sont là, qui n'ont pas beaucoup le choix…

Dray : Et vous allez rencontrer qui dans l'Est ?

Le Foll : Ben, les gens de l'Est.

Hollande : Bon, les gars, en Ile-de-France, d'après ce que j'ai compris, c'est un problème de participation, maintenant, c'est tout. Ça sert à rien d'y retourner. Donc, qu'est-ce qu'on construit, mercredi ? Stéphane ?

Le Foll : Il y a deux électorats que tu dois toucher : les centristes sur la corruption, etc. et les ouvriers qui ont voté Le Pen. Le reste, c'est acquis ! C'est ces deux cibles-là qu'il faut aller chercher, point !

Hollande : Bon, vous allez chercher Bachelay, là, et puis on va aller se coucher.

Aquilino : Est-ce qu'on peut dire un petit mot du tract ? Derrière, en bas, est-ce que tu veux des logos des forces qui te soutiennent ?

Hollande : Est-ce que le Front de gauche sera d'accord ?

Valls : Non.

Hollande : Oui, et alors, s'il faut aller chercher le PC et compagnie...

Mosco : Pas de logos.

Hollande : Faut mettre la Gauche en gros.

25 avril

Tout le monde dit que Hollande a de la chance, mais on pourrait peut-être commencer à lui attribuer une certaine clairvoyance politique : Mario Draghi, le président de la BCE, a déclaré à propos du futur traité qu'il fallait « revenir en arrière » pour en faire un « pacte de croissance ». Pour fêter ce renfort providentiel dans sa quête de crédibilité présidentielle, Hollande convoque une mégaconférence de presse avec plein d'Allemands, d'Italiens et de Chinois. Ambiance très *West Wing*, pas de slogan sur le fond bleu, drapeaux français ET européen : de l'avis de tous les journalistes présents, c'est une conférence de président. De fait, Hollande déroule : BCE, eurobonds, taxe sur les transactions financières, etc.

Il avait pourtant pronostiqué que les débats de l'entre-deux-tours seraient sociétaux et non plus économiques et sociaux, mais je suppose que l'occasion était trop belle et puis, comme il me l'expliquera : « La BCE, ça parle à la France du non. »

27 avril

« Des paroles et des actes » : Hollande et Sarkozy passent à tour de rôle et Valls a bataillé avec France 2 pour qu'ils ne se croisent surtout pas. Quand Sarkozy prend la parole, Hollande a déjà récupéré son manteau dans sa loge. Il n'a manifestement pas l'intention de rester pour regarder la prestation de son adversaire, qui vient de commencer.
Nicolas Sarkozy, à l'écran : « Vous pouvez peut-être dire à M. Hollande de condamner Mme Aubry quand, aimablement, elle me compare à M. Madoff qui, à ma connaissance, a 183 années de prison… »
François Hollande, juste avant de partir : « Mais… tu les auras ! »

30 avril

Officiellement, cette réunion n'a jamais eu lieu. Les personnages et les dialogues sont donc totalement fictifs.
Un vieux journaliste : Sarkozy n'ose pas regarder les gens en face. Face à Ségolène Royal, c'était pas parce que c'était une femme, c'était pas du mépris,

c'est juste qu'il ne regarde jamais les gens dans les yeux. Donc, toi, regarde-le pendant deux heures, ça va l'obliger à baisser les yeux. Pujadas, il va faire le mâle dominant, il va essayer d'éliminer Ferrari, et ce sera à vos dépens à tous les deux. Il y a cinq ans, il se permettait de donner son avis, c'était quand même incroyable. Alors s'il te coupe, tu lui dis : « J'ai pas terminé ce que j'avais à dire. » Au bout de deux ou trois fois, il arrêtera.

François H : Sarkozy, il est à la fois dur, rude, et très prévisible. Tout ce qu'il a dit en meeting, il le redira, au mot près. Au mot près !

Manuel V : Il va utiliser tous les registres, il va faire preuve de familiarité, genre « j'ai rien contre vous », et puis après, une grosse tatane !...

Guillaume B : Une bonne vanne doit ramasser un contenu, sinon, c'est juste une blague.

La preuve que cette scène est fictive : elle reproduit celle de 81, quand Fabius jouait Giscard pour entraîner Mitterrand. (Guillaume B me confie : « J'ai travaillé pour Fabius pendant quinze ans. Je suis trop laïque pour y voir un quelconque signe astral mais c'est quand même drôle que je reprenne son rôle. ») Déjà un simulacre, mais si saisissant de vérité que Mitterrand s'était fâché, à l'époque : « A quoi vous jouez, Fabius ! » Et Fabius de répondre : « Ah non, moi, c'est Giscard. » Me dit Guillaume. Qui joue Fabius. Vertige de la mise en abyme.

Bien sûr, pour faire moderne, le remake a été mis au goût du jour.

En version actualisée, ça donne ça :

Fabius jouant Giscard : « La Corrèze, c'est une sorte de mini-Grèce au milieu de l'Hexagone... » (rires)

Mitterrand : « Que M. Sarkozy soit content de son bilan, c'est normal. Je sais que les Français ont un autre jugement, ils l'ont d'ailleurs formulé au premier tour… Moi, j'ai été clair, j'ai soixante engagements… Sur mon bilan, je ne renie pas ce que j'ai fait à la tête du PS…

« Vous avez suivi Mme Merkel, elle était sans doute convaincante mais moi je n'ai pas été convaincu ! Ensuite vous me parlez des retraites : j'ai décidé que ceux qui ont commencé tôt à travailler pourront partir à soixante ans. Vous me dites : ça va coûter cinq milliards d'euros. Eh oui ! A peu près l'équivalent de la baisse de la TVA sur la restauration. Chacun fait ses choix ! C'est moi qui vous rappelle cette valeur du travail : il y a un moment où le travail doit être reconnu, considéré, valorisé. »

Fabius : « Vous savez que vous mentez, ce soir, aux Français… »

Mitterrand : « Si vous voulez que nous rentrions dans ce type de débat, ce n'est pas le plus difficile, de dire à l'autre qu'il est un menteur ; ce qu'il faut, c'est apporter sa vérité. »

Fabius : « La vérité, c'est que vous ne renégocierez pas le traité européen… »

Ici, Fabius déroule, on sent l'homme du non. Dans le public, Valls est impressionné : « Il est habité. Il y a une forme de sincérité chez Guillaume, ha ha ! »

A l'entracte, on rejoint les deux acteurs pour un premier débriefing.

Manuel V : C'est lui qui est à l'attaque.

François H, qui joue Mitterrand : Mais c'est ce qu'il va faire.

Pierre M : Tu enchaînes trop. Il faut que tu affirmes

plus tes propositions. Là, tu as un long discours général et seulement à la fin tu parles de tes propositions. Toute la partie « je parle à la Gauche » doit prendre le pas sur la réponse aux attaques.

Un ex-journaliste venu pour faire Laurence Ferrari : Deux ou trois interventions étaient très bien. Mais il faut que tu penses que c'est Sarkozy.

François H : Tout ce qu'a dit Guillaume, Sarkozy le dira. Toute la tactique de Guillaume sera celle de Sarkozy.

Manuel V : « Bon, monsieur Sarkozy, vous m'avez interrogé, c'est votre tour ! »

Guillaume B qui joue Fabius qui jouait Giscard, se mettant soudain à jouer Hollande jouant Mitterrand : « J'aurais préféré que vous posiez moins de questions et que vous donniez plus de réponses. »

Pierre M : Il faut que tu assumes plus les réductions dans les autres ministères…

Vieux journaliste venu prodiguer ses conseils : Ta technique : trente secondes de réponse et ensuite tu enchaînes avec tes trucs, ton projet…

Stéphane LF : Si tu te contentes juste de répondre, on a perdu d'avance. Par exemple : « La dette ? 131 milliards ? Vous, en cinq ans : 500 milliards. Pas de leçons. Moi : l'éducation. Vous : le bouclier fiscal. J'ai fait mon choix. »

Manuel V : Sur tous les sujets, tu fais : bilan, contre-attaque, proposition.

Vieux journaliste : Quand tu t'adresses à lui, tu dis « monsieur Sarkozy ». Tu es très bon quand tu réponds à ses attaques. Tu vas montrer que tout ce que tu as dit, tu peux le lui dire en face.

Guillaume B : Lui, il va venir avec ses propositions. Moi, ce que j'avais construit, c'était de te faire venir sur ses propositions. Or... t'es venu.

François H : Alors quelle est la méthode ? La technique qu'il va utiliser, c'est le questionnement. Si j'y réponds, je vais sur son terrain. Si j'y réponds pas, je me défile.

Pierre M : « Je vais vous répondre, mais d'abord... »

Guillaume B : Ton intro était économique et sociale mais la question de l'identité était absente. Il va te sécher juste après.

Vieux journaliste : Il faut cogner très fort. Le déstabiliser dès le début. Il ne s'y attend pas. Il faut mettre en cause sa crédibilité, sa propre parole.

? : Il faut pas être agressif.

Guillaume B : Non, mais lui, il va être extrêmement violent.

Vieux journaliste : Le décrédibiliser pour les deux heures à venir.

? : « Il y a cinq ans, voilà ce que vous disiez : "Le Président s'engagera sur des résultats... la République irréprochable..." »

Manuel V : Il faut chercher tout de suite à le taper ? Peut-être plus de « je », et être moins généraliste...

François H : « Je veux être président de la République... »

Manuel V : L'autre, ils le connaissent, ils savent que c'est une brute...

Guillaume B : D'entrée de jeu : « L'identité nationale, c'est l'identité républicaine. » On n'est plus dans la primaire, on parle plus aux socialos.

François H : Les premiers mots sont décisifs...

Réalisateur : Le fait de commencer est un avantage.

Manuel V : Faut un ace.

Pierre M : Tu sers pas à la cuiller. Sinon tu lui tends la balle.

Manuel V, imitant (très bien) Sarkozy : « Bonjour, monsieur Hollande, ça fait longtemps que je voulais vous voir… »

François H : Il faut capter le Président…

Manuel V : Parce que vingt millions de personnes savent que tu es le nouveau Président.

Guillaume B : Il est encore président mais c'est toi le prochain.

Pierre M, continuant à filer la métaphore tennistique : Education, emploi, c'est des bons thèmes pour toi. Tu dois marquer le point à chaque fois.

? : Sans agressivité, pas à la Le Foll !

Stéphane LF : Non, pas à la Le Foll.

Guillaume B : Il s'attend pas à une intro cognante.

Stéphane LF, changeant le fil de la métaphore sportive : Y a vingt millions de gens. C'est à eux que tu parles. Comme une finale de Coupe du monde.

Manuel V, parlant de François H : Parce qu'il va gagner, il peut pas être violent. Mais dominant.

François H : Bon, c'est quoi, l'exercice, maintenant ?

Guillaume B : L'immigration.

Manuel V : Immigration, droit de vote, moralisation.

Le public retourne dans la salle où le débat est retransmis, laissant les deux acteurs seuls sur le plateau monté pour l'occasion. Reprise :

Guillaume B, imitant Sarkozy : « Y a des sujets

qu'on a pas le droit de parler ! (fou rire général) Pourquoi vous ne parlez pas de l'immigration ? »

François H : « Mais vous, monsieur Sarkozy, vous en parlez depuis dix ans ! »

Stéphane LF, devant l'écran : Voilà ! C'est tout simple ! Voilà !

François H : « Vous voulez que les Français ne parlent que des étrangers ! »

Tous, dans la salle de retransmission : Voilà ! Bravo ! Ça y est !

Pierre M : C'est marrant parce que c'est l'inverse de ce qui se passera. Sur l'économique et le social, c'est François qui était moins à l'aise et sur l'immigration, c'est Guillaume...

Guillaume B : « On peut parler du droit de vote ?... Vous allez vous retrouver avec des conseils municipaux à majorité étrangère qui pourront décider de ce qu'on mangera à la cantine, qui pourront décider comme Mme Aubry, première secrétaire du Parti socialiste, amie de M. Hollande... enfin amie, je ne sais pas, c'est peut-être indexé sur les variations saisonnières (rires)... ou les horaires différenciés de piscine (son interlocuteur se retient de rire)... »

François H : « Ce que vous voulez insinuer, c'est que tout étranger est un musulman. C'est ça que vous voulez nous dire. Vous pensez que tout étranger est un musulman ? D'apparence musulmane ? Il n'y a pas d'apparence, il n'y a que de l'appartenance. »

Gros journaliste mitterrandiste qui joue Pujadas, passant au thème suivant : La République irréprochable ?

Manuel V, rigolard : Guérini ! Guérini !

Gros journaliste : Les révélations de Mediapart sur Kadhafi ?

Stéphane LF se marre : Putain, là, Pujadas, il déconne complet… (rires)

Guillaume B : « Kadhafi, je lui ai fait la guerre, pas les poches ! (Rires. "Celle-là, s'il la vend… !")… Vous n'aimez pas la droite Fouquet's, moi je n'aime pas la gauche Carlton… Je note par ailleurs que M. Montebourg, qui vous sert de chevalier blanc, était assez disert sur les fédérations des Bouches-du-Rhône et du Pas-de-Calais : avant la campagne, c'était Zorro. Depuis, c'est Bernardo ! » (éclat de rire général)

François H : « Sur M. Strauss-Kahn, qui n'a pas été nommé président de la République… »

Guillaume B : « A Dieu ne plaise ! »

François H : « Oui, enfin vous, vous n'êtes peut-être pas Dieu mais vous l'avez quand même nommé à la tête du FMI… Je n'avais aucun élément, j'imagine que vous n'aviez pas plus d'informations que moi… »

Stéphane LF : Zorro et Bernardo, elle est pas mal, celle-là…

Manuel V : Il a le regard qui faiblit…

Pierre M : Oui, là, il est un peu fatigué.

François H : « Dimanche, les Français vont faire un choix… »

Valérie T : La voix aussi…

François H : « Est-ce que ceux qui travaillent dur gagnent plus ?… »

Manuel V : On va arrêter.

François H : « Je veux être le président du rassemblement et de la justice, ça changera… »

Guillaume B, redevenant lui-même pour conclure :

Et moi, je veux en finir avec Sarkozy, pas finir comme Sarkozy.

Fin de la répète. Deuxième débrief. Tout le monde encourage le candidat et lui prodigue des tas de conseils.

François H : Bon alors, c'est quoi l'argument, sur les postes ?

Manuel V : Ça coûte pas plus cher que la TVA sur la restauration.

Guillaume B : « C'est absurde ! Vous savez combien ça coûte, une suppression de poste ? » Une remarque sur ce que tu dis : c'est pas assez près de la vie des gens. Lui, il va faire (imitation) : « Est-ce que vous trouvez normal, la dame qui s'est fait agressée à Nice, dans sa boulangerie… ? »

Manuel V : Oui, les peines plancher. « C'est en France, monsieur Hollande ! Et cet enfant martyrisé… »

Guillaume B : Par ailleurs, t'es élu. Lui, il est élu où ?

François H : Oui, enfin, l'immigration et les peines plancher en Corrèze…

Guillaume B : Sur les taux de financement des banques : « Est-ce que vous trouvez normal… ? » Faut jouer l'indignation.

François H : Bon, continuez à me donner des arguments…

Manuel V : Oui, mais faut pas tout faire sinon tu vas être crevé. Juste les points où tu peux être en difficulté.

Guillaume B : Il faut des points symboliques. Les dictateurs reçus le 14 juillet : il faut des points d'indignation collective.

François H : Bon, ce qu'il faut, c'est écrire le début et la fin.

Guillaume B : Lui, ça va être « j'ai pas eu mes réponses »...

François H : Vous me faites un déroulé du débat avec entrée, plat et dessert...

Et tout le monde se disperse, quittant le studio fictif de cette scène qui n'a jamais eu lieu dans un lieu tenu secret. Bien évidemment, malgré les recommandations de Valls, il y aura quelques fuites, mais la version officielle sera la suivante : on a essayé de faire répéter Hollande avec un contradicteur jouant Sarkozy mais comme ça ne fonctionnait pas, on a laissé tomber. On n'a pas précisé que l'essai avait duré deux heures, quand même.

2 mai

C'est le grand soir, c'est l'anaphore finale, groupons-nous et demain.

Dans la loge du champion, je m'assois à côté de Guillaume Bachelay, sniper en chef de la cellule Riposte, plume de Fabius pendant quinze ans, l'un de ceux qui, avec Constance Rivière, Laurent Olléon et Aquilino Morelle, ont œuvré activement pour la préparation du débat. Un verre de rouge à la main, il attend avec gourmandise que ça commence, un peu comme, je suppose, un écrivain qui va découvrir une pièce de théâtre adaptée de son roman. Pour tromper l'attente, confortablement installé dans un canapé avec Safia Otokoré et Valérie Trierweiler, il fait rêveusement tourner ses formules comme on récite ses gammes, en rebondissant sur les commentaires et les images de BFM, la chaîne qui meuble : « Votre slogan, c'est la France forte, votre bilan, c'est la France faible... Il ne faut pas seulement tourner la page, il faut tirer la chasse... » Il me confirme que « la gauche molle », c'est bien lui, de même que « quand c'est flou, il y a un loup » : la grand-mère de Martine, c'était lui aussi. Je lui demande s'ils ont, comme convenu, remusclé l'intro. Il m'explique que finalement, non : l'idée, c'est de commencer en douceur par une présentation « soc'-dém' », dérouler ses grands axes, faire présidentiel, et seulement à la fin, placer une attaque. Il ne faut pas être obsédé par Sarkozy, Hollande doit exposer ses propositions. De plus, il s'agit d'endormir Sarkozy, pour ne pas risquer une interruption de sa part, qu'il « casse le code », prenne la parole et ne la rende pas. La pointe finale ne doit pas être trop forte non plus, pour qu'il ne fasse pas (comme tous ses amis, Bachelay raffole des imitations, donc il met le ton, la voix et les tics) : « Ah ben, ça commence bien ! (tressautement de l'épaule) On va peut-être élever le débat, monsieur Pujadas ? »

Pendant ce temps, à la télé, on demande à Serge Moati : « Pas de préparation particulière pour les deux candidats ? Vous les croyez ? » Sans vergogne, Moati répond : « Je les crois ! »

Générique. Le temps soudain s'arrête dans la loge : seule l'image sur l'écran bouge, la dizaine de personnes qui m'entoure s'est changée en statues, un verre ou un petit-four à la main. Bachelay vérifie que ses mains ne tremblent pas trop pendant que Pujadas et Ferrari annoncent le plan de l'émission.

D'entrée, Ferrari refait le même coup qu'en 2007, elle demande à Hollande comment il se sent à quatre jours du scrutin. En 2007, Ségolène qui, elle aussi, devait commencer, avait répondu « Ça va bien, merci. — Et vous, monsieur Sarkozy ? — Ça va... » et il avait enchaîné en déroulant son intro, lui grillant la pole au démarrage. Hollande, évidemment, ne commet pas la même erreur. Il ignore la question « sur (son) état d'esprit » et commence à réciter : « Dimanche, les Français vont choisir leur prochain président de la République... » Silence de monastère dans la loge, tout le monde retient son souffle, chacun, je présume, redoute et guette le mot écorché, le bégaiement malheureux, l'hésitation déplorable ou l'erreur augurale qui scie les jambes d'entrée. Cependant Hollande, vaille que vaille, un peu nerveux peut-être (mais c'est difficile à dire d'où je suis, tant la nervosité ambiante contamine tout l'espace), vient à bout de son intro sans bévue majeure, sans attaque mortelle non plus.

La suite, tout le monde la connaît parce que tout le monde l'a vue même si, comme d'habitude, tout le monde n'a pas vu la même chose : bataille de chiffres, combat de boxe, bagarre de cour de récréation...

Dans la loge, au fur et à mesure que Hollande se montre combatif, on se détend, on bavarde, on se fait rappeler à l'ordre par Valls, on interpelle Sarkozy (surtout Bachelay qui lui parle comme s'il était là : « Le CPE ? T'étais ministre !... Oui, il y a deux exemples (allemands) et toi tu prends le mauvais... L'Allemagne, elle fait tout ce que tu veux pas faire !... Les "zipads", c'est ça, et moi, j'ai un Zippo, haha !... ») et même Hollande (Pujadas : « Laissez parler M. Sarkozy », Valls : « Oui, laisse-le parler ! »).

Valls surveille Sarkozy comme le lait sur le feu, sur le mode « jusqu'ici, tout va bien » : « Il est fatigué, hein... Il est toujours en défense... Si on passe l'immigration, c'est fini... Il prend beaucoup d'avance, là... Ses chiffres sont faux, il faut tweeter... Il est fou d'être sur ce thème-là (l'éducation)... » Il faut dire qu'il y a aussi un petit enjeu personnel pour lui : chaque fois que Hollande attaque Sarkozy sur la TVA sociale, il s'attend à être mis en cause (« Ah ! là, je sens que j'arrive ! »), ce qui advient en effet, au moment où Hollande, sur le pouvoir d'achat, joue sa carte du « à vous entendre, rien n'est jamais de votre faute » : « J'ai fait le calcul, la TVA que vous voulez prélever, c'est 300 euros par an pour un couple de smicards... »

La femme de Daniel Vaillant : D'accord, Manuel ? (rires)

Valls : C'était une bonne idée, pourtant. (rires) Non mais moi, c'était une TVA de gauche, hein ! (les rires redoublent)

Sarkozy : Si la TVA antidélocalisation était une si mauvaise idée, on se demande bien pourquoi votre propre porte-parole Manuel Valls en a fait le thème de sa campagne pendant les primaires socialistes...

Valls : Voilà !

Sarkozy : ... puisque j'ai entendu votre propre porte-parole Manuel Valls dire que la TVA antidélocalisation était la seule solution, et il avait raison.

Valls : Ça fait plaisir d'entendre mon nom ! Merci Nicolas !

Au fur et à mesure que le débat avance, le dialogue direct avec Sarkozy se généralise dans la loge :

Sarkozy : Je parle pas des 75 % !...
Valls : Eh ben lui, il en parle !
Sarkozy : Supportez que je vous réponde...
Valérie Trierweiler : On supporte encore quatre jours.
Sarkozy : Vous trouvez que les profs sont heureux ? On doit diminuer leur nombre.
Valls : Ah bon ?
Sarkozy : Le flux migratoire annuel a atteint son maximum historique la dernière année du gouvernement Jospin...
Safia Otokoré : Carla comprise ?

On est passé à l'immigration. Tout le monde se méfie (Bachelay : « C'est sur le droit de vote qu'il va essayer de marquer des points ») mais assez vite, la loge estime que son champion s'en sort très bien. A un moment, Valls se met à donner des coups de poing dans l'épaule de Gravel. Gravel, ex-champion de kung-fu vietnamien qui a trois Valls dans chaque bras, se laisse faire sans se formaliser. Je ne cherche pas à comprendre : si Valls ne sait pas pourquoi il tape Gravel, je me dis que Gravel, lui, doit le savoir.

Puis arrive la fameuse tirade. Laurence Ferrari demande : « François Hollande, quel président comptez-vous être ? » Au début, Hollande répond simplement : « Un président qui d'abord respecte les Français... Un président qui ne veut pas être président de tout, chef de tout et en définitive responsable de rien... » C'est seulement après ces deux premiers éléments que se met véritablement en place l'anaphore, « Moi, président de la République... » repris quinze fois, selon une structure à peu près identique à chaque fois : « Moi, président », je ne ferai pas comme Sarkozy (premier mouvement de la période) « mais je » ferai autrement (développement en une ou deux phrases). Des variantes peuvent intervertir les deux parties ou bien faire l'économie de la deuxième ou de la première étape mais la critique éthique de la gouvernance de Sarkozy est systématique, soit explicite (« je ne traiterai pas mon Premier ministre de "collaborateur"... je ne participerai pas à des collectes de fonds pour mon propre parti dans un hôtel parisien... je n'aurai pas la prétention de nommer les directeurs des chaînes de télévision publiques... »), soit en creux (« je ferai en sorte que mon comportement soit à chaque instant exemplaire... je ferai en sorte que les partenaires sociaux puissent être considérés... »), jusqu'à la onzième occurrence, à partir de laquelle Hollande se disperse un peu en annonçant une réforme sur la décentralisation, un grand débat sur l'énergie, l'introduction d'une dose de proportionnelle aux élections législatives... Cependant, il boucle la boucle avec une dernière reprise anaphorique sur sa « hauteur de vue » par opposition à l'agitation de son adversaire (« je ne m'occuperai pas de tout... » *vs* le « président de tout » du début), avant de conclure sur la question de sa normalité. Au total, la tirade dure trois minutes vingt.

L'anaphore est un procédé stylistique d'une très grande efficacité, l'effet de scansion qu'elle produit frappe immanquablement les esprits, c'est pourquoi tout le monde a retenu ce passage (même si c'est pour s'en moquer, comme le fera Jean-François Copé). Personne, en revanche, ne se rappelle que, sur le même sujet, Sarkozy a lui aussi prononcé sa tirade. Elle a pourtant immédiatement précédé celle de Hollande, puisque, juste avant, Laurence Ferrari lui a posé à peu près la même question : « Quel style de président comptez-vous être ?... Nicolas Sarkozy, allez-vous présider différemment ? » Et la réponse de Sarkozy ressemble à bien des égards, dans la forme et dans l'intention, à celle à venir de Hollande : « Moi, je crois qu'un président de la République, c'est quelqu'un qui assume ses responsabilités... qui n'a pas le droit de dire qu'il ne peut pas, qu'il ne veut pas... qui doit être en première ligne... qui doit conduire un certain nombre de changements... Dans les cinq années qui viennent, je veux proposer aux Français un nouveau modèle de croissance... Je pense qu'un président de la République ne peut pas dire, comme Lionel Jospin, "on n'y peut rien"... Je pense qu'un président de la République ne peut pas dire comme François Mitterrand à propos du chômage, "on a tout essayé"... Je pense qu'un président de la République, c'est quelqu'un qui assume ses responsabilités, qui prend des décisions... C'est sans doute la fonction la plus difficile qui soit... à laquelle j'ai tout donné pendant cinq ans... oh, je n'ai pas tout réussi... Je pense qu'on ne peut pas s'en remettre aux vieilles lunes du passé, je pense qu'on ne peut pas aller à contre-courant du monde... »

En fait, au niveau rhétorique, on dirait un brouillon, un premier jet de la tirade de Hollande : velléités d'anaphore (« Je pense qu'un président de la République... »), critique en creux de l'adversaire (directement ou à travers ses prédécesseurs Mitterrand et Jospin), omniprésence du « moi » et du « je »... Sauf que : les effets de répétition sont moins maîtrisés (deux fois la même phrase, absolument identique, sur le président qui « assume ses responsabilités », sans effet de bouclage particulier), il n'y a pas d'effets de symétrie clairement identifiés, pas de réelles périodes au sens classique du terme, la tirade, en quelque sorte, n'est pas réellement mise en musique, ou alors à l'état d'ébauche : on distingue ici ou là quelques motifs mélodiques mais pas de véritable thème. Et surtout, il y a une mauvaise utilisation des pronoms personnels : le « moi » et le « je » initiaux, non séparés par « président de la République », en formant le couple fatal « moi, je », rappellent de façon caricaturale l'égocentrisme de Sarkozy qu'on lui a si souvent reproché, mais sans qu'il lui serve à incarner la fonction. Sarkozy, curieusement, abandonne immédiatement le bénéfice du « je » pour glisser à la troisième personne (« un président, c'est quelqu'un qui... »), renonçant à l'effet de personnalisation que va si bien produire l'anaphore de Hollande. Durée totale : un peu moins de deux minutes.

Sarkozy pourra bien ironiser sur l'envolée de Hollande : « Vous venez de nous faire un beau discours, on en a la larme à l'œil... » En termes de composition, comparée à celle de Hollande, sa tirade apparaît brouillonne et maladroite.

Le débat touche à sa fin. Je demande à Bachelay pourquoi Hollande n'a pas sorti la carte Takieddine pour contrer l'attaque sur DSK ; il me répond : « Il ne faut pas confondre un débat sur le fond avec un débat qui touche le fond. Sarkozy a abîmé la parole publique : il faut la réhabiliter. Le pari de Sarkozy, c'est que nous lui ressemblons, mais moi, je suis intimement convaincu que nous ne lui ressemblons pas. »

Il revient, le héros, et tout le monde lui tombe

dessus. Comme un sportif après son match, il livre ses impressions à chaud : « Au début, il était très crispé. Ensuite, il m'a traité de menteur. Je lui ai ressorti Fukushima. A la fin, il m'a sorti DSK. Oui, moi aussi, je me demandais où j'allais m'arrêter (pour la tirade). Non, en fait, la sécurité et les peines plancher, il en a pas parlé. Et l'islam, trop tôt. Au début je me sentais bien, j'étais un peu embêté quand il m'a traité de menteur. (Les fans : Mais tu l'as remis à sa place !… L'attitude, t'étais droit !… Au début, t'étais dans la chaise, plus bas, et ensuite t'étais droit et lui s'est affaissé…) Faut tweeter un max, faut faire gaffe quand même… A la fin, il m'a dit "bon courage". Comme s'il passait le relais, oui, si on veut, mais enfin faut faire gaffe. Sa conclusion était pas mal mais très politicarde. Je pensais qu'il allait me dire : "Sur les dépenses, comment vous allez faire ?" (à Bachelay :) J'ai été beaucoup plus mis en difficulté par toi, hein !… A un moment, j'ai eu très froid… "Moi, président de la République", ça m'est venu comme ça. Je pensais qu'il allait m'interrompre mais non, alors je continuais. A la fin, j'avais plus d'idées. » Il remercie particulièrement Aquilino Morelle et Constance Rivière pour leur contribution à la préparation du débat et, juste avant de s'en aller, comme un hommage rendu à leur travail, se demande, faussement perplexe, marquant en même temps, je crois, son soulagement que l'ultime obstacle soit désormais derrière lui : « Je sais pas ce qu'on va faire de toutes ces fiches… »

3 mai

C'est son dernier grand meeting avant très longtemps et c'est à Toulouse que ça se passe, parce que c'est la Ville rose, que c'est ici que Mitterrand avait lui-même terminé sa campagne en 81 et aussi sans doute que Hollande est un peu jaloux du succès de Mélenchon au même endroit un mois plus tôt. Le Capitole, *the place to be*.

Le ban et l'arrière-ban se sont déplacés : Jospin, Royal, Aubry, Montebourg, Fabius, Emmanuelli, etc., plus les Verts, Duflot, Placé, Joly, plus Jean-Michel Baylet, Robert Hue et compagnie, sans compter des cohortes de baronnets locaux.

Jospin assure la passation de flambeau en revivant au micro le drame du 21 avril, histoire de mobiliser les troupes.

J'écoute d'une oreille distraite Hollande parler de « nouvelle frontière » dans son discours et je glisse à Aquilino Morelle : « La "nouvelle frontière", vous vous êtes pas trop foulés, cette fois, hein. » Dans la bouche d'un Américain comme Kennedy, imprégné par les récits fondateurs du Far West, ça a du sens mais pour un Français, bof. Je comprends que la « nouvelle frontière » de Hollande a vocation à s'opposer aux frontières dont Sarkozy truffe ses discours et dont il veut barder la France mais dire qu'on souhaite « une nouvelle frontière politique, sociale, écologique, où nous avancions toujours pour repousser l'injustice, pour conquérir de nouveaux droits et de nouvelles libertés », me semble, d'un point de vue rhétorique, un peu forcé au niveau de la métaphore. D'autant plus qu'on ne lui demande pas la lune, à Hollande.

A la fin du discours, tandis qu'il arpente la scène en saluant la foule hurlante et alors qu'il vient de notre côté, Valls le hèle de derrière le rideau : « François ! François ! » Hollande, tout à sa communion avec le public, ne l'entend pas mais il finit par tourner les yeux vers lui et il voit que Valls a quelque chose à lui dire alors il s'approche, sans quitter la scène. Valls se penche, lui tend un papier, lui dit peut-être quelques mots qui se perdent dans le fracas des cris et des applaudissements. Hollande regarde le papier, hoche la tête, je crois pouvoir lire « bon » sur ses lèvres, je lis de façon certaine sur son visage la tranquille satisfaction d'un homme qui s'est habitué à ce que tous les événements tournent en sa faveur depuis presque un an. Le ralliement de Bayrou n'est même plus une péripétie, juste une bonne nouvelle de plus qu'il accueille avec à peine un haussement de sourcil. Et retourne saluer la foule.

4 mai

Prolongations à Périgueux pour, cette fois c'est juré car la campagne s'achève dans trois heures, un dernier petit meeting. Aux trois mille personnes présentes s'est jointe une invitée de dernière minute : la peur. A 48 heures du but, deux sondages ne le donnent plus qu'à 52,5 et 52, et *Le Parisien* a titré ce matin « l'écart se resserre ». Après un an de campagne exténuante, le candidat socialiste ne peut pas ne pas jouer à se faire peur, il envisage forcément d'échouer si près du but. Alors son discours est dramatisé à l'extrême, rien n'est joué, rien n'est gagné, etc., et quand il pense à ces hordes d'indécis, sa belle confiance soudain vacille, il fait ses blagues avec la mâchoire serrée. Et il parle de la peur. Certes, ce n'est pas la sienne : « Que craignent-ils ?... Et c'est cette droite-là qui viendrait jouer avec les peurs ?... » Mais c'est toi qui as peur, coco, je le vois. Et comme il n'y a rien de plus contagieux, moi aussi.

6 mai

Le lendemain à Tulle, je retrouve un Hollande beaucoup plus détendu qui vient manger avec ses amis dans son restaurant fétiche. Il m'accueille gentiment : « Alors, c'est le grand jour ? Pour vous comme pour moi, hein, nos destins sont liés ! » (puisque s'il perd, mon bouquin ne marchera pas) Je lui fais remarquer que l'enjeu est quand même un peu plus important pour lui : « Peu d'hommes dans leur vie auront connu comme vous une journée d'une telle importance pour eux... » Il acquiesce mais je me rends compte qu'il n'a pas envie de trop dramatiser alors je lui dis maladroitement : « Excusez-moi de vous le rappeler. » Et on attaque la terrine de canard.

Autour de la table, une douzaine de personnes.

Hollande : Bon, à 18 heures, on saura. Alors si on a perdu, on fait des mines enjouées, et des mines graves si on a gagné, d'accord ?

Valérie : Il faut pas que tu fasses des déclarations toutes les cinq minutes comme il y a quinze jours. C'est plus la même parole.

Dominique Bouissou : Denisot voudrait que tu aies une oreillette dans la voiture. Je dis non, hein ? Tu changes de statut. Faut que tu changes de réflexes.

Hollande : Si le résultat devait tarder à être connu... Imaginons le pire...

Moi : Le scénario à la Bush en Floride ?

Hollande : Oui, c'est l'idée que Sarkozy essaie de faire passer depuis hier... Aux USA, ça avait pris des jours à cause des machines mais en France, le résultat sera connu dans la soirée... Enfin c'est très improbable. Si on a perdu, je crois qu'il faut parler très vite : huit heures et quart, huit heures vingt. Si on a gagné, on peut prendre notre temps. J'attendrai le coup de fil de Sarkozy. Dans les codes républicains, il appellera de toute façon.

Fred, son assistant : Ce sera Guéant qui t'appellera d'abord.

Hollande : Comment tu sais ça, toi ? T'as des contacts avec Guéant ? (rires) Non, c'est lui qui appellera directement, c'est obligé.

Dominique : Devant la cathédrale, il faudra faire attention à pas tomber à cause de la rigole que tu as fait construire.

Valérie : Tu contestes les réalisations locales ?

Hollande : Mais même M. le maire la contestait, hein, Bernard !

Bernard Combes, maire de Tulle : Dans les yeux, je la conteste !

Moi : Vous savez que dans mon entourage, personne ne veut croire que vous n'aviez pas préparé la tirade du débat ?

Hollande : Pourtant c'est vrai. Enfin, si vous regardez bien, je l'avais déjà esquissée au Bourget, mais sans le « Moi, président de la République »... En fait, c'est Laurence Ferrari qui me souffle l'idée, quand elle me demande : « Vous, président de la République, que ferez-vous ? » Alors je lui réponds. Je n'aurai jamais assez de gratitude pour elle, ha ha ! (taquin :) Je devrais peut-être lui envoyer un mot, hein, Valérie ?

Valérie (même jeu) : Oui, oui, bonne idée. Tu veux que je le tweete ?

Moi : En tout cas, si vous gagnez, ce sera la première fois que c'est une tirade, et pas seulement une formule, qu'on retient du débat.

Hollande : Une tirade, oui, c'est vrai...

Fred : Ça va être chiant pour les télés quand ils la repasseront !

Hollande, faisant comme si la campagne allait se poursuivre : Bon, Isa, où on va, lundi ?

Isabelle Sima, jouant le jeu : Tu me diras...

Hollande : C'était fou, dans cette campagne, et encore ce matin, le nombre de gens à qui je serrais la main qui disaient « Il m'a tatoué ! Je me lave plus ! »...

Moi : La VIe République, c'est pas pour tout de suite, quoi.

Hollande : Non. Je crois qu'on va aller à Reims !

En face de moi, Christian Gravel s'enfile un second fraisier et puis on repart.

Comme au premier tour, l'après-midi se passe à faire la tournée des bureaux de vote, exactement les mêmes et dans le même ordre. Je suis dans la voiture conduite par Frédéric Monteil, avec Christian Gravel, Isabelle Sima, Karim Maatoug, le directeur de cabinet du conseil général, et Djamel Bensalah, le réalisateur des clips de campagne, qu'on a casé dans le coffre parce que le combi était plein.

Fred : Fais attention, Djamel, il y a le costume présidentiel à côté de toi.

Moi, jetant un œil au précieux vêtement : Et s'il est pas élu ?

Fred : S'il est pas élu, on s'en fout.

Djamel : En jogging, comme Fidel Castro.

A l'approche de 18 heures, l'ambiance dans les rues de Tulle ressemble à un mariage, les voitures klaxonnent, les gens crient des encouragements en passant. On retourne attendre les premières estimations au conseil général. Un premier indice tangible vient de Paris : il paraît qu'ils ont annulé la fête à la Concorde. Hollande commente : « Oui, je crois qu'ils disent qu'ils ont perdu, en face. C'est peut-être pour nous tromper en même temps, attention ! » David, le garde du corps, pouffe. Personne n'y croit. Les estimations tombent les unes après les autres, qui indiquent 52 ou 53 %. Un peu avant 19 heures, Hollande déclare à Djamel qui le filme avec son iPhone : « Je ne veux pas retenir ma joie mais j'attends que ce soit dit à la télévision. Il faut que ce soit annoncé à la télévision. » Vertige de la représentation : c'est la télé qui doit consacrer le réel. Djamel demande ce qu'il va faire en premier : « Je vais appeler mon père. » En attendant, il sert la main de tous ses collaborateurs du conseil général et de tous les gens présents dans les bureaux. A moi, il dit : « Bon livre. » Puis il retourne dans son bureau préparer sa déclaration avec Aquilino Morelle. Une dame du conseil général demande : « Qu'est-ce qu'ils disent, à l'AFP ? »

Fred : « François Hollande élu président de la République. »

La dame : C'est tout ?

Fred : Ben c'est déjà pas mal, quand même !

Puis il retourne dans le bureau et quand il revient, il dit, légèrement hébété : « Je viens de servir un Perrier au président de la République. » Et c'est comment par rapport à avant ? « Euh, pareil. » La victoire flotte bizarrement dans l'air et on sent tous pourquoi. Hollande a raison : c'est parce qu'elle n'a pas encore été sanctifiée par l'apparition de son visage au 20 heures. En attendant, les gardes du corps préparent la soirée qui s'annonce rude. Thierry m'explique : « Je vais laisser ma montre et ma carte de réquisition, ma cravate aussi parce qu'un mec peut t'étrangler avec... et je vais juste garder mon calibre parce que ça va bouger ce soir. »

Enfin, l'heure approche, nous sommes une trentaine de personnes dans le bureau de Hollande massées autour de la télé, il est 19 h 50, Fred, le responsable des télécommandes, bidouille un truc et soudain, c'est le drame : plus d'image. Juste un fond bleu, pas de son. Brutale montée de tension générale. Valérie plaisante pour détendre l'atmosphère : « Fred, t'es viré. » Mais Hollande, avec toute la patience et l'indulgence dont il est capable, et qui sont très grandes mais tout de même, laisse échapper sur un ton plaintif : « Non, mais c'est chiant, là... » Le malheureux Fred s'active désespérément tout en commentant la situation : « Attendez, je suis en panique ! » Heureusement, tout rentre dans l'ordre cinq minutes avant 20 heures et devant Pujadas qui essaie en vain de faire monter la sauce, puisque toute la France est déjà au courant, Hollande retrouve sa bonne humeur : « C'est vrai qu'il y a un suspense là ! » (rire général) Il voit son fils à l'écran, l'air radieux, entouré de deux jeunes filles et il rit : « Il en profite, Thomas ! » Il dit à Valérie : « Tiens, il y a ton copain Raffarin ! » Ils se tiennent la main pendant le compte à rebours et quand finalement son visage apparaît, tout le monde se lève, tout le monde applaudit, tout le monde s'embrasse et c'est ridicule mais je me mets à pleurer. Puis les gens vont boire du champagne dans l'antichambre. J'aperçois David, le garde du corps qui pleure aussi, et je retourne dans le bureau. Hollande regarde sur l'écran Sarkozy qui fait sa déclaration. C'est la première fois que je vois une telle gravité sur son visage. Nicolas Sarkozy souhaite bonne chance à son successeur mais le nom de Hollande déclenche des huées chez les supporters de l'UMP. Hollande : « Il arrive pas à parler… » Sarkozy : « Je porte toute la responsabilité de cette défaite… Il me faut en tirer toutes les conséquences… » Hollande : « Il va le dire… » Sarkozy : « Vous pourrez compter sur moi… » Fred : « Ça sent Jospin 2002… » Sarkozy : « mais ma place ne pourra plus être la même… et au moment où je m'apprête à redevenir un Français parmi les Français… Je vous aime, merci. » Hollande se lève, je m'avance en lui tendant la main : « Monsieur Hollande, je ne vous ai pas félicité… » Il dit : « Merci, Laurent » et me fait la bise. Je lui dis : « Quand même, pour un homme normal… » Il jette un regard en direction de la télé et me répond tranquillement : « … J'ai fait un résultat normal. »

Dehors, des hélicoptères sillonnent le ciel de Tulle, des gens se sont agglutinés derrière les grilles du conseil général, il flotte dans l'air comme une ambiance d'état de siège. Un cortège de voitures nous emporte vers la place de la cathédrale, Dominique Bouissou est au téléphone : « Il y a eu une rumeur de malaise. J'ai démenti, bien sûr. François Hollande quitte une vie politique pour en commencer une autre. Il dit au revoir à ses élus locaux. Il prépare son discours. Il arrive. » La nuit tombe quand il vient prononcer sa déclaration. A la fin, on joue *La Vie en rose* à l'accordéon, il fait monter Valérie Trierweiler sur la scène. La foule crie : « Le bisou ! le bisou ! » Il obtempère, les gens sont ravis. Il revient au micro, content, ému : « Si un jour, j'avais imaginé… Oui, je l'avais imaginé ! » Puis lui et son staff s'engouffrent dans les voitures qui démarrent en trombe, en route vers l'aéroport de Brive. Sans moi. Ils m'ont oublié à Tulle. J'avais une place réservée dans le vol privé du nouveau président de la République et je vais rater l'avion. J'essaie de ne pas paniquer et expose mon problème à Karim, son directeur de cabinet corrézien. Des braves gens du coin (qui, naturellement, connaissent « François ») me prennent en pitié et acceptent gentiment de m'emmener. Le chauffeur conduit vite et bien, il remonte les files de voiture avec autorité, ses amis à l'arrière ont peur de mourir, moi de rater mon avion. Il me dit qu'on y sera dans vingt minutes, je préviens Gravel que je suis là dans dix, peut-être quinze, Gravel me répond que quinze, ce sera trop tard. Quand j'arrive à l'aéroport, le jet est encore là mais le moteur tourne et la porte est fermée. Je me jette sur la grille qui me sépare de la piste en hurlant aux gendarmes : « Je suis Laurent Binet, je dois prendre l'avion du Président, ouvrez-moi ! » Ils se demandent un bref instant s'ils doivent m'abattre mais, miracle, ils m'ouvrent, parce que Gravel leur a donné mon nom, je cours sur le tarmac, le petit monsieur en gilet jaune fait signe au pilote de ne pas décoller et, hosannah, la porte du jet s'ouvre en déroulant ses marches célestes. A l'intérieur, Hollande lève un sourcil en me voyant arriver, pantelant. Trois minutes après, l'avion décolle. J'ai eu de la chance parce que quand cent mille personnes vous attendent à la Bastille, vous n'attendez pas les retardataires.

Dans l'avion, on nous sert un peu de champagne rosé et je me dis que c'est la première et peut-être la dernière fois que je peux parler au Président, alors j'entame la conversation.

Moi : Qu'est-ce que vous a dit Sarkozy, si ce n'est pas indiscret ? Est-ce que le ton était très officiel ?

Hollande, en train de manger son plateau-repas : Oui, globalement, c'était très formel. Il a parlé de lui, comme d'habitude : comment ça avait été dur pour lui et sa famille. Que j'héritais d'une situation très difficile. Et qu'il allait se retirer de la vie politique.

Moi : Il l'a formulé explicitement ?

Hollande : Oui.

Moi : Parce que sa déclaration à la télé semblait plus ambiguë...

Hollande : Oui, c'est vrai. S'il se retire vraiment,

ça va être très compliqué pour la droite qui va devoir se recomposer entièrement.

Moi : Vous parlez encore comme un homme politique. Est-ce que vous vous sentez déjà différent ? Plus chef d'Etat ?

Hollande : Non, pas très différent. Ça va venir quand les chefs d'Etat vont m'appeler. La Maison-Blanche a essayé de me joindre, j'aurai sans doute Obama demain. (Et là, je crois déceler, tout de même, à cette perspective, une excitation, une impatience et une fierté d'enfant dans l'œil de cet homme si pondéré.) J'ai eu Merkel tout à l'heure, elle a été très pragmatique, elle ne m'a posé que deux questions :

1. Est-ce que je souhaitais que la nouvelle de notre coup de téléphone soit rendue publique ?

2. Quand est-ce que je voulais qu'on fixe la date de ma venue à Berlin ?

Moi : Est-ce que là, maintenant, dans ce moment spécial d'achèvement, vous vous retournez sur la campagne ou vous vous projetez déjà vers le futur ? Ou est-ce que vous vous accordez une pause, le droit d'être juste dans le présent, pour quelques heures ou quelques jours ?

Valérie : François ne se retourne jamais vers le passé.

Hollande : Non, c'est vrai. De toute façon, dès lundi, il va y avoir le défilé pour les postes gouvernementaux, alors je vais pas avoir tellement le temps de faire une pause...

Moi : Tout le monde dit que vous avez fait très peu d'erreurs pendant cette campagne. Est-ce que vous, vous estimez en avoir commis ?

Hollande : Non, pas beaucoup, je crois.

Moi : Si je peux me permettre, est-ce que le *Guardian*, ce n'était pas une erreur ?

Hollande : Si, c'est vrai : ça a permis à Sarkozy de m'attaquer sur ma prétendue duplicité...

Moi : « Thatcher en Angleterre et Mitterrand en France »...

Hollande : Mais l'erreur, c'était de répondre à un journal anglais. Et d'aller à Londres. Ce voyage ne servait à rien. Tout le monde se focalise sur l'international, mais dans une élection présidentielle française, ce n'est jamais là-dessus que ça se joue.

Valérie : C'est moi et Mosco qui avions insisté pour qu'il y aille...

Hollande : En tant que Président, c'est très important, mais en tant que candidat, pas tellement. Regardez Ségolène, en 2007, quand elle est allée en Chine, elle n'y a rien gagné, à part des ennuis.

Fred : Oui, il faut dire, sa remarque sur la justice chinoise...

Moi : Mais la bravitude, elle aurait pu aussi bien dire ça en France...

Hollande : Oui mais le résultat, c'est quand même que ce voyage lui a causé du tort, sans qu'elle en retire aucun bénéfice.

Moi : Du coup, vous pensez que vos adversaires se sont époumonés en pure perte sur la question de votre stature internationale ?

Hollande : Oui, répéter que je ne suis jamais allé en Chine... Et alors ? Les Français, ça leur était complètement égal.

Moi : Et le moment le plus marquant, à titre personnel ou politique, à part Le Bourget ?

Hollande : Mayotte et la Réunion, c'était fort. Et Vincennes, c'était un moment clé.

Moi : Je sais que vous êtes fort mentalement, mais est-ce que vous pensez que vous vous seriez remis d'une défaite ?

Hollande (il réfléchit) : Ça aurait été très difficile.

Nous sommes cinq autour du Président et Valérie Trierweiler nous pose une drôle de question : Sur qui, en ce moment d'accomplissement, dans cet avion, avons-nous l'impression de prendre une revanche personnelle ? L'un cite une ex-petite amie, l'autre un ancien collègue, Hollande dit simplement : « Sarkozy. » Alors seulement je prends la mesure du duel que les deux hommes se sont livré. Ce n'était pas seulement politique, ils en avaient fait une affaire personnelle.

Arrivée au Bourget, cette fois je ne quitte plus Christian Gravel d'un mètre, de peur qu'on m'oublie encore. Rodéo infernal vers la Bastille, avec les voitures, les gyrophares et les myriades de motards dans tous les sens. A la sortie Porte de Bagnolet, notre voiture se fait tamponner par une moto dans un effroyable choc sourd, les deux véhicules font une embardée mais la moto reste debout. En revanche, devant nous, deux motos se percutent et l'une d'elles s'écrase sur le bitume. On s'arrête cinq secondes, les motards bougent encore (un fémur cassé, quand même !), un policier leur prête assistance et la course folle reprend, puisque naturellement, *the show must go on*.

A la Bastille, sous la tente, c'est un chaos inimaginable de corps compressés. Je m'agrippe à Gravel pour progresser vers la scène ; au passage, j'écrase avec mon sac Jean-Marc Ayrault, qui s'aplatit contre une cloison pour laisser passer la horde. Finalement, on monte la rampe et on se retrouve face à la Bastille noire de monde. La lumière lui donne un aspect irréel, je mets quelques secondes avant de m'orienter et je dois repérer l'Opéra pour me localiser dans l'espace. A moitié plongée dans l'obscurité, la place a l'air plus petite, on dirait un décor. Dans une ambiance indescriptible, Hollande fait un discours inaudible en totale impro, il termine en lançant « Soyez heureux ! Soyez fiers ! »… Partout, en effet, les gens laissent éclater leur joie, même si certains qui n'ont pu accéder à la scène voient d'un mauvais œil les ralliés de la dernière heure ou les Duflot et les Placé (le bien nommé) se pavaner en première ligne. Claude Bartolone, toujours jovial, témoigne avec enthousiasme : « Même en 81, c'était pas comme ça ! Bon, c'est vrai que Mitterrand était pas venu… »

Ensuite, pendant que Cali débute son concert, on regagne péniblement la loge présidentielle, en progressant à la machette et en marchant sur les célébrités qui pullulent au mètre carré. A l'entrée, David, le garde du corps, m'aperçoit et fait signe que moi, c'est bon (plaisir intense toujours renouvelé). Ses collègues m'arrachent à la meute et me jettent dans la loge.

A l'intérieur (de la loge), Manuel Valls : « François, tu as fait 51,67. » Hollande, on le refait pas : « Presque comme Mitterrand en 81… » Je lui demande ce que ça fait de sentir que des millions de gens sont heureux grâce à lui. « On se dit : est-ce que ça va durer ? Est-ce qu'ils seront toujours là dans trois mois ? Et qu'est-ce qu'ils penseront de moi, alors ? On sait que c'est très fragile. Ce soir, j'ai senti la foule très contre Sarkozy.

— Il y avait des drapeaux Front de gauche, et puis en plein milieu, cette pancarte pour la retraite à 60 ans du PC...

— Oui, je l'ai vue ! J'ai hésité à remercier le PC et puis finalement je me suis dit bof...

— Et est-ce que vous ressentez de la pression ?

— De la pression ? » Il réfléchit, comme surpris, comme s'il était naturel que des millions de gens placent leur confiance en vous, il hésite un bref instant, et tranquillement, doucement, il dit : « Non, ça va. »

Puis il prend congé. Valls informe Aquilino Morelle d'une réunion stratégique le lendemain matin. Je me dis qu'il faudrait que j'y assiste. Et puis je réalise que la campagne est terminée.

REMERCIEMENTS

Merci à Valérie Trierweiler, Safia Otokoré, Nathalie Mercier et Christian Gravel qui m'ont fait passer tous les barrages, avec ou sans badge (même si Gravel m'a oublié à Tulle).

Merci à Dominique Bouissou, Nadjet, Zineb, Victor et toute l'équipe des Relations presse.

Merci à mes deux compagnons de route, Stéphane Ruer, le photographe, et Mathieu Sapin, le dessinateur.

Merci à tous les journalistes du Hollande Tour de m'avoir si bien accueilli.

Merci à Nathalie Puvilland de m'avoir occasionnellement surclassé avec les VIP.

Merci à Christine, David, Alexandre, Thierry, Icham et tous les policiers du SPHP.

Merci à Rachid, Eric et tous les membres du service d'ordre.

Merci aux deux Daniel, à Geneviève et Annie, qui m'ont conduit à l'aéroport de Brive le 6 mai et sans qui j'aurais raté l'avion présidentiel.

Merci à tous ceux dont j'ai sollicité le témoignage, les confidences, les conseils ou l'opinion, politiques, journalistes, amis ou anonymes, qui ont accepté d'échanger avec moi et qui ont rendu ce livre possible.

Laurent Binet
dans Le Livre de Poche

HHhH n° 32178

Prague, 1942, opération « Anthropoïde » : deux parachutistes tchèques sont chargés par Londres d'assassiner Reinhard Heydrich, le chef de la Gestapo et des services secrets nazis, le planificateur de la Solution finale, le « bourreau de Prague ». Heydrich, le bras droit d'Himmler. Chez les SS, on dit de lui : « HHhH ». *Himmlers Hirn heißt Heydrich* – le cerveau d'Himmler s'appelle Heydrich. Dans ce livre, les faits relatés comme les personnages sont authentiques. Pourtant, une autre guerre se fait jour, celle que livre la fiction romanesque à la vérité historique. L'auteur doit résister à la tentation de romancer. Il faut bien, cependant, mener l'histoire à son terme...

Du même auteur :

LA VIE PROFESSIONNELLE DE LAURENT B.,
Little Big Man, 2004.

HHhH, Grasset, 2010
(Goncourt du Premier roman).

Le Livre de Poche s'engage pour
l'environnement en réduisant
l'empreinte carbone de ses livres.
Celle de cet exemplaire est de :
300 g éq. CO_2
Rendez-vous sur
www.livredepoche-durable.fr

PAPIER À BASE DE
FIBRES CERTIFIÉES

Composition réalisée par NORD COMPO

Achevé d'imprimer en mars 2013 en France par
CPI BRODARD ET TAUPIN
La Flèche (Sarthe)
N° d'impression : 72516
Dépôt légal 1re publication : avril 2013
LIBRAIRIE GÉNÉRALE FRANÇAISE
31, rue de Fleurus – 75278 Paris Cedex 06

31/7478/6